中国・開封《かいほう》のユダヤ人

【増補版】

小岸 昭

人文書院

まえがき

一体何が書かれていたのだろうか。

全体が白っぽくなった石碑の中に字を探し求めて、上から下へ、右から左へ目を泳がせていった。しかし、字はすべて摩滅し、跡形もなく崩れ去ってしまっている。それでも、この古びた「空白」の石碑は、何事かをまだ私たちに語りかけようとしているのだ。

これは、中国・河南省の古都開封《かいほう》の博物館三階「犹太《ユダヤ》歴史陳列」室で、一四八九年の石碑「重建清眞寺記」を初めて見た時の印象である。しばらくその前にたたずんだ後、やがて女性学芸員は、別の壁に掛けられた石碑の拓本の前に私たちを案内した（図1）。どれほど以前かは分からないが、この石碑にまだ大部分の文字が残っていた時代に取られた拓木で、剝がれ落ちたり、削り取られたりしたような痛々しい字の跡が沢山あるにしても、次のような冒頭の文章は完全に読むことが出来た。

夫一賜樂業立教祖師阿無羅漢迺盤古阿躭十九代孫也。

だが、私にはこの漢文の意味が一言も分からなかった。困惑している私に、女性学芸員が熱心に説明を始め、それをガイドが日本語に訳してくれたおかげで、碑文第一行が「それ一賜樂業《イスラエル》の立教の祖師阿無羅漢《アブラハム》は、迺《すなわ》ち盤古《ばんこ》阿躭《アダム》十九代の孫である」という日本語訳になるということだけは、なんとか理解することが出来た。それにしても、一千年も前にヨーロッパの周辺からこの遥かなアジアの地へ移住して来たユダヤ人が碑文冒頭にこのような祖師アブラハムの名を、しかも漢字で刻み込んでいるというのは、驚くべきことではないだろうか。

このように最初の旅で石碑の内容については何一つ分かっていなかったにもかかわらず、中国・開封におけるこのユダヤ教の遺跡が、いつまでも頭にこびりついて離れなかった。だからこの石碑に惹かれて、その後私は何度も開封に赴き、その前に立つことになったのである。そしてその度に、石碑そのものからも、その拓本からも、私は個人を超えた一集団の「神秘」を感じ取っていた。それと同時に、この「神秘」を、一九九〇年以来十数年間追い求めてきたセファルディーやマラーノの運命、すなわちカタストロフィーの只中に放り出されてもなお生き続けることを止めなかった彼らユダヤ人の記憶の歴史ともどこかで関係づけてゆけるのではないかと、次第に思うようになっていった。このように考えていた私は、最近、今日のユダヤ史研究の第一人者ヨセフ・ハイーム・イェルシャルミの著書『ユダヤ人の記憶　ユダヤ人の歴史』の中で、次のような文章に出会った。

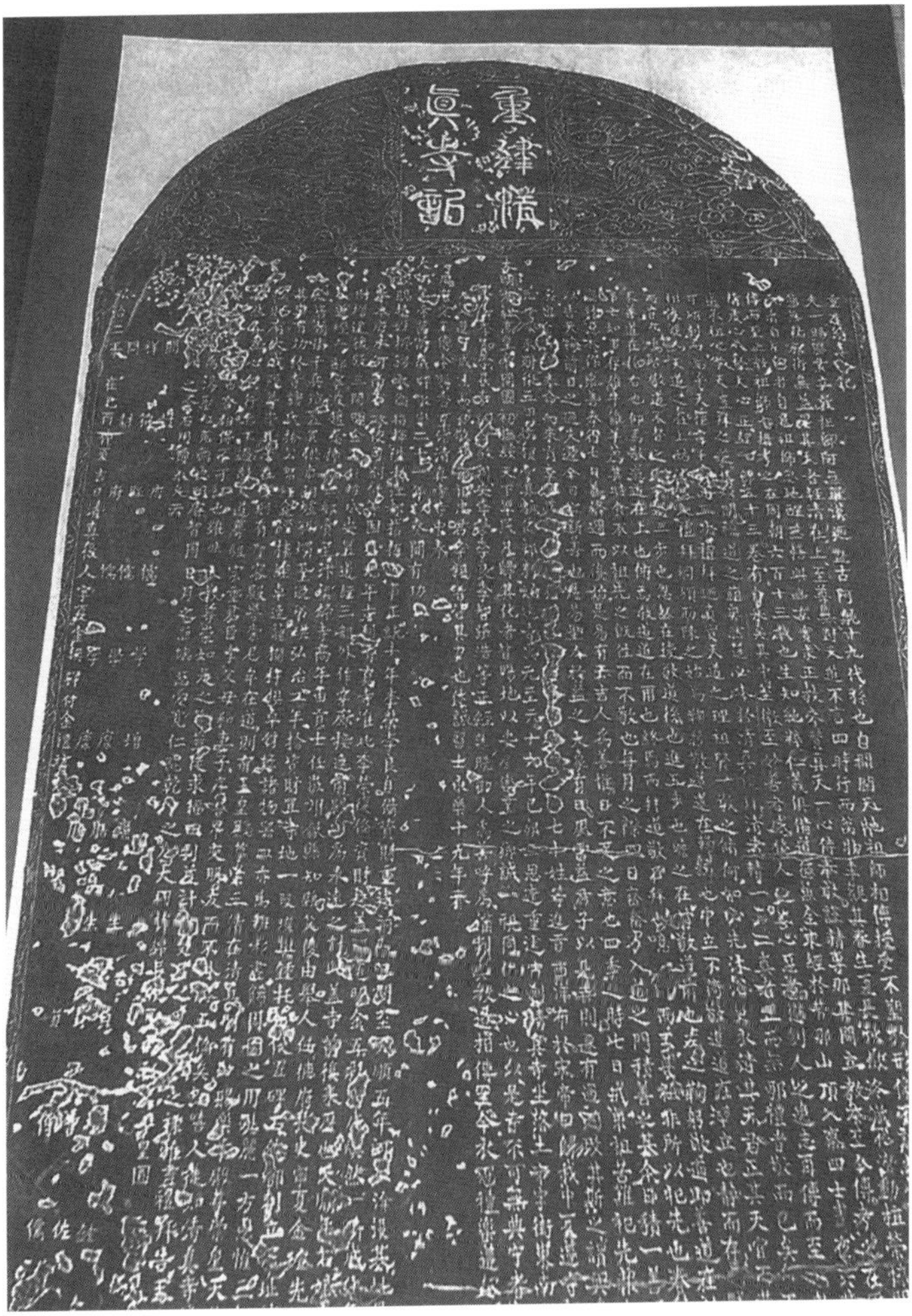

図１　開封博物館所蔵の石碑「重建清眞寺記」（1489年）の拓本

十七世紀後半に広く流布したある理論とは逆に、森のなかで言語上放任された子どもは、たとえその子がユダヤ人の「野生児」であったとしても、ヘブライ語を自発的に話はしないだろうし、アブラハムがウルからカナンまで旅をしたということを「思い起こす」ことはないだろう。集団のみが、言語と超個人的な記憶を後世に伝えることができるのである(1)（傍点—引用者）。

イェルシャルミのこの指摘によって私は、五〇〇年余り前に建造されたあの開封博物館所蔵の石碑が、一千年間この由緒ある古都に生きたユダヤ人の「集合的記憶」に関連していることをようやく理解することが出来たのである。「一賜樂業《イスラエル》」という文字から始まる、この石碑に刻まれた漢字全体は、単なるメタファーなどではなく、強靱な精神の力と集団の組織を通して伝達され、それまで数百年間も維持されてきた民族の「記憶」そのものを反映しているのである。十字軍兵士によって迫害されたユダヤ人は、地中海東岸の土地から遥かなアジアの、中国・中原の都まで彷徨《さまよ》い、そこに一千年間定住していても、自分たちの「集団的記憶」を決して忘れたりはしなかった。

私の開封への旅は、漢民族の真ん中に浮かぶ「孤島」に生きてきたそのようなユダヤ人集団の「記憶」に向けられていた。だからその旅は、信仰と歴史が集団を通して伝えられてゆくという開封ユダヤ人の内なる「神秘」に向かう紀行でもあった。

本書は、一九九四年から二〇〇六年までの四回にわたる開封への旅に基づき、その間入手したさまざまな文献を手掛かりにして、一千年に及ぶ開封ユダヤ人の歴史の諸相を描き出そうと試みたものである。

第一章「開封のユダヤ人街を訪ねて」では、二〇〇五年三月の旅を中心にしながら、そもそも中国のユダヤ人という存在について初めて知った経緯や、中国におけるユダヤ教のもう一つの遺跡である旧シナゴーグ跡地の古い井戸から実際に「水」を汲み上げた話などを紹介する。第二章では、開封のユダヤ人艾田《がいでん》とイタリアのイエズス会宣教師マッテオ・リッチとの歴史的な出会いを再現する。第三章では、一八世紀初頭に開封を訪れ、同市のシナゴーグを初めて実地調査したイタリアのイエズス会宣教師ジャン＝パウル・ゴザニの書簡を翻訳し、そこでの話題をいくつか取り上げて、開封ユダヤ人の歴史とその信仰の実態を浮き彫りにする。第四章では、一四八九年、一五一二年そして一六六三年に建造され、開封ユダヤ人の「集団的記憶」を刻印した三つの石碑碑文を翻訳し、その主な内容を解説する。とくに第三の石碑解説では、一六四二年、黄河の氾濫によって破壊されたシナゴーグの再建に貢献した改宗者の孫趙映乗《ちょうえいじょう》の人物像に、歴史小説の観点からアプローチする。第五章は、一九世紀初頭に最後のラビが死去し、一八四九年に最後のシナゴーグが黄河の洪水で壊滅してから第二次世界大戦終結に至るまでの「開封のユダヤ人共同体の崩壊」過程を辿る。その際、一九三八年から七年間日本軍が監視下に置いていた開封ユダヤ人の現状を調査するため派遣された二人の日本人の現地レポート（一九四一年）と、我が国における反ユダヤ主義プロパガンディストとして知られる四王天延孝の、同じ頃発表された論説「支那猶太の悲劇」を紹介する。第六章「開封のユダヤ人末裔の現状」では、日本軍による開封爆撃、その後開封に残留しても散らばって暮らすユダヤ人末裔の消息のほか、開封市南の郊外の村蔡庄《さいしょう》にある石碑「金氏家族譜系」を紹介し、さらに今日開封のユダヤ人末裔の間に見られる二つの動き、すなわち開封永住とイスラエル移住の対照を描く。そして第七章「二〇〇六年三月、開封への最後の旅」では、イスラエル留学から帰国して、今後も開封に生き続けようとする石磊《シーレイ》と、開封ユダヤ人の中で最初のイスラエル移住者L、およびそのあとに続こうと歩み始めた彼の実弟金広忠《きんこうちゅう》の、これら二組の開封ユダヤ人末裔の対照的な生き方にアプローチする。

注

(1) ヨセフ・ハイーム・イェルシャルミ『ユダヤ人の記憶　ユダヤ人の歴史』木村光二訳、晶文社、一九九六年、一八頁。

目次

中国・開封のユダヤ人　増補版

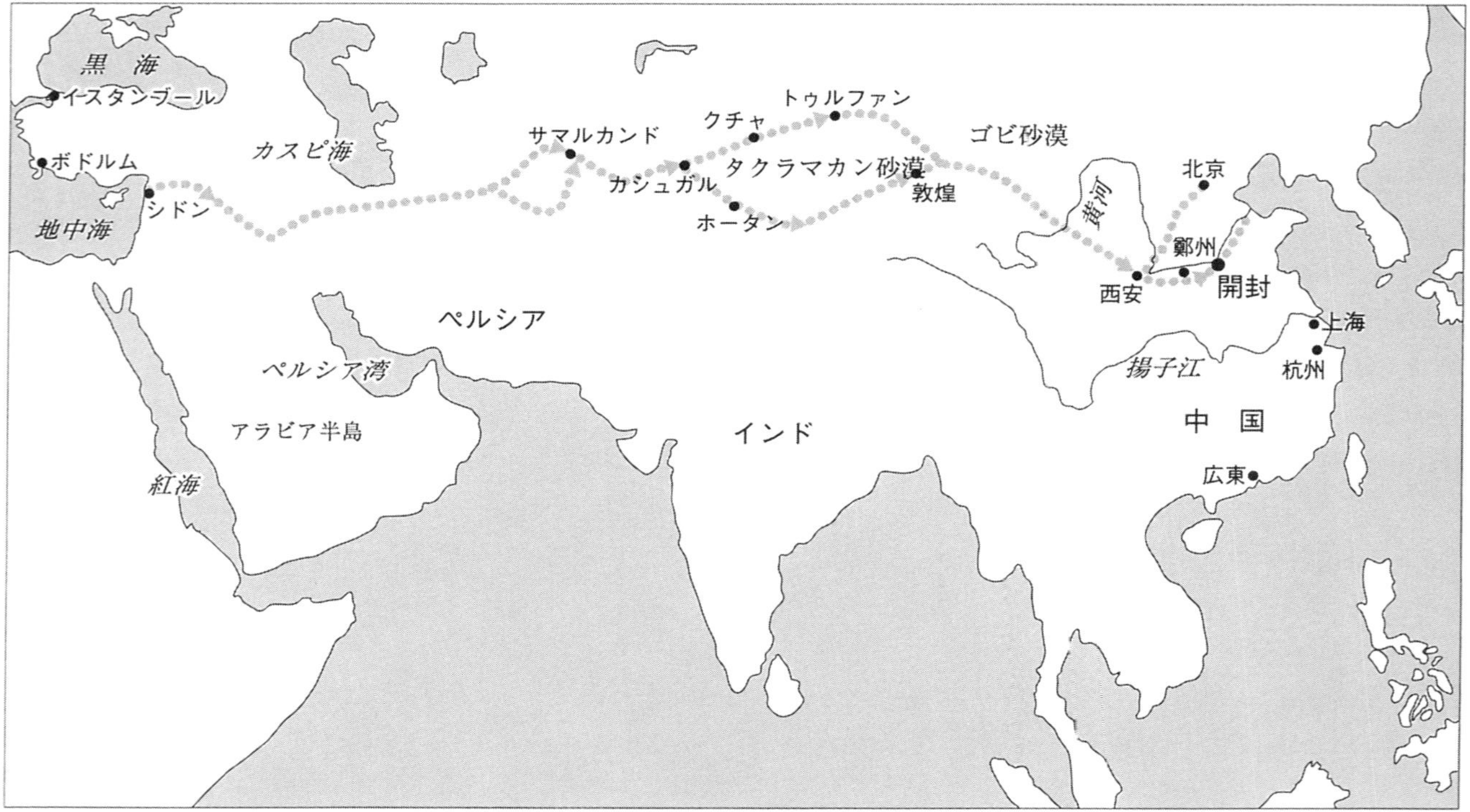

図２　シルクロード地図
（テルアビブのナーフム・ゴルトマン・ユダヤ人離散《ディアスポラ》博物館編『開封のユダヤ人―黄河南岸の中国系ユダヤ人』より）

第一章　開封のユダヤ人街を訪ねて

一　「開封のユダヤ人」を知ることになった経緯

一九九三年夏、私はその三年前から始まったスペイン系ユダヤ人「セファルディー」と隠れユダヤ教徒「マラーノ」の研究をもっと進めるために、ヨーロッパ各国の旧ユダヤ人街を回る旅をしていた。その旅の最後にミュンヒェンを訪れた私は、ユダヤ関係の文献を探して書店から書店へ駆けずり回ったが、どこにも求める文献は見つからなかった。午後遅く街角の小さな書店に入り、これで最後にしようと思いながら、「スペイン系ユダヤ人に関する本はありませんか」という、自分でもうんざりするほど繰り返してきた問いを、年輩の女性店員に向けた。それまで何度も何度も、「そのような本はない」とつっけんどんに言われ続けていたのに、その時は違った。

女性店員はにこやかにこう答えた。

「あなたが探している本は、きっとユダヤ文献専門店〈リテラトゥーァ・ハンドルング〉にはあると思いますよ。」

そして彼女は、その住所まで書いてくれたのである。

その足ですぐ〈リテラトゥーァ・ハンドルング〉に飛び込んだのは、閉店間際のことだった。入口から店の奥まで、大学の図書館でもお目にかかれないほどの、ユダヤ関係の書籍や写真集、地図帳の類いまでがぎっしり並べられていた。船便で日本に送ってもらおうと三〇冊ほどの文献を積み重ねていって、その最後に、『開封のユダヤ人―黄河南岸の中国系ユダヤ人』というタイトルの小冊子が目にとまった。中国系ユダヤ人の遺品展カタログといった体裁のものである。表紙を飾っているのは、四月五日前後の清明節の行楽で賑わう北宋《ほくそう》の首都汴京《べんけい》（開封）を生き生きと描いた張《ちょう》択端《たくたん》の『清明上河図《せいめいじょうかず》』の一部である。中を開けると、マイケル・ポラックの論文冒頭の次のような文章が、目に飛び込んできた。

西暦九六〇年から一一二六年に至る一六六年間、中国は開封《かいほう》を首都とする北宋の皇帝によって支配されていた。この商業都市は、拡大し続ける勢力圏を西洋諸国と結びつける伝説的なシルクロードの道筋にあった。北宋時代の頃、〈彷徨《さまよ》える〉ユダヤ人の一派、おそらくペルシア生まれか、もしくはペルシア出身とおぼしい商人が市門をくぐり抜け、宮殿で皇帝に謁見した。皇帝は旅人たちを手厚くもてなし、慣例となっている貢ぎ物―この場合は西洋の綿製品だった―を受け取った。かくて皇帝は、ユダヤ人に言った。

「汝らが我が支那に来たからには、汝らの先祖の習慣を尊崇・遵守し、ここ汴梁《べんりょう》（開封）にてそれを子々孫々に伝えよ。[1]」

これが、黄河南岸の開封という古都に一千年前からユダヤ人が住んでいたということを、私が初めて知った瞬間であった。そしてこの時、それまでスペインやポルトガルばかりでなく、オランダやイタリアなどの都市の一角にあるユダヤ人街に足を運んで自分なりの調査をしてきた私は、ユダヤ人をヨーロッパの枠の中でしか見てこなかった固定観念を、打ち砕かれたのだった。ヨーロッパの周辺から〈彷徨《さまよ》って〉きたユダヤ人が時の皇帝から「趙」や「李」といった漢族姓を賜り、東アジアの懐深く入って根を下ろし、一千年も生き続けてきたというのだ。

この事実を知った私は、早速あくる年の一九九四年三月に、河南省北部にあって、三千年以上の歴史を持つかつての汴京《べんけい》（開封）へユダヤ人を探す旅に出た。北宋時代には繁栄が極に達し、「四通五達の郊」あるいは「天下の要会」として人口一〇〇万にのぼった世界最大の都市も、今では「中原《ちゅうげん》」と呼ばれる黄河中下流域の平原に位置する七〇万人の一地方都市に過ぎない。この時、かつてのユダヤ人街「南教経胡同《なんきょうけいこどう》」にも行ったが、自らを「ユダヤ人」と称する人には会えなかった。

本当に、中国に入ったユダヤ人は、「溶けて消え」てしまったのだろうか。しかし、〈文明の化石〉の断片(2)にほかならないあの開封博物館所蔵の石碑の前に立ち、その中に「祖師阿無羅漢《アブラハム》」という文字を見出した以上、これを記憶の底に埋めてしまうわけにはいかないのだ。とすれば、開封ユダヤ人の問題は、以来、長い時間をかけて自分一人で取り組んでゆかなくてはならない、私にとっての楽しみな宿題となったのである。

中国の旅から帰って間もなく、私は「ポルトガルの領土拡張主義とイエズス会」を研究テーマにしているドイツ人エンゲルベルト・ヨリッセンと知り合いになった。インド・ユダヤ人の歴史にも造詣が深い、この少壮気鋭の研究者から、インド西南マラバール海岸にある港湾都市コーチンに、中国よりもひょっとしたらもっと長い歴史を持つユダヤ人共同体が現存していることを教えてもらったのである。しかも一五一〇年にポルトガルの植民地となったゴアには、主に改宗ユダヤ人「マラーノ」を火炙りの刑に処する厳しい異端審問所が存在していたということを知ってから、アジアに逃れてきたユダヤ人に関する研究は仲間数人との共同研究となり、一気にインドに向けられていった。そして開封を初めて訪れた年の八月にゴアとコーチンで調査したのを皮切りに、一九九八年一二月まで毎年インド・ユダヤ人の歴史の現場へ足を運ぶことになったのである。

インドへの最後の旅から三年経った二〇〇一年九月、神戸のある研究会で日本史・日本文化を専攻するヘブライ大学のベン・アミー・シロニー教授と会った時、彼から「最近イスラエルの新聞に、石磊《シーレイ》という開封出身の留学生の記事が出てましたよ」という思いがけない話を聞いた。その後、イスラエルのバル・イラン大学に留学中の石磊に連絡は取れたものの、彼と会う機会を持てないまま、私は二〇〇四年三月再度開封を訪れることになった。その時の旅で、自分を「開封ユダヤ人」と思っている「中国人」金広忠《きんこうちゅう》（一九六〇年生まれ）と彼の家族に初めて会うことが出来たのである。

確かに、中国に入ったユダヤ人の一派は中原の古都開封で中国人になり、一千年の間に中国に「溶けて」きたが、〈文明の化石〉の断片も残さずそのまま「消えた」わけでは決してなかった。開封のユダヤ人の「ユダヤ的なるもの」は、目には見えない地中にありながら大きな圧力を持ち、井戸の中へ、あるいは泉となって地表に出ようとする地下水のようなものなのだ。だが、私は二〇〇四年三月、一千年前開封に来て定住することになったユダヤ人のシナゴーグ跡に今もある古井戸にまで足を運びながら、その中をのぞいて見ることすらしなかった。今度こそ蓋を外してユダヤ人の井戸をのぞき、その深い水の存在を確かめてみたいという思いもあって、二〇〇五年三月、私は仲間二人とともに、三度《みたび》中国へ向かうことになったのである。

二　上海社会科学院の潘光教授を訪ねて

三月一六日、知り合いの国文学者と私は、新千歳空港を飛び立ち、その日の夕方、上海空港の到着ロビーで、関西空港から一足早く着いていた教え子の若い中国近現代史の研究者と落ち合った。翌一七日の正午過ぎ、私たちは、春休みでたまたま大阪から上海に帰省中の中国人留学生王騁《おうへい》（大

図3　上海社会科学院・上海ユダヤ研究センターにて。
左から王騁氏、潘光教授、筆者、関根真保氏、中澤千磨夫氏

阪府立大学大学院）の案内で上海社会科学院に向かった。二時から、同科学院・上海ユダヤ研究センター主任潘光《はんこう》教授（図3）と会うことが目的であった。

約束の二時ちょうどに、ユダヤ研究センターの応接室に現れた潘教授は、今年五八歳、いかにも働き盛りの研究者という印象の人だった。潘教授は『ユダヤ文明』や『中国のユダヤ人』などの著者として知られる中国のユダヤ文化・歴史研究の第一人者であると同時に、上海市政府決定諮問委員なども兼務し、大変多忙な方であるが、私たちのためにわざわざ時間を割いてくださったのである。私はこれまでの一四、五年間スペイン系ユダヤ人「セファルディー」と隠れユダヤ教徒「マラーノ」の歴史を研究してきたこと、今年七月には友人と共著

でインド・ユダヤ人に関する本を出版すること、そして今回開封ユダヤ人の歴史を研究するため、これから南京経由で開封に向かうところだということを、日本への留学生王騁に通訳してもらって潘教授に伝えた。それに対して彼はこの分野の研究者の名前をいくつか挙げ、それぞれの研究の特色について語ってくれた。彼の話の根底にあるのは、ヨーロッパの周辺からやって来たユダヤ人が何故中国社会に同化出来たのかという、私も無関心ではおられない問題であった。

潘教授の業績の中で日本でも簡単に入手出来るものとしては、彼が最近ハーバード大学で行った講演「中国のユダヤ人[3]—伝記・史実・観察」がある。じつはこの中に、「開封のユダヤ人共同体同化の謎」という一章が含まれているのである。この「同化の謎」は私の研究テーマとも密接に関わっているので、ここで私見をまじえながら、潘教授の講演の内容と会見の時の話を織りまぜて要約してみることにしよう。

開封のユダヤ人共同体は、最終的には中華民族の中に溶け込んでいった、と彼は言う。そして、ユダヤ人の長い離散《ディアスポラ》の歴史の中でも、外から圧力を受けずに移住先の文化と社会に同化していった開封のユダヤ人のような例は珍しい、とも言う。ユダヤ人のこのような同化については、すでに部族外結婚、科挙《かきょ》への参加、漢族姓への改名、中国語の使用といった多くの原因が指摘されているが、基本的な原因は二つある、と潘教授は考えている。一つは、開封のユダヤ人がこの中国の地でアジアの他の民族や宗教集団と同じ平等の権利を享受し得たこと、今一つは、開封のユダヤ人共同体が一九世紀半ばに消滅してしまうまでの二〇〇年間、外の世界との接触が完全に断たれたまま孤立状態に陥っていたことである。

その二つの原因によって可能だったユダヤ人の中国への同化と、中国の寛容な風土とが密接に関連していたのは、言うまでもないであろう。というのも、中国歴代王朝は、異民族が中国内部の政治に干渉しないという前提の下に、「中外一体」を提唱しており、異民族に対しては「和を以て貴しと為す」の精神で対応し、清濁《せいだく》併せ呑む寛容さがあったからだ。そのため中国の歴史においては、確かに民族紛争は絶えなかったが、一貫して各民族間の共存こそが複雑な民族関係の主流だったのである。漢民族は少数民族の特性を受け入れてきたし、少数民族もまた漢民族の特性を受け入れ、ついには中華民族という「一つの家」を作り上げることが出来た。中国にやって来たユダヤ人に対して、時の皇帝は「一視同仁《いっしどうじん》」の政策を採り、後の歴代皇帝もこの政策を遵守し続けてきたのである。

肌の色も言葉も、そして信仰も習慣も違い、自らの国を持たない〈彷徨《さまよ》えるユダヤ人〉を温かく迎え入れた中国人の血に対する寛容、あるいは中唐の儒者韓愈《かんゆ》の言う「一視同仁《いっしどうじん》」の精神は、特筆すべきものだろう。開封のユダヤ人は、「中華民族という一つの家」の中に入って、南宋第二代皇帝孝宗《こうそう》の隆興元年（一一六三年）に「清眞寺《せいしんじ》」と呼ばれるシナゴーグを初めて建立した。そして、ヨーロッパでは考えられないことだが、彼らは信仰の自由と、周囲を取り巻くさまざまな他民族と同じ平等の権利を享受することが出来たのである。まさしくここに、多神教的な中国と、ユダヤ人迫害をずっと続けてきた一神教的なヨーロッパとの違いがある。このことについて、潘教授は次のように書いている。

ユダヤ人であれ、イスラム教徒であれ、一生懸命孔子や孟子に取り組みさえすれば、科挙の試験にも合格して、漢民族と同じように官吏となり、政治的な権力を得ることも出来たのです。これに反してヨーロッパでは、ユダヤ人はすべての経済的・政治的・文化的な枠の外に置かれ、差別され、時には迫害されておりましたから、離散地の民族や宗教と平等の地位を獲得することが出来なかったでしょう。一方、開封のユダヤ人は漢民族主体の中華民族という家において、すべての人々と同様の待遇をつねに受けることが出来たのです。

しかし、千年紀城市開封のユダヤ人共同体は、一九世紀半ばついに消滅してしまった。その原因について、潘教授は次のように指摘している。

それには、清朝（一六四四―一九一二年）が一七世紀以降とった鎖国政策が関係しておりました。この鎖国政策によって、開封のユダヤ人共同体は外の世界から完全に隔絶されてしまいました。このような孤立状態に陥っていたので、一九世紀半ばに最後のラビが亡くなっても、残されたユダヤ人にはどのように新しいラビを探したらいいのか分からなかったのです。それに追い打ちをかけたのが、黄河の氾濫でした。この時の洪水で破壊されてしまったシナゴーグをどのように再建したらいいかも、彼らには分からなかったのです。

だが、中国文化・中国社会の中に次第に「溶けて」ゆき、ついには「中華民族」に同化していったにしても、ユダヤ系中国人の中には、今もって地下水のようにユダヤ教信仰の痕跡を保持し続けている人が存在しているのではないか。このような個々の人々の心の奥底に流れ続けているユダヤ教信仰の名残と、さらには開封のユダヤ人一千年の歴史の記憶を内包した「水」や「石」に語り継がれているものを掘り起こすことが、私の当面の課題となるだろう。潘教授との会見の際、そこが私の最も強調したい点であった。

私たちは到着したばかりの上海で、開封のユダヤ人の歴史について大変示唆に富んだ知見を示してくれた潘教授に心から謝意を表して、上海社会科学院を後にした。

三　シナゴーグの古井戸

三月二二日一〇時、私たちは宋代国都の筆頭寺院・相国寺《しょうこくじ》近くのホテル「河南酒店」前からタクシーに乗り、旧ユダヤ人街「南教経胡同」(図4)に向かった。この南教経胡同は、最新版開封市地図によれば、解放路と財政庁東街の交差点東南の敷地(シナゴーグ跡)に建つ第四人民医院の裏側から草市《そうし》街まで続く横丁である。因みに、一九一〇年版開封市街図（図5）では、解放路は北《ほく》土《ど》街、財政庁東街は火神《かしん》廟《びょう》前街と呼ばれていた。運転手がこの胡同《フートン》の名を知らなかったので、私たちはとりあえず第四人民医院（図6）へ行ってもらうことにした。

第四人民医院前でタクシーを降り、広い駐車場を通って、病院の裏手に回った。古い煉瓦造りの

図4 「教典を教える横丁」（南教経胡同）の標識（上）とその標識がとりつけられている開封の旧ユダヤ人街「南教経胡同」入口（下）

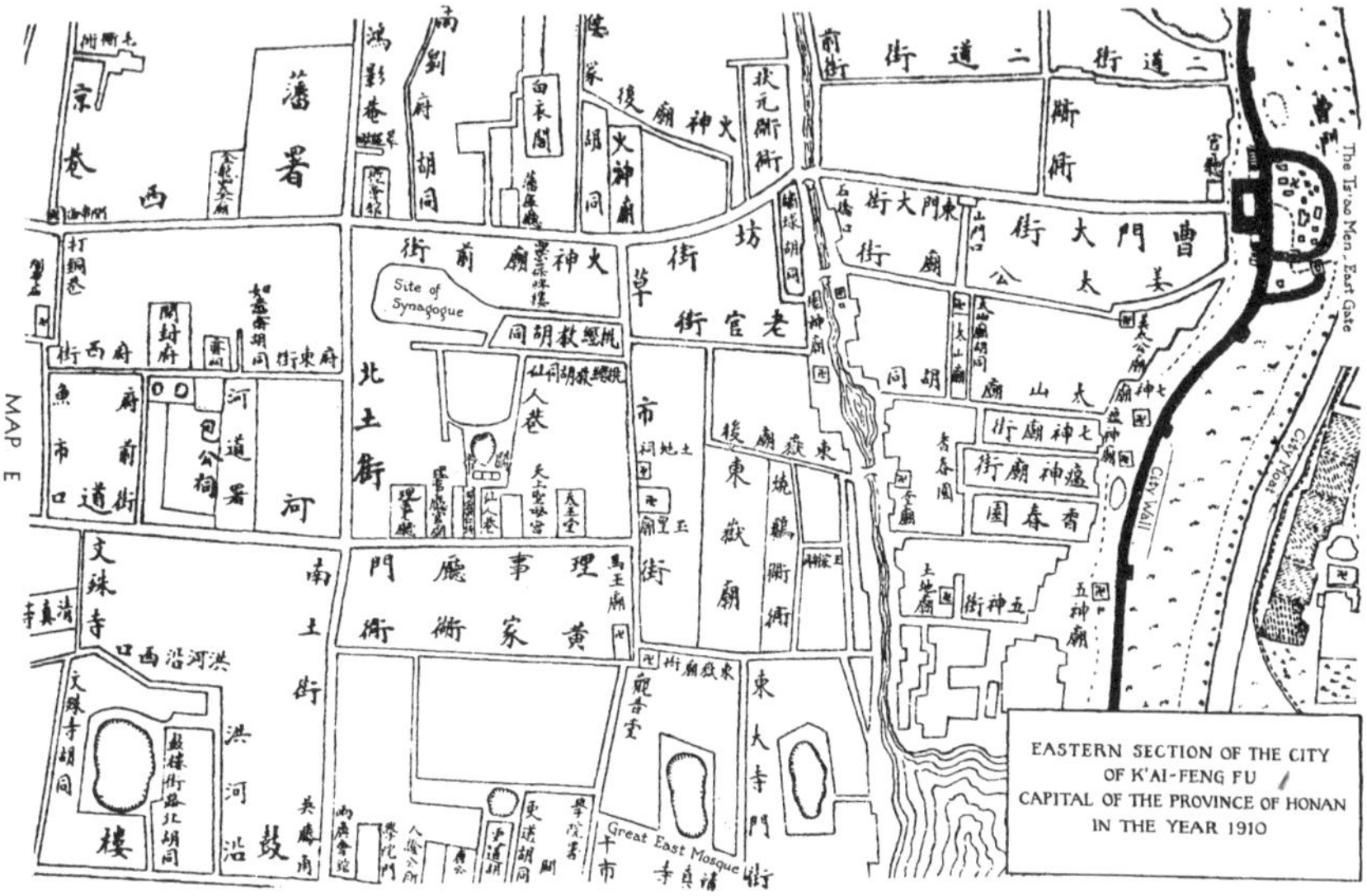

図5　1910年の河南省開封市街図（ホワイト『中国のユダヤ人』より）

家の前にシーツなどの洗濯物が風に揺れ、中年の女性がひとり私たちの方をちらっと見てから家の中に消えただけで、辺りはしいんと静まりかえっていた。そこが、かつて「清眞寺」と呼ばれていたシナゴーグの境内に当たる場所である。

ボイラー室の入口の戸が開いていたので、そっと中に入った。すぐ目の前の薄暗がりの中に、石油タンクのような円筒形の大きなボイラーがあった。昨年はここまで来ながら、このボイラーとその前の床にある四角形のうっすらとした古井戸の蓋を写真におさめ、それだけで満足して帰ったのだった。その後、この蓋を外し、井戸の中をのぞき込むことが出来ることを知って、私は今回このユダヤ人の古い井戸を旅の最終目的地にして来たのである。

図6　開封市第四人民医院（シナゴーグ跡地）

だが、誰から井戸の蓋を外す許可を得たらよいのだろうか。困惑している私に、同行の若い研究者がボイラー左横の奥を指して言った。

「あそこの守衛室に行って、ちょっと聞いてきます。」

守衛室から帰って来て、彼は笑いながら言った。

「勝手に蓋を外して、中を見ればいい、と言ってますよ。」

火の専門家は、中世以来の「水」には全く関心がないらしい。井戸におおいかぶさるようにしてある鉄柱の装置の下に潜って、若い研究者が埃におおわれた蓋をずらしてくれた。私は這いつくばうようにして、ぽっかり空いた暗い穴の中をのぞき込んだ（図7）。石炭のかけらを落とすと、ぽちゃんという澄

図7　開封市第四人民医院裏のボイラー室にあるシナゴーグの遺跡「古井戸」(上) と「古井戸」をのぞき込む筆者(下)

んだ音が返ってきた。眼鏡が落ちるのではないかと恐れながら、さらに井戸に近づいてのぞき込むと、二、三メートル下に黒く光る水が見えた。

これこそ「生きた水」だ、「教《ジアオ》」に直結する「生きた水」だ、という思いがこみあげてきた。その時、古いユダヤ人街のあるドイツ・ラインラント・プファルツ州の古都ヴォルムスで初めてシナゴーグの禊《みそぎ》用水浴場「ミクヴェ」を見た時と同じような戦慄を覚えた。ヴォルムスの聖なる水は、地上から七、八メートルほど暗い螺旋階段を降りて行ったところに黒く光っていた。そこには、月経すなわち「ニッダー」の戒律を厳格に守り、それによってつねに身を清めようとする人々の「生きた」信仰がまだみなぎっているようであった。私はその時のことを思い出しながら、暗い穴の中をのぞき込んでいた。

図8　開封シナゴーグの遺跡「古井戸」の黒く光る水

「写真を撮ったらいいよ！」

頭上で、誰かが叫んだ。私は言われるままに、暗い井戸に向かってシャッターを切った（図8）。その時、一千年前にユダヤ人がヨーロッパの周辺からこの北宋の都に辿り着き、信仰生活を始めたという確かな証拠を、私は真下の暗い水の中に見たように思った。そして同時に、潘教授は「開封のユダヤ人共同体は最終的に中華民族の中に溶けこんでいった」という見解を述べていたが、その全体的な同化現象の中にあっても、今なおこの深い井戸の水のように、ユダヤ的なるものを抱えている開封ユダヤ人の末裔がいるのではないか、という気もしてくるのであった。

その夜ホテルの私の部屋で、翌日のスケジュールについてミーティングを行った。その最後に、私は『中央公論』二〇〇四年一一月号のグラビア「千年紀城市に向って――作家・リービ英雄と『大陸』」を切り取ってきたのを、仲間たちに見せた。

中国人になったユダヤ人を探すリービ英雄の旅(4)に同行した写真家蕾田《わいだ》純一の、とりわけ一枚のカラー写真に二人は関心を示した。そこには、暗い古井戸をのぞき込むリービ英雄の右手から射し込んでくる柔らかな光に、敷石の亀甲《きっこう》模様が鮮やかに浮かび上がっているのだ。

「ただ白っぽく見える床をこんなに造形的に表現している写真家の腕はすごいな。」

若い研究者の言葉にうなずきながら、国文学者が珍しく興奮して叫んだ。

「明日、この角度からもう一度写真を撮ろう。そして、井戸から水を汲み上げるのだ。」

四　古井戸の水を汲む

翌二三日一〇時、私たちはホテル・ロビーで開封ユダヤ人の末裔金広忠と会い、ガイドとともに旅行社のワゴン車で金家の墓地に向かって出発した。その日は、墓地から帰った後、再びシナゴーグの古井戸に行き、南教経胡同に住む最後のユダヤ人家族を訪ねるというスケジュールであった。

車に乗り込むとすぐに、金広忠は昨年話題になった彼の実兄の現況について語りだした。ガイドの通訳によると、二〇〇〇年春にフィンランド経由でイスラエルへ行き、エルサレムでヘブライ語とユダヤ教の勉強をしていた彼の兄Lが、二〇〇五年ついにイスラエル国籍を取得することに成功したのだという。開封ユダヤ人の末裔は中国政府からもイスラエル政府からも「ユダヤ人＝ユダヤ教徒」とは認められていないので、それは「非合法ルート」（『21世紀環球報道』）を使っての、しかも莫大な費用と時間と忍耐によってようやく実現したものなのだ。金広忠は目を輝かせながら言った。

「私も兄と同じようにイスラエルへ行きたいので、今ヘブライ語の勉強を始めたところです。」

金家の墓は、開封市南の広い湖・包公湖《ほうこうこ》を真二つに割るようにして走る大通りを数キロ南下し、そこから東に向かってだだっ広い麦畑の中のでこぼこ道を一キロほど走ったところの、典型的な中国・中原の農村「蔡庄《さいしょう》」の傍《そば》にあった。アメリカやカナダなどのいくつかのユダヤ人団体の寄付で二〇〇〇年一二月に建立されたという石碑「金氏家族譜系」（二二五頁図33）には、白い文字や数字がぎっしり彫り込まれていた。その石碑の裏側へ回った私は、文革時代にさまざまな虐待を受け、一九七七年に六八歳で亡くなったという金兄弟の父親の土饅頭《どまんじゅう》に水をかけて手を合わせた（図9）。

墓地からの帰り、街中の菓子屋に寄り、金広忠夫人へのお土産にショートケーキを買った。その

図９　開封市南の郊外の蔡庄村にある金家の墓

時、女店員がケーキをラッピングしてくれたピンクのビニールの平紐《ひらひも》に、私は注目した。これなら、老酒《ラオチュウ》の小瓶を古井戸の中へ吊るして「聖水」を汲み上げるのに十分な強さと長さを持っているように思ったからである。その平紐を所望した私に、女店員は理由も聞かずに四メートルほど気前よく切ってくれた。ワゴン車に戻って、ショートケーキの包みを金広忠に渡すと、彼は「明日の夕方、プリムの断食が終わった後いただきます」と言った。

プリムとは、旧約聖書の「エステル記」に基づく、ユダヤ人救済を記念する祭りである。今年はユダヤ暦のアダル月一四日が一般暦の三月二四日に当たり、金広忠も二三日の夕方からもう「エステルの断食」に入るという。文革時代はもちろん家族内で密かに行われていたこのユダヤ教の祭りの一つが、今なお開封ユダヤ人の末裔によって受け継がれている事実を知って、私は驚きを禁じ得なかった。

プリムの祭りの話をしているうちに、もう第四人民医院の広い駐車場に着いた。右手から病院裏側へ回って、私たちは前日訪れたばかりのボイラー室に入った。

金広忠が難なく蓋を外してくれた。私はその暗い井戸の前に四つんばいになって老酒の小瓶をコートのポケットから取り出し、その首にしっかり結びつけたピンクの紐を少しずつ伸ばして、井戸の中へゆっくり、ゆっくりおろしていった。紐が二メートル半ほど吸い込まれたところで、小瓶の底が水面にぽちゃりとあたる音がした。紐を通して、小瓶が暗い井戸水の中に沈み、その口から一気に「水」をのみこむのがかすかに感じられた。その時、遥かなヨーロッパの周縁から彷徨《さまよ》って来たユダヤ人が、黄河中流南岸の中原に初めて「井戸を掘ったのだ」という思いがこみ上げてきた。

私はその時、トーマス・マンの長編小説『ヨゼフとその兄弟』冒頭の文章を思い出した。

過去の泉は深い。その底はほとんど測り知られぬと言ってよいだろう。(5)

右に言う「過去の泉」と同じように、この井戸も深い。その底は開封ユダヤ人の遥かな先祖に繋がっているばかりでなく、ユダヤ民族の起源にも繋がっているはずである。その測り知られぬ過去の泉へ四千年がところおり下ってみれば、ユダヤ人が地上に現れたのと同じ頃擡頭してきたいくつかの偉大な民族も、いまやとうに姿を消してしまっている。

確かに、中国人、インド人、エジプト人もユダヤ人と同じように古い民族だが、それぞれの井戸から湧き出してきた文明という水がその後誕生してきたいくつかの文明に遍く決定的な影響を与えることはなかった。「ほとんど測り知られぬ」過去から現代まで同一性を保ちつつ生き延びてきたもろもろの民族の中でただユダヤ人だけが、たとえどれほど遠い異境へ彷徨《さまよ》って行っても、その移住先でまた新たな井戸を掘り、周囲の異民族社会に適応しながら、同時に彼らの深い「過去の泉」を通じて先祖の宗教に繋がり、「集合的記憶」を保持し続けてきたのである。このようなユダヤ人の「記憶」を含む「聖水」を満タンにして小瓶を引き上げた時（図10）、私は周囲から予期せぬ拍手をいただいたのであった。

ボイラー室を出て私たちは、南教経胡同に住む最後のユダヤ人家族、趙平宇《ちょうへいう》未亡人の崔淑萍《さいしゅくへい》（八〇歳）を訪ねた。あいにくドアには鍵がかかっていたが、隣家の女性から「崔さんは友だちのところで麻雀しているよ」と聞いて、ガイドが彼女を迎えに行ってくれた。やがて現れた崔淑萍の表情は、相変わらず快活で若々しかった。

図10　開封シナゴーグの遺跡「古井戸」から老酒の小瓶で「水」を汲み上げる

薄暗い小さな部屋に通された後、私たちは勧められるままにそれぞれ木の椅子にかけた。

「昨年ここで撮らせてもらったものです。」

そう言って私は、崔淑萍と一緒に写っている写真を彼女に渡した（図11）。それにしばらく見入ってから、彼女は私を見上げてにっこり笑った。

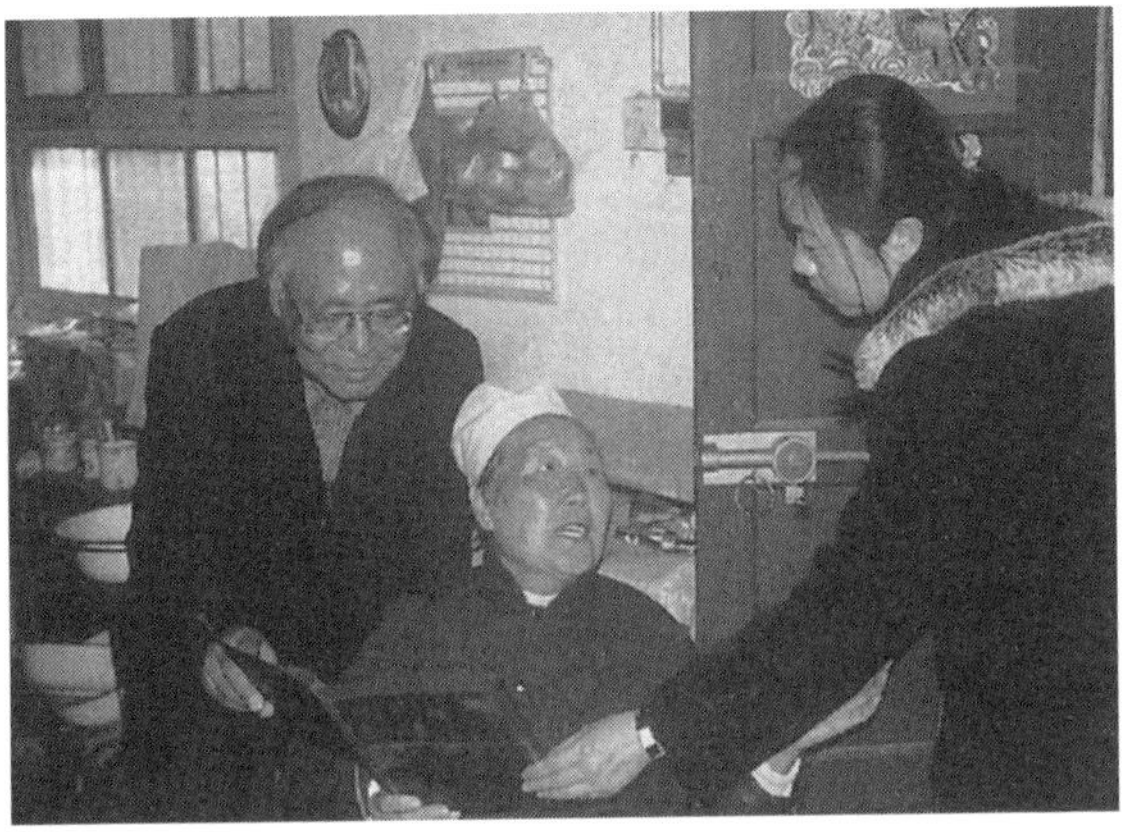

図11　南教経胡同に住む最後のユダヤ人趙平宇氏の未亡人崔淑萍さん（真ん中）

崔淑萍は漢民族の家庭の出身であるが、一九歳でこの南教経胡同へ嫁いで来てもう六〇年以上経つという。私の後ろの台には、大小の燭台「メノラ」に囲まれて、彼女の夫趙平宇の遺影（図12）があった。一千年前開封に辿り着いて、時の皇帝から漢族姓を賜り、ここに定住することを許されたユダヤ人趙一族の末裔である。何かの制服のような白い開襟シャツを着た、穏やかそうな、しかしどこか寂しげな顔の「東洋人」である。遺影の横に老酒の瓶が数本並んでいたので、私は尋ねた。

「御主人はお酒をのまれましたか。」

「好きでしたね。よくのんだものです。」

彼女は明るく笑って答えた。

図12　趙平宇氏の遺影

プリムの祭りにおいてユダヤ人は、「モルデカイに祝福あれ」と「悪役ハマンに呪いあれ」との区別がつかなくなるまで酒を飲むことを勧められるというが、生前趙平宇も毎年めぐりくるこの祭日に酒をしたたか飲んで、善悪を超越した境地に入っていたのだろうか。いずれにしても、この「東洋人」が一千年間も開封に生き続けてきた「ユダヤ人」の末裔として、心の中で先祖の伝統に従いながら、ここで、この古い胡同《フートン》の小さな家で生を全うしたのは確かである。

崔淑萍の家を後にして、私は南教経胡同から北教経胡同へと路地をめぐりながら、古い煉瓦造りのこのような胡同がいずれ姿を消してしまうのではないかという感慨にひたっていた。確かに、この胡同には最後のユダヤ人家族が一人住んでいるだけで、一千年にわたる開封ユダヤ人の歴史の痕跡はとうに消え去ってしまっている。それにもかかわらず、中国におけるユダヤ教の紛れもない遺跡がシナゴーグの井戸として現存しているというのは、奇跡に近いことである。

そしてこの井戸の他に、あの「空白」の石碑もまた、ユダヤ教の最も重要な遺跡であることに変わりはない。初めてその前に立った時から、すでに一〇年の歳月が流れていた。その石碑は、一千年前からユダヤ人がまさにここにいたことを文字で証明する唯一の遺跡なのだ。とすれば、これから石碑の内容を理解するために、それぞれの碑文を手に入れ、その解読を試みなくてはならない。

北教経胡同のはずれで金広忠と別れる時、私は言った。

「開封ユダヤ人の歴史をもっと勉強して、来年また開封に来たいと思います。その時ぜひ、イスラエルのお兄さんにどのような生活の変化が起こったかについて、具体的なお話を聞かせていただきたいと思います。」

このような宿題をいくつも抱えて、私は二〇〇五年三月二六日、開封の旅から帰って来た。私にとって最大の宿題、あの複雑で難解な石碑の解読にアプローチするのに先立って、次の章では、何百年にもわたりヨーロッパ・ユダヤ人社会から隔絶されていた開封ユダヤ人共同体の存在が、一六〇五年突然ヨーロッパ中に知られるに至った歴史的な出来事を再現してみよう。

注

（1）Beth Hatefutsoth, The Nahum Goldmann Museum of the Jewish Diaspora ed., *The Jews of Kaifeng : Chinese Jews on the Banks of the Yellow River*, Tel Aviv, 1984.

（2）陳舜臣『日本人と中国人』、集英社、一九八四年、一六六頁。

（3）潘光「中国のユダヤ人―伝記・史実・観察」、『解放日報』二〇〇五年二月二〇日付。なお、潘光教授の同論文からの引用文は、関根真保氏の訳による。

（4）リービ英雄「千年紀城市に向って―中国人になったユダヤ人を〝探す〟旅」、『中央公論』二〇〇四年一一月号所収、二一四―二二六頁。

（5）Thomas Mann, *Joseph und seine Brüder*, S. Fischer Verlag 1960, S. 9.

第二章　開封のユダヤ人とイエズス会宣教師の歴史的な出会い

一　開封のユダヤ人艾田《がいでん》

今から遡ること四〇〇年、一六〇五年の春のことだった。黄河南岸にあって、かつて北宋時代（九六〇―一一二七年）に栄華をきわめた河南省の省都開封《かいほう》を発ち、北京《ペキン》に向かう一台の騾馬の荷車があった。一五〇〇里（およそ四七〇マイル、七五六キロメートル）も離れた中国の国都北京への長旅もいとわず、悠然とその荷車に乗っているのは、名を艾田《がいでん》という六〇歳の州行政官だった。その鼻は高く、目は奥深く、明らかに周囲の漢民族とは異なる顔立ちだった。このとりわけ容貌の目立つ艾田とは、いかなる人物なのか。また彼は、いかなる目的でこのような途方もない旅をしようとしているのだろうか。

艾田は一五四五年頃、祥符《しょうふ》（現在の河南省開封）の豊かなユダヤ人商人の家に生まれた(1)。その姓からして彼は、北宋時代に時の皇帝から漢族姓を賜った開封のユダヤ人七氏族の中でもとりわけ有名な氏族の出身ということになる。彼には、幼い時からヘブライ語とユダヤ教の勉強に精励し、後に開封の宗教的指導者「ラビ」になって一家の誇りとなる二人の兄弟がいた。この兄弟たちとは異なり、ヘブライ語にもユダヤ教にも全く興味を示さない艾田は、もっぱら世俗的な勉強に興味を持って、ひとり中国人の学校へ入学した。そこでのカリキュラムは、『論語』や『孟子』などの中国古典に集中していた。幼時から抜群の知的能力を示していた艾田はとりわけ難関に挑戦することを好むタイプで、一八歳で科挙制度における最初の試験に合格し、府・州・県学の生員「秀才《シウツァイ》」となった(2)。

科挙とは、旧中国で行われた官吏登用資格試験制度である(3)。その起源は、西暦五八七年、世襲制など門閥家の特権を認めた九品官人法《きゅうひんかんじんほう》を廃し、個人の才能に従って官吏を登用するために科挙制度を実施した隋の初代皇帝文帝《ぶんてい》の時代に遡る。この制度は時代が下るとともに形式が完備し、明《みん》・清《しん》代に盛大になり、とりわけ清代に至って極まった。そして、四書五経を受験科目の柱とした科挙の試験が三年に一回実施されるこの制度は、すでに宋代に始まっていた。だから、かつての宋の都にユダヤ人として育った艾田も、この制度の背後にある平等思想により、科挙にも挑戦することが出来たのである。

このようにして艾田は、彼の家族にとっても、またユダヤ人共同体にとっても誇るべき名誉を手にしたが、それで終わってしまわずに、「秀才」からさらに高い地位を目指して勉強を続けていた。

その甲斐あって、一五七三年に彼は、地方政府から中央政府に親孝行、正直潔白な人物として官吏に任じるよう推挙された者、すなわち「孝廉《こうれん》」[4]の称号を得、それから間もなく官吏としての資格を認められて州行政官に就任した。そして一六〇五年、ひたすら身の栄達を願う艾田は、北京の宮廷で「ドットーレの試験〔会試〕」を受け、それにふさわしい職を求めるためにこの旅を企てたのであった。だが、この個人的な目的のほかに、もう一つ、開封のユダヤ人共同体から託された重要な仕事があった。まさしくそれによって、このヘブライ語の読み書きの出来ない開封の一官吏が皮肉にもラビの兄弟を出し抜いて、世界のユダヤ人の歴史の中でその名を知られることになったのである。それというのも、彼こそ、一七世紀初頭のヨーロッパ世界を驚かした、中国のユダヤ人小集団の発見にまつわる出来事の中心人物にほかならないからである。それには、次のようないきさつがあった。

以前艾田は、当時誰もがよく読んでいたという一冊の書物、『私が聞いた話について』の一章[5]を読んでいた。同書には、一六〇一年皇命により入京を許された熱心な宗教家たちの小さなセクトについて書かれていた。入京以前、中国のさまざまな都市をおよそ一八年間も転々としていた彼ら熱心な宗教家たちは、肌が白く、遥かヨーロッパ大陸からやって来た外国人だというのである。そのことにまず、艾田は引きつけられた。というのも、艾田は古都開封に育ったが、自分の先祖もまたこの肌の白い外国人と同じようにヨーロッパ大陸からやって来たという話を、幼い頃からよく聞かされていたからである。

だが、それ以上に彼の興味をそそることが同書には書かれていた。それは、この外国人たちが唯一の神を信仰し、神は宇宙の創造主にして世界中の「教《ジアオ》」の担い手であると宣言していることであった。著者の書いているところによれば、彼らが帰依している信仰は全く未知のものだという。中国に混在する多くの宗教は、仏教にしても道教や儒教にしても、多かれ少なかれ多神教に起源を持つものだった。それゆえ一神教は、中国人の目には一風変わった宗教のように映ったのである。しかし、艾田はユダヤ人家庭の生まれだったから、この本に書かれている一神教については幼い頃からよく知っていたのである。そして、中国には唯一の神への帰依の念だけが要請される二つの宗派があることも、彼は知っていた。すでにその数百年前から開封で実際に信仰されていた二つの宗派とは、むろんイスラムとユダヤ教である。だが、艾田が読んだ本によれば、この新来の外国人は自分たちはイスラム教徒ではないと明言しているというのだ。それでは、北京在住の肌の白い宗教家たちというのは、自分と同じようにユダヤ教徒以外にないではないか、と艾田は考えた。

艾田は中国の歴史や宗教、そして民族の問題などに造詣が深い人物であったが、遠いヨーロッパのキリスト教についてはいまだ耳にしたこともなかった。今日《こんにち》からすれば信じられないことだが、そもそもキリスト教がユダヤ教から生まれ、その初期数十年間はユダヤ民族の祖国で発達したことも、そしてキリスト教徒がユダヤ人と同じ『聖書』を用いていることも、彼は全く知らなかった。それには、開封のユダヤ人共同体が置かれていた特殊な事情があったのである。

艾田の先祖は、彼の時代から遡ることおよそ六〇〇年、ユダヤ人に対する迫害があったヨーロッパの周縁から想像を絶する艱難辛苦を経て、北宋の首都開封に辿り着いた。幸いなことに彼らは懐が深い中国に受け入れられ、南宋第二代皇帝孝宗《こうそう》の隆興元年（一一六三年）には開封に最初のシナゴーグ「清眞寺」を建設するまでになっていた。

開封府はかつて「四通五達の郊」と呼ばれていたように、運河網の中心であり、隋の第二代皇帝煬帝《ようだい》によって初めて開かれた大運河がここで黄河と交差していた。宋はこの運河網を利用して中央集権政治を行い、最盛期には一〇〇万の人口を擁する世界最大の商業都市を築き上げていた。今や漢民族とも対等の立場を認められ、商業や貿易にうってつけの風土に恵まれて、開封のユダヤ人共同体は大いに繁栄した。その目覚ましい商業活動は開封を越えて、中国の他の都市にも拡大していった。持って生まれた才能と知恵によって彼らは、商業の面で大きな業績をあげたばかりでなく、この国の一視同仁《いっしどうじん》思想に助けられて社会的地位をも向上させていった。

こうして風俗習慣の全く異なる異境にありながら生活面で問題はなかったが、彼らにはただ一つ意に満たぬことがあった。それは世界のユダヤ人社会からの完全な「孤立」という問題であった。中国に辿り着いてから最初の二〇〇年間、開封のユダヤ人はまだペルシアやインドのユダヤ人共同体と繋がりを持っていた。だからこの時代、彼らは時として中国国境を越えた国々に住むユダヤ人についての情報を耳にすることはあった。しかし、一三世紀からじつに四〇〇年ほど、世界のユダヤ人社会の動静を伝えるニュースは完全に途絶えてしまっていた。こうして開封のユダヤ人共同体は、外の世界との接触を失ったまま、異境の古都の中で「孤立」していたのである。

北京に白い肌の熱心な外国人宗教家がおり、しかもそれが白帽回回《ホエイホエイ》と呼ばれるイスラム教徒ではないと知った時、艾田の驚きは大きかった。彼はすぐさま開封の首席ラビを訪ね、自分が本で読んだことを伝えると、ラビも興奮し、早速胡同のユダヤ人仲間を招集した。そこで艾田は、およそ次のように仲間に向かって語りかけたことだろう。

「もし北京在住の外国人がユダヤ教徒ならば、彼らは我々開封のユダヤ人社会に新しい時代を開くきっかけを与えてくれるかもしれません。なにしろ我々はこれまで何百年も外国のユダヤ人同胞を迎えたことはなかったし、外のユダヤ人に関するニュースさえ聞いたこともなかったのですから。この話が本当なら、我々の『ケヒラ（ユダヤ人共同体）』は外に向かって開かれ、最近移住して来たという彼らの助けを借りてヨーロッパのユダヤ人社会と連絡を取り合うことも夢ではなくなるでしょう。

『ケヒラ』の皆さん、このような同宗信徒との接触は、大変重要なことなのです。もしこのことがうまくゆけば、開封ユダヤ人の低下した意識が再び高まることになるでしょうし、次第におぼろげになりつつある昔のユダヤ教の記憶が甦ることにも繋がるでしょう。(7)」

開封のユダヤ人共同体のラビたちも一般会衆も、北京在住の白い肌の外国人宗教家がユダヤ教徒であるという艾田の結論に同意し、彼の北京行きに望みを託した。

このような仕事を引き受けた艾田はしかし、一つだけ自分に不足しているものを感じていた。それは、自分が属しているユダヤ民族の言語であるヘブライ語をついに学ぶ機会を逸してしまったということだった。確かに幼少の頃から耳で聞いた『聖書』の言葉を沢山そらんじてはいても、二人の兄弟のように流暢にヘブライ語を話すことも読むことも出来なかった。しかし、彼がユダヤ人家庭に生まれ、シナゴーグを中心としたユダヤ人共同体の一員として暮らしてきたのは、紛れもない事実なのだ。そこで自然に身につけたユダヤ教の知識をもって、北京の「ユダヤ人」に接触を試みるほかないではないか。首都北京が近づいてくるにつれて、艾田は自分にそう言い聞かせた。あの『私が聞いた話について』を読んで以来、艾田が一番会って話をしてみたいと思っていた人の名は、マッテオ・リッチ（中国名「利瑪竇《りまとう》」）といった。

二　北京在住のイエズス会宣教師マッテオ・リッチ

マッテオ・リッチは一五五二年に、現在のイタリア中部マルケ州にある山腹の町マチェラータで生まれた(8)。一五六〇年代、この町でも、高利貸しや屠殺場を経営するユダヤ人に対する迫害が起こっていたし、またスペインやポルトガルからアンコーナに避難して来たユダヤ人に対する迫害もあったので(9)、リッチは少年の頃からヨーロッパ・ユダヤ人の苦難についてよく知っていたことだろう。一五七一年、ローマで修練士としてイエズス会に入会した彼は、神学・人文科学・自然科学の広範囲にわたる教育を受けた。その後ポルトガルを経て、一五七八年九月一三日、ポルトガル領ゴアに到着した時、狂信的な異端審問官バルトルメウ・デ・フォンセカがインドに逃れて来ていた改宗ユダヤ人を襲い、残酷な火炙りの刑「アウトダフェ」を大規模に繰り広げていた[10]。ゴア異端審問所が一五六〇年に先輩のイエズス会宣教師フランシスコ・ザビエルの提言によって設立されたとはいえ、イエズス会には実際、ユダヤ人の血を引く多数の改宗者「マラーノ」が高い地位に就いていた。もちろんマッテオ・リッチは、そのことをよく知っていた。だから彼が一五八一年大胆にも、ローマのイエズス会総会長クラウディオ・アックワヴィーヴァ宛の書簡の中で、マラーノに対する異端審問所の常軌を逸した攻撃について憂慮の念を表明している[11]というのも、よく理解出来るのである。

一五八三年九月、イエズス会宣教師マッテオ・リッチは三〇歳でマカオから中国に派遣され、最初肇慶《ちょうけい》に居を構えた。初めのうち彼は、最晩年の著書『中国キリスト教布教史』の中で言っているように、「聖なる教えを広める」活動を制限していた。あるいはもっと正確に言えば、南中国広東州での宣教活動を、外国諸勢力の進出に神経をとがらせていた中国当局によって制限されていた。そうした中で肇慶や韶州《しょうしゅう》、さらには南京や南昌など中国の都市を転々とした一八年間に、リッチは中国語を自由に使いこなせるようになり、服装も顔つきも、また礼儀作法も「中国人」になるように努めた[12]ばかりでなく、漢文著述『交友論』（一五九五年）を著し、四書五経の学習にもいそしむなどして、次第に中国人学者や官吏の信頼と称賛を得るようになっていった。かくして一六〇一年一月二四日再び待望の皇命により首都北京に入ることが出来、ついに同年五月二八日には居住許可と伝道許可も得ることに成功したのである。

中国入りを果たして間もない頃と思われるが、リッチは中国のネストリウス派キリスト教徒の存在を知っていた。ヨーロッパとは逆に、ユダヤ教徒が開放的なのにひきかえ、自らの信仰を隠そうとするキリスト教徒について、リッチは『中国キリスト教布教史』の中で次のように書いている。

わたしたちが確認したのはほんの数年前だが、とくにこの北部の各省にはキリスト教徒も存在していた。彼らは「十字を崇める人びと」〔十字教徒〕の名で呼ばれ、多くの文官および武官の家庭に広まっていたが、六〇年前、チーナ人はキリスト教徒に誤った疑いを抱くようになった。おそらく、各地でわたしたちに敵対するマコメット教徒の働きかけがあったのであろう。そこでチーナ人はキリスト教徒を捕えようとした。そのため、キリスト教徒はみな姿を隠して、一部はトゥルコ人の宗教〔イスラム〕によったり、ジュデーア教徒になったが、大部分は非キリスト教徒になり、教会は偶像崇拝の寺院にされた。その子孫の多くは、いまもなお飲食の際に十字を切る習慣を残してはいるが、深い恐怖心が残っているので、その子孫であることを打ち明けたがらない。彼らにも、ほかの人びとにも、いかなる理由からこうして十字を切るのか知る者はひとりもいない。だがその容姿から彼らがチーナに住んでいた異国人の子孫だということがはっきり窺われる。(13)

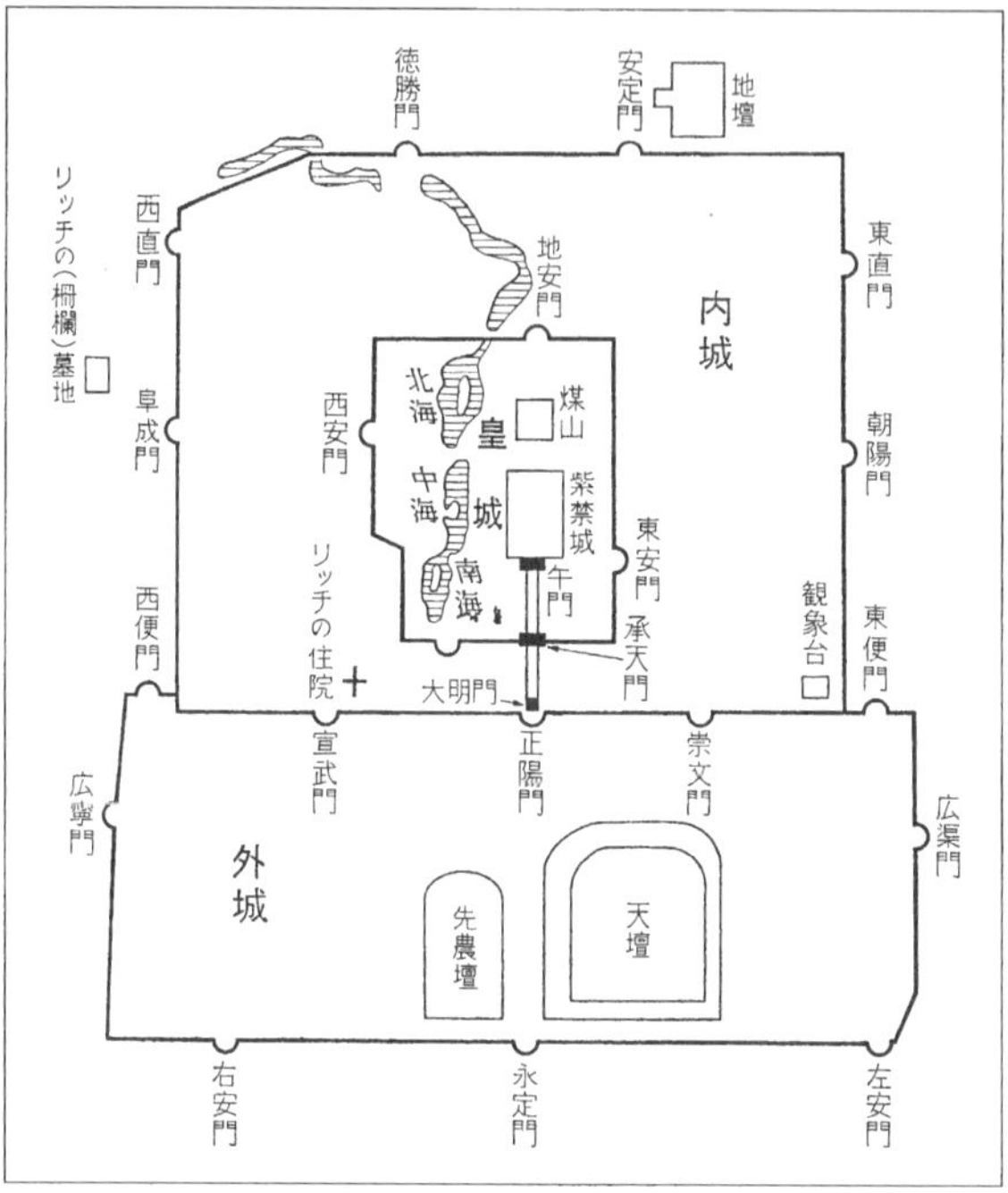

図13　リッチ時代の北京城
（マッテオ・リッチ『中国キリスト教布教史』より）

ところで、皇帝より北京での居住および伝道の許可を得た後、イエズス会宣教師たちは、「北京の主要な場所にある一軒の借家[14]」に移ることが出来た。しかし、リッチはこの最初の家にも定住出来ず、「神聖な務めを果たすために」ふさわしい借家を求めて、その後四年半の間何度も移転を繰り返したらしい。そして、一六〇五年八月二七日、ついに大いなる喜びをもって、現在カトリック大聖堂が建っている場所、すなわち「宣武門の城内の門前東側にある一軒の好適な家」へ引っ越すことになる[15]（図13）。そして、この家へ引っ越しをする二カ月前の六月二四日、手狭な借家時代最後の北京住院に、リッチははるばる開封からやって来た艾田の訪問を受けることになるのである。

それは、マッテオ・リッチのそれまでの人生において最も驚くべき中国のユダヤ人との出会いになった。むろん最初リッチは、「天主」だけを礼拝するというこの老人、その鼻といい、目といい、顔つき全体といい、中国人とは全く異なった容姿[16]のこの開封のユダヤ人を、「失われたキリスト教徒」の末裔だと思ったのである。

三　中国のユダヤ教徒とイエズス会宣教師はいかに互いに理解し合ったか

開封のユダヤ教徒艾田《がいでん》と北京在住のイエズス会宣教師マッテオ・リッチがどのように誤解し、そして最後にどのように互いに理解し合ったかということは、マッテオ・リッチの著書『中国キリスト教布教史』の中で詳しく述べられている。この『布教史』の記述や、徐新の著書『開封の中国系ユダヤ人伝説』第一〇章「ユダヤ教徒とキリスト教徒がいかに互いの発見に至ったか[17]」などを参照しながら、次に両者の歴史的な出会いを再現してみよう。

北京に着いた艾田は、ヨーロッパから来た外国人宗教家たちの住院を探し当てることにさほど苦労しなかったらしい。自分の地位と宗教が一目で分かるように、ユダヤ教徒の「青帽」をかぶった艾田は、住院の門番にこう言った。

「私は孝廉の称号を持つ艾田と申します。当教会の祭司長殿とお会いして、モーセの教えやイスラエル人《びと》の情報などについてお話を承りたくはるばる地方からやって来ましたので、祭司長殿にお取り次ぎください。」

ほどなく門番に伴われて、黒いローブをまとった「祭司」が現われた。

「はじめまして」、と「祭司」とおぼしい人物は穏やかな口調で言った。

「突然お訪ねして、申し訳ありません」、と艾田は頭を下げて言った。

「どちらから来られたのですか?」

「河南省の開封からです。」

「開封からですって!」「祭司」はおうむ返しに言った。それからややしばらくして、

「北京までどのくらいあるのですか?」

「一五〇〇里ほどです。」艾田は落ち着き払って答えた。

「それはさぞ難儀な旅だったでしょう。それにしましても」、と「祭司」はいぶかしげに尋ねた、「遠路はるばる開封からどのような御用件で私どものところへ?」

そう尋ねながら「祭司」は、中国人とは全く異なった来客の容姿を改めて見た。

「開封の仲間たちを代表して、こちらの同宗信徒の皆さんに御挨拶したいと思いうかがった次第です。」

「同宗信徒ですって?」、と「祭司」は驚きを隠せぬ表情で叫んだ。

「さようでございます。」

艾田はほほえみを浮かべながら答えた。そして、「祭司」が戸惑っているのを尻目に、彼は滔々と語りだした。

「最近『私が聞いた話について』という本を手に入れて読んだのですが、その中に、北京にはヨーロッパ出身の外国人宗教家がいるという話が出ておりました。しかもその宗教家たちが中国に多いイスラムを奉ずる者ではなく、私たちと同じように唯一の神を礼拝する者であるということを知った時、私も開封の仲間たちも大いに驚き、また大いに興奮した次第です。私たちは何しろ辺鄙な所に住んでいるものですから、外の同宗信徒たちについての情報をもう何百年も聞いたことがありません。そのようなわけで会試のため北京を訪れるのなら、ぜひ同宗信徒に直接会って、皆さんのお考えや暮らしぶりなどについてお話を聞いてきて欲しいというのが仲間たちの一致した要望でございました。そのようなわけで、祭司長殿にお目にかかるべくうかがった次第です。」

この司祭も、中国宣教区の上長マッテオ・リッチが、一六〇二年、かつての西夏《せいか》王国の領域すなわち中国北西部に、多数のイスラム教徒にまじって「髭を長く伸ばした白人」がいるという話に関心を持ったことがあったことを思い出した。(18) それはあるイスラム教徒から聞いた話だったが、その白人たちは鐘楼のある教会を持ち、豚肉を食べ、マリアと「イザ（＝主キリスト）」を崇め奉り、「十字架を崇拝している」ということだった。話の内容から、この白人たちが頑強にキリスト教信仰を守り続けており、また初期教会とも深い繋がりがあるようだったので、リッチは話の真偽を確かめてみようと思ったが、あまりに遠隔の地であったため、一六〇五年にはその計画をあきらめてしまっていた。その折も折、「唯一の神を礼拝している」と明言する者が目の前に来ているのだ。自ら北京の自分たちキリスト教徒の前に現れたこの男が西夏王国ではなく、河南省開封から来たと言っているが、彼こそこの異教の荒野で「頑強にキリスト教信仰を守り続けている」一派なのだとこの時司祭が思ったことは、間違いない。彼は急いで教会に戻り、リッチに、開封から来た男が同宗信徒だと言って面会を申し出ている旨を報告した。それを聞いた時、リッチの脳裏をかすめたのも、西夏王国のネストリウス派キリスト教徒にまつわる話だった。

その六〇年前、キリスト教に敵対的なイスラム教徒に使嗾《しそう》された中国人に逮捕されそうになって、キリスト教徒は皆姿を隠しているというのだ。彼らは「十字架を崇める人々」の名で呼ばれ、今もなお飲食の際に十字を切る習慣を残してはいるが、深い恐怖心が残っているので、素姓を決して打ち明けようとはしないネストリウス派教徒の子孫である。教会の外で待っている来訪者がそうしたキリスト教徒であり、その血を引いた子孫であるならば、今日は伝道者としての我が生涯で最も記念すべき日になるだろう、とリッチ（図14）は考えた。

ユダヤ系中国人とイタリア人宣教師は、表面は礼儀正しく振る舞いながらも、相手がどんな風采の人物なのかとそれぞれ好奇心をつのらせていた。二人は小聖堂の入口で会った。初めて二人が顔を合わせた時、艾田は目の前の「祭司長」が開封のラビとまるで似ていないと思いながら、それでも首席ラビとシナゴーグで会っているのだと思い込んでいたのである。一方リッチはといえば、姿を消して久しいネストリウス派キリスト教徒の血を引く子孫と会っているのだと思っていた。

リッチの最後の著作『中国キリスト教布教史』によれば、二人が会ったのは、洗者聖ヨハネの祝日、したがって一六〇五年六月二四日のことである。この日のために、「祭壇には、片側に幼な子イエズスを配し、片側には跪いて彼を崇める洗者聖ヨハネを配した、聖母の美しい飾り壁が新たに置かれていた。」しかしユダヤ人艾田は、「その画像がレベッカ〔リベカ〕と彼女の息子ヤーコブ〔ヤコブ〕およびエザウー〔エサウ〕を描いたものと信じて疑わなかった。[19]」

リッチは祭壇の方へ客を導いた。祭壇にたどり着く前に、リッチは両側の画像に向かっていちいち礼拝を捧げるのであった。それを見て、艾田はすぐさま次のような第二戒を思い出した。

汝己のために何の偶像をも彫《きざ》むべからず。また上《かみ》は天にある者、下《しも》は地にある者、ならびに地の下の水の中にある者の何の形をも作るべからず。之を拝むべからず、これに事《つか》ふべからず（「出エジプト記」第二〇章第四節）。

相手の礼拝の姿を見て、艾田は一瞬戸惑ったが、彼もまたすぐさま画像に礼拝を捧げて言った。

図14　マッテオ・リッチ

「わたしは画像を崇めたくないが、これはもともとわたしを生んだ祖先のものだから礼拝したい。」

だが、それと同時に彼は次のように問わざるを得なかったのである。

「画像を崇めるというのは、あなた方のしきたりですか?」

「まあ、そうです。」リッチは、客人が言おうとすることの意味が分からないまま曖昧に答えた。

「開封の私たちの共同体には、画像を崇めるというこうしたしきたりはありません。」

「それでは、あなた方のしきたりとはどのようなものですか?」

「私どもの礼拝祠《リーバイツー》の中央には、豪華な刺繍を施した立派なクッションを置いた大変高い椅子があります。モーセの椅子と呼ばれているものですが、この上に毎土曜日と祝祭日にトーラーの巻物を置いて、それを礼拝するだけです。」

「なるほど」、と言ってリッチはうなずきながらも、客人がユダヤ教信仰の核心的な部分について述べていることにまだ気づいてはいなかった。

それから艾田は、聖堂の両側に描かれた四人の福音史家を見て尋ねた。

「あれは祭壇に描かれている者〔ヤコブ〕の一二人の子供たちですか?[20]」

この時、ユダヤ教徒の艾田は、その画像がイスラエル一二氏族の直接の祖ヤコブの一二人の息子たちのうちの四人だと考えていたが、マッテオ・リッチは、相手が一二使徒のうちの四人のキリストの使徒のことを言っているのだと思って答えた。

「そうです。キリストの精神的な息子たちです。」

「キリスト」――それは、艾田が初めて聞く名前だった。

その時彼は、画像に礼拝を捧げたり、知らない聖者の名前を口にするこの「祭司長」とはどうも話が合わないところがあるということに、ようやく気づき始めていた。マッテオ・リッチのほうでもこの頃になって、画像に礼拝を捧げるしきたりはないと言うこの客人が当初想像していたネストリウス派キリスト教徒とはどうやら関係のない人物のようだと思い始めていた。そこで神父は、彼からもっと多くのことを聞き出して、どんな人物かを知ろうと、自室へ案内した。[21]

よく話を聞いてみたリッチは、遠来の客がユダヤ教徒であることを知って大変驚いた。一方艾田のほうも、遠路はるばる訪ねて来てようやく会うことが出来た「外国人宗教家」がユダヤ教徒ではないことを知って、失望を禁じ得なかった。

今や互いに相手が同宗信徒でないことが分かった二人の間には、とくに「救世主」に関する認識において、大きな食い違いがあった。リッチは一六〇〇年以上前に実際この世に生きていたイエス・キリストを真の「救世主」として仰ぎ見ていた。ところが、開封のイスラエル人はこうした見解に真っ向から反対して言った。

「そのようなイエス・キリストがどうして『救世主』と言えるのか、私には全く理解出来ません。そもそも『救世主』はこれから『一万年後に来るべき者[22]』だとするのが私たちの常識なのです。」

こうした艾田の話を聞きながら、リッチは彼のヘブライ語の知識をためしてみようと思った。そこで彼は、助修士に言って『プランタン聖書』を持ってこさせた。それさえあれば、あらゆる誤解を一挙に解くことが出来るはずだったからである。

ところで、その『プランタン聖書』とは、いかなるものなのだろうか。そしてそれが、何故北京のイエズス会に存在していたのだろうか。ジョナサン・スペンスによれば[23]、この分厚いフォリオ版から成る八巻本の『聖書』は、ヘブライ語・カルデア語・ギリシア語・ラテン語で記され、挿絵にはネーデルラントおよびその周辺地域の巨匠たちの製作になる華麗な銅版画が用いられているという。反宗教改革勢力の出費と決意と信仰の頂点を示すこの書物は、一五六八年から一五七二年にかけて、アントウェルペンの有名な印刷業者クリストフ・プランタンがスペインのフェリペ二世との契約のもとに製作した超豪華版『聖書』である。一六〇三年の後半、マカオに到着した『プランタン聖書』一揃いが、神父ガスパール・フェレイラによって一六〇四年八月には北京へ運ばれてきていた。その後の出来事について、スペンスは次のように書いている。

フェレイラが到着したのは、ちょうど豪雨によって中国北方の河川がすべて増水していたときだった。白河も氾濫し、すでに北京の周縁部の家々を何百棟も押し流し、数千もの家族が窮乏生活を強いられていた。フェレイラが乗った輸送船は、その白河の荒れ狂う水に巻き込まれてばらばらに損壊し、積み荷も激流に投げ出された。（中略）聖壇画や聖遺物箱をはじめとする宗教上の物品は、水の勢いのままに押し流されていった。何よりも悲痛な思いにとらわれたのは、あの

『プランタン聖書』が、世界半周の旅を終えるまであと一歩のところで、逆巻く水の中へ落ちてしまったことである。[24]

しかし、保管用木箱に入ったまま水面に漂っていたその『プランタン聖書』八巻は、近くにいた中国人に釣り上げられたのである。それを、中国人イエズス会助修士セバスティアン・フェルナンデスが船頭たちから二束三文で買い取ったのだという。本来の価格のほぼ一〇〇〇分の一であった。リッチによれば、『聖書』は「少し水に濡れた」だけで、傷んではいなかったという。[25]

リッチは、水難に遭っても金箔が元のままの、装丁もがっしりしたその豪華な『プランタン聖書』のヘブライ語で書かれた部分を、艾田に見せた。ところが彼は、印刷文字がヘブライ語であることは分かったが、読むことが出来なかったばかりでなく、世に出回っている『聖書』を見ているのだという認識すら持ってはいなかった。[26] そもそも紙に印刷された『聖書』の本文を、彼は見たことがなかったのである。それまで艾田は、ヘブライ語で「ソフェール」と呼ばれている写経の専門家が規定に従って羊皮紙に筆写したトーラーの巻物しか見たことがなかった。そのため艾田は最初、ヘブライ語テキストを読むのに手こずっている様子だったが、冒頭の文章の意味が分かると、その後に続く文章をよどみなく朗唱することが出来た。艾田はヘブライ語を読む力こそなかったが、幼少の頃から『聖書』の本文を諳《そら》んじていたからである。彼は言った。

「自分は儒教に没頭していたので、ヘブライ語の読み書きは出来ませんが、開封の二人の兄弟はヘブライ語が大変よく出来ます。そればかりではなく、兄弟たちは私どものシナゴーグでトーラーを朗読する仕事に就いております。」

こうしてリッチは、目の前の六〇歳の「孝廉」が正真正銘のユダヤ人なのだと確信するに至った。見知らぬこの遥かなアジアの地に派遣され、キリスト教の布教に精励して二三年、イエズス会宣教師マッテオ・リッチはそれまでヘブライ語を読める中国人や、『聖書』をヘブライ語で諳んじているイスラエル人に出会ったことはなかった。『プランタン聖書』のヘブライ語で書かれた部分を見せて客人の出自が明らかになった後も、リッチはますます好奇心をつのらせていた。というのも、このユダヤ人を通してひょっとしたら開封やその他の都市に住む隠れキリスト教徒を発見出来るかもしれないと思ったからである。いや、それればかりではなかった。たとえ姿を消したキリスト教徒の手掛かりが得られないとしても、実際このアジアの地に永年住み、しかも自分たちの先祖の宗教を実践してきたというユダヤ人の「発見」の意味を、リッチは誰よりもよく知っていたのである。

そこでリッチは、改まった口調でこう尋ねた。

「艾田殿、あなた方イスラエル人が中国に住んでどのくらい経つのですか?」

「皇帝より開封に住むことを許されて以来、すでに五〇〇年から六〇〇年になります」、と艾田は答えた。

「御先祖は何処からやって来たのですか?」

「ヨーロッパからと聞いていますが、それが何処の国かははっきり分かりません。」

「それで現在、開封にはどれくらいのイスラエル人が住んでいるのですか？」

「一〇家族から一二家族です[27]。以前はもっと大勢住んでおりました。開封が繁栄をきわめた北宋時代には。しかしその後、北宋の徽宗《きそう》が新興の異族金《きん》の軍隊に捕らえられて以来、兵火と黄河の氾濫で開封は衰退してゆき、それと同時に我が同胞ももっといい暮らしを求めて他の都市へ移って行きました。」

そして艾田は、浙江省杭州《せっこうしょうこうしゅう》には、ユダヤ教を奉ずるもっと多くの家族が住み、シナゴーグを中心とした共同体があること、その他の都市ではシナゴーグがないため、ユダヤ人は次第に消滅に向かっていることなどを細かに語った[28]。

リッチは、話が核心に迫りつつあることに興奮を覚えながら言った。

「もちろん開封には、シナゴーグがあるわけですね。」

「はい、一万ドゥカートの費用をかけて再建された実に立派なシナゴーグがあります[29]。」

「それではシナゴーグには、モーセ五書もあるのですね。」

「もちろんです。羊皮紙に書かれ、五巻の巻物になったモーセ五書をそこに保管して、私たちはたいそう丁重に扱っています。」

リッチは艾田から開封ユダヤ人共同体についてさらに具体的な説明を聞き、彼らが幼児に割礼を授け、豚肉を食べず、伝統的なユダヤ教の祭儀を行っていることを知った。そして、そのような開封のユダヤ人の信仰としきたりがヨーロッパ・ユダヤ人のそれとはあまりかけ離れていないように、リッチには感じられた。ただし、開封のユダヤ人はあまりにも長い間ユダヤ民族の主流から「孤立」していたので、族内婚が限界にきて、ついには周囲の回族や漢民族への同化の道をたどるほかなかったのだろうとも、リッチは思った。

こうした艾田との会話の中でリッチは、ひょっとしたらキリスト教徒の末裔が開封に住んでいるかもしれないという印象を受けて、次のように尋ねた。

「キリスト教徒の消息を何か聞いておりませんか？」

「キリスト教徒」についてリッチからいくつかの手掛かりを与えられると、艾田はこう答えた。

「私たちの開封にも、また臨晉《リンチン》や山西《シャンシ》にも、私たちの先祖とともに中国に来た外国人が住んでおり、十字架を礼拝しております。この外国人たちは、その地のイスラム教徒が、中国人に殺させるとおどしたため、あちこちにあった教会を棄てて身を隠し、一部の者たちは、ユダヤ人の宗派の一部になったり、イスラム教徒の宗派の一部になりましたが、大部分の者たちは中国人の宗派の一部になり、偶像を礼拝しております[30]。」

「どうして彼らは十字架を礼拝しているのでしょうか？」

マッテオ・リッチのこの質問に、艾田は答えられるわけもなく、ただ次のように言うだけだった。

「十字架を礼拝する当人自身もその理由を知らず、ただ飲んだり食べたりする時必ず指で十字を切るだけです[31]。」

「河南省にもそのような習慣を残している家族がいるんでしょうか？」

リッチがこう尋ねると、艾田はそうした家族全部の名前を書き出してみせた。その中に、南京で国庫の役所の尚書を務める張孟男[32]という、リッチとも親交のある人物が含まれていた。彼は艾田と同じように、求職のため北京に出て来た挙人だった。リッチは、張が北京に滞在している残る六日間に異教徒の習慣を放棄させ、洗礼を受けるように試みたが、張はリッチの期待に応えてはくれなかった。キリスト教への改宗を拒否するのは、張が多妻主義者だから、一夫一婦制をとるカトリックのしきたりを受け入れたくなかったからだ、とリッチは自分を納得させるほかなかった[33]。

四　開封のユダヤ人「発見」後のイエズス会の動き

艾田との歴史的な出会いの後リッチはただちに、この開封のユダヤ人「発見」の話をすべて書きとめ、ローマに特別の報告をする準備を始めた。その「発見」の顚末が、イエズス会総会長クラウディオ・アックワヴィーヴァ宛一六〇五年七月二六日付の書簡の中に詳しく綴られている[34]。中国内陸にユダヤ人の小集団が存在しているという世間の耳目を聳動するニュースは、たちまちヨーロッパ社会に広まった。

その頃ヨーロッパの神学者たちの間で、ヘブライ語『聖書』をめぐって多年にわたる論争が続いていた。当時のキリスト教神学者の中には、タルムード時代のラビたちがイエス時代の後に続く数世紀間にイエスの誕生と奇跡を預言する『聖書』中の多くの言葉を削除したり、あるいは歪曲したりしたのだと主張する者がいた。彼らは、『旧約聖書』の標準的なヘブライ語テキストと古いトーラーの巻物を比較することによって、通常のヘブライ語『聖書』がいかに改竄されたものであるかを証明することが出来ると思っていたのである。[35] そんな折も折、中国のユダヤ人「発見」のニュースが飛び込んできた。この時、キリスト教の神学者たちは、開封ユダヤ人のトーラーの巻物およびその他の教典類が現存する最古の聖典であり、ひょっとしたら古代ヘブライ語『聖書』とぴったり一致しているのが分かるかもしれないと思った。マッテオ・リッチ自身も開封ユダヤ人改宗の事業のほかに、この『聖書』改竄問題の解答を得られる『旧約聖書』新テキストの発見にも多大の期待を寄せていた。

一六〇七年一二月、艾田とのあの劇的な出会いからおよそ二年半後、マッテオ・リッチは二人の中国人改宗者を開封に派遣した。一人はイエズス会に入会し、助修士となったアントニオ・レイタン。[36] いま一人は、開封府に生まれ育ち、北京で洗礼を受けたホアン・ミン・サであった。リッチはこの二人に、開封の人々の間にどのようなキリスト教の遺物があるかを調べさせ、彼らの用いている文字や画像についても調査させようとした。だが、レイタンとミン・サは、開封で「十字架を崇める人々」を発見することは出来なかった。というのは、開封の「十字架を崇める人々」は、実際にその子孫であることを彼らに打ち明けようとはしなかったからである。二人がはるばる北京から調査に訪れたのは、自分たちに何か危害を加えるためではないかと恐れていたのであった。また彼らが自分たちの素姓を打ち明けたがらないのは、この子孫たちが中国人として扱われたいと望んでおり、外国人から生まれたことを嫌悪していたからである、ともリッチは述べている。

しかしこれにひきかえ、開封のユダヤ教徒探しについてはどうだったかと言えば、レイタンとミン・サは難なくユダヤ人と彼らのシナゴーグを見つけることが出来たばかりでなく、首席ラビにも会うことが出来たのである。

マイケル・ポラックによれば、ヘブライ語名をアビシャイといったこの首席ラビに宛てた書状を、リッチは二人の中国人改宗者に託していた。[37] 同書状には、北京の自分たちの礼拝所には、ヘブライ語で書かれた『旧約聖書』の全ての書物と、『新約聖書』と呼ばれる後代の『聖書』一式があるということが記されていた。マッテオ・リッチは、この『新約聖書』には、一六〇〇年前人々を救済するためこの世に現れた救世主の話が記されており、これは開封のユダヤ人にとってもとりわけ興味深いものだろうと書いて、首席ラビの気を引こうとした。しかし、それに対する首席ラビの返事はリッチの想像をはるかに越えるものだった。首席ラビは、「救世主がいまだ現れていないというのが周知のことなのに、救世主がすでにこの世に現れていたなどということを、貴殿のような博学の士がどうして信じておられるのか分かりません」と書いてきたのである。首席ラビ・アビシャイはさらにこう続けていた。

私ども開封のユダヤ人は、艾田から貴殿の大変いい評判を聞いておりましたので、貴殿がもし豚肉を食べるのをお止めになり、開封に移り住むお気持ちがございましたら、この地の首席ラビになっていただいてもよいと考えております。(38)

このようなエピソードは、中国内陸の僻地に住む一ラビが、北京に旅をした同胞からイエズス会宣教師の話を聞いただけで、自身歴史的にも、また宗教的にも、キリスト教とユダヤ教の間にどれほど深い溝があるかということについて全く分かっていなかったことを、示すものである。

中国人イエズス会士によるこの開封のキリスト教徒およびユダヤ教徒の調査からほぼ二年後の一六〇九年、三人の若いユダヤ系中国人が開封から北京にやって来た。そのうちの一人は、艾田の甥であった。イエズス会宣教師が彼らを大いに歓迎し、教会でいかにていねいにキリスト教にまつわる事柄を説明したかということについては、リッチの『中国キリスト教布教史』で強調されているとおりだが、(39)そこにはもう一つ重要なことが指摘されている。それは、開封のユダヤ人共同体が世界のユダヤ人社会から隔絶されてあまりにも長い歳月が流れてしまったため、一七世紀に入って僅か一〇年しか経っていないのにすでに崩壊の兆しを見せ始めているという問題であった。

リッチは、この三人のユダヤ人が「ヘブライ文字を知る者が誰もいないために、自分たちの宗派が次第に消滅に向かっている」と言ったと記している。そしてリッチは、とりわけ次のような彼らの言葉に注目している。

（ヘブライ語について）多少は知識を持っていた老祭司長もすでに亡くなり、そのあとを継いだ若い息子は、その教えについては何も知らないとのことであった。彼らは、せっかく立派な寺院を造っても、画像ひとつなく、また礼拝堂や家に何ひとつ安置するものがないのは、とても悪いことだと思っていた。（中略）とくになかのひとりは、たとえば、祭司長みずからの手で屠った動物の肉でない限り、いかなる肉も食べてはいけないというような義務を祭司長が課したことに心を痛めていた。もしこの北京《パッキーノ》でそれを守ろうとするならば、飢え死にしてしまうだろう、と彼は言った。また、たとえば、生後八日で幼児に割礼を授けるというのも、異教徒である妻や親族にはひどく残酷に思われると言った。(40)

開封のユダヤ人共同体が内部からやがて崩壊してゆくという予兆が、このようにいくつか並べられている。しかし、立場を変えて言えば、これは、イスラエル人の「教《ジアオ》」が開封に当時まだ細々と生き続けていたことを証明する記録でもあるだろう。

この時リッチは三人のユダヤ系中国人からイスラエル人の「教《ジアオ》」にまつわる危機的状況を聞いたものの、二年前に自分が開封へ派遣したイエズス会士の、「改宗」に向けた具体的な成果を何一つ聞くことが出来ないまま、翌一六一〇年五月一一日世を去った。

それから三年後の一六一三年、その深い学殖と叡知のゆえに後に中国人自身から「キリスト教の孔子」と呼ばれるようになったイエズス会宣教師ジューリオ・アレニが、ユダヤ教の実態を調査するようイエズス会の上長に命じられて開封へ赴いた[41]。アレニはユダヤ人の血を引き、それゆえヘブライ語に堪能だったので、このような実態調査を行うのに最適の人物であったが、実効を挙げるには至らなかった。彼はシナゴーグを見せてもらったが、聖典を見せてもらうことが出来なかったのである。

その後河南布教を担当し、一六二八年に開封に教会を建てた人物、ロドリゲス・デ・フィゲレードが登場する。彼は一五九四年にポルトガルに生まれ、一六二二年マカオに到着した後、杭州や寧《ニン》波《ポー》などで布教したイエズス会宣教師で、中国名を費楽徳といった[42]。フィゲレードが開封に壮麗な教会を建てた時、キリスト教徒は同地のユダヤ人共同体の実態調査も新しい展開を迎えるだろうと期待していた。しかし、こうした期待にもかかわらず、フィゲレードはその志をとげぬまま、黄河の大洪水によって、一六四二年一〇月九日溺死したと言われている。

フィゲレードの死から半世紀以上経って、開封のユダヤ人の実態調査に貢献した重要な人物が現れる。その人物とは、イタリアのイエズス会宣教師ジャン＝パウル・ゴザニ（一六四七―一七三二年）である。ゴザニは一六九八年に初めて開封へ行き、二〇年以上にわたり時々同市に滞在した。彼は一七〇一年と一七〇四年の二回の訪問で、ユダヤ系中国人と話し合ったり、首席ラビにシナゴーグの奥まで案内してもらったりして、開封ユダヤ人の「教《ジアオ》」の実態を初めて明らかにすることが出来た。同師の一七〇四年一一月五日付のジョゼー・スワレス師宛書簡[43]は、ヘブライ語が出来ない人の報告ながら非常に印象的であると同時に、資料としても大変価値の高いものになっている。

以下で私は、同書簡をホワイトの英訳から重訳し、ついでその中から重要な論点を抜き出し、一八世紀初頭における開封のユダヤ人共同体の歴史とその「教《ジアオ》」の実態を再現してみることにしよう。

注

(1) マッテオ・リッチ『中国キリスト教布教史』㈡、川名公平訳、大航海時代叢書第Ⅱ期9、岩波書店、一九八三年、三二一頁。

(2) Xu Xin, *Legends of the Chinese Jews of Kaifeng*, Hoboken, N.J.: KTAV Publishing House, 1995, p.71. 艾田とマッテオ・リッチの歴史的な出会いに関する本書の叙述は、徐新の右の著書『開封の中国系ユダヤ人伝説』に多くを負っている。

(3) マッテオ・リッチ『中国キリスト教布教史』㈠、三二七頁以下。

(4) マッテオ・リッチ『中国キリスト教布教史』㈡、三二一頁。

(5) マッテオ・リッチ前掲書、三二一頁。同書の注によれば、この一章は支允堅著『異林』の一節「時事漫記」に記録されたものという。

(6) マッテオ・リッチは『中国キリスト教布教史』㈠の一二四頁以下で次のように述べている。「チーナ人はこうした異国の人びとをすべてホエイホエイ〔回回〕の名で呼ぶが、わたしたちはその呼称の由来を知ることはできなかった。マコメット教徒は『三つの掟をもつホエイホエイ』〔三教回回〕と呼ばれ、ジュデーア教徒は『食肉の腱を取るホエイホエイ』〔挑筋回回〕と呼ばれ、キリスト教徒は『十字のホエイホエイ』〔十字回回〕と呼ばれる。」また、開封のユダヤ人は当時宗教的儀式の際必ず青い帽子を被っていたので、「青帽回回」と呼ばれ、白い帽子を被っていたイスラム教徒は「白帽回回」と呼ばれていた（Xu Xin, *Legends*, p.36）。

（7）艾田のこの演説部分は、徐新の著書『開封の中国系ユダヤ人伝説』七〇頁の記述に基づいている。

（8）ジョナサン・スペンス『マッテオ・リッチ　記憶の宮殿』古田島洋介訳、平凡社、一九九五年、一九頁。

（9）ジョナサン・スペンス前掲書、一六五頁。

（10）ジョナサン・スペンス前掲書、一六九頁。

（11）ジョナサン・スペンス前掲書、一六三頁。

（12）ジョナサン・スペンス前掲書、一七五頁。

（13）マッテオ・リッチ『中国キリスト教布教史』㈠、一二三頁。

（14）矢澤利彦「イエズス会の北京布教の起源」、『群馬県立女子大学紀要』第二号（昭和五十七年三月）所収、九四頁。

（15）マッテオ・リッチ『中国キリスト教布教史』㈡、六八頁以下。

（16）マッテオ・リッチ前掲書、三二頁。

（17）Xu Xin, *Legends*, pp.67–80.

（18）ジョナサン・スペンス前掲書、一八二頁。

（19）マッテオ・リッチ前掲書、三二頁。

（20）マッテオ・リッチ前掲書、三二二頁。
（21）マッテオ・リッチ前掲書、三三三頁。
（22）マッテオ・リッチ前掲書、三六頁。
（23）ジョナサン・スペンス前掲書、一三六頁。
（24）ジョナサン・スペンス前掲書、一三七頁。
（25）マッテオ・リッチ前掲書、一二一頁。
（26）マッテオ・リッチ前掲書、三三三頁。
（27）マッテオ・リッチ前掲書、三三三頁。
（28）マッテオ・リッチ前掲書、三三三頁。
（29）マッテオ・リッチ前掲書、三三三頁。
（30）マッテオ・リッチ前掲書、三三三―三四頁。
（31）マッテオ・リッチ前掲書、三四頁。
（32）張孟男（一五三四―一六〇六年）は一五六五年の進士で、後に南京戸部尚書の任についた人物。
（33）Pollak, Michael, *Mandarins, Jews, and Missionaries : The Jewish Experience in the Chinese Empire*, Weatherhill, New York, 1998, p.9.
（34）Pollak, *Mandarins*, p.15.
（35）Xu Xin, *Legends*, p.81.
（36）マッテオ・リッチ前掲書、三六頁。

（37）Pollak, *Mandarins*, p.9.

（38）マッテオ・リッチ前掲書、三六―三七頁。

（39）マッテオ・リッチ前掲書、三七頁。

（40）マッテオ・リッチ前掲書、三七頁。

（41）Pollak, *Mandarins*, p.16. ジューリオ・アレニは一五八二年、イタリアのブレシアに生まれ、一六〇〇年イエズス会に入会した。極東布教を志して一六一〇年マカオに到着し、一六一三年に中国内地に入った。中国各地で布教したが、とりわけ福建布教を成功させた最初のイエズス会士として知られる。一六一三年開封府に到着し、すぐさまシナゴーグに赴いたが、首席ラビが他界していたので聖経を見ることを拒絶された。一六四四年明が滅び清軍が来攻するに及んで延安に逃れ、一六四九年同地で死んだ（矢沢利彦編訳『イエズス会士中国書簡集』康熙編、平凡社、一九七〇年、六一頁）。

（42）矢沢利彦編訳『中国の布教と迫害』、平凡社、一九八〇年、一四―一五頁。フィゲレードの略歴は第三章の注（12）参照。

（43）元々ポルトガル語で書かれたこの書簡の日本語訳は、矢沢利彦編訳前掲書に、「第一書簡」という表題の下に掲載されている。ゴザニの略歴は、第三章注（1）、スワレスの略歴は第三章注（2）参照。

第三章　ゴザニの手紙

一　一七〇四年一一月五日付、開封発信、イエズス会宣教師ジャン＝パウル・ゴザニ(1)のイエズス会宣教師ジョゼー・スワレス(2)宛書簡

神父様

神のみ恵みによりキリスト教がますます盛んになりつつある帰徳府《きとくふ》、鹿邑県《ろくゆうけん》、並びに扶溝県《ふこうけん》(3)の布教区訪問に二カ月を費やした後、当地に戻り、小生宛のお手紙を二通拝受いたしました。あなたの健康状態と、あなたが御自分の書類綴りの中で、真実の解明に大変重要だと思われる文書類(4)を発見されたことについてお知らせいただき感謝いたします。

ここ開封で挑筋教《ちょうきんきょう》(5)と呼ばれている宗教集団につきまして、彼らがユダヤ教徒であるという想定のもとに、また彼らが持っている『旧約聖書』がどのようなものかを尋ねる目的で彼らに会いに出

かけたのは、およそ二年前のことでした。しかし私はヘブライ語の知識を全く持っておりませんし、また実際に大変困難な目にも遭ったものですから、成功はおぼつかないと思ってこの計画を放棄しておりました。それでも、この人々について調査して欲しいとのあなたの御要請があってから、私は彼らの指図に従うことにしましたが、その際出来る限り入念かつ正確に対処した次第です。最初会った時私は彼らに最大限の礼を尽くすと、彼らはそれにこたえてくれました。そして丁寧にも訪問のお返しをしてくれました。私は彼らの訪問を受けた後、彼らの礼拝祠《リーバイツー》、すなわち彼らのシナゴーグを訪ねました。そこに全員が集まっており、私は彼らと長い話し合いをしました。私が目にした碑銘には、中国語で書かれたものもあり、彼らの言葉で書かれたものもありました。彼らは自分たちの「経《ジン》」、すなわち経典を私に見せてくれたうえに、自分たちでさえ入ることを許されないシナゴーグの最も秘密の場所にまで私を入れてくれました。この場所は彼らの掌教《チャンジアオ》、すなわち首席ラビのためにだけ取って置かれているのです。そしてこの首席ラビもここに入る時は大変恭しくお辞儀をします。

いくつかの机の上に一三個の経龕《けいがん》があり、それぞれには小さな幕が下りておりました。モーセの聖なる「経《ジン》」(モーセ五書)は、これらの経龕のそれぞれの中に納められておりました。それらの経龕のうち一二はイスラエルの一二支族を、一三番目のものはモーセを表わすものでした。この書物は長い羊皮紙(6)の上に筆写され、軸に巻かれておりました。私は首席ラビに頼んで、これら経龕のうちの一つの幕を引き開けて、羊皮紙の一つを広げてもらいました。私にはそれが非常にはっきりと、鮮明な文字で書かれているように見えました。これらの書物の一つは、この省の首都である開封府を水びたしにした黄河大洪水の害から幸運にも免れたものでした。この書物の文字が濡れてしまい、半ば消えかかっていたため、ユダヤ人たちはその写本を一二部に分けてつくらせ、それを先に述べました一二の経龕の中に大切にしまっているのです。このシナゴーグの別の二つの場所にも、古い大箱がいくつか認められます。その中に沢山の小さな書物が大切に保管されております。彼らは大経《ダージン》と呼ばれているモーセ五書と、彼らの律法に関する他の、これら小さな書物とに分けておりました。彼らは、これらの書物を礼拝用に使っています。そのいくつかを見せてくれましたが、私にはそれがヘブライ語で書かれているように見えました。新しいものもあり、古くて半ば破れているものもありました。これらの書物はすべて、金や銀で出来ているとしてもそれ以上に気を遣って大事に保管されているのです。

彼らのシナゴーグの中央には、豪華な刺繍を施された立派なクッションを置いた、大変高い椅子がありますこれがモーセの椅子(7)でして、この上に彼らは毎土曜日(彼らの安息日《シャバット》に当たる)と祝祭日にモーセ五書を置き、それを朗読します。そこにはまた万歳牌《ワンスイパイ》、すなわち皇帝の名を刻んだ銘板が認められますが、そこには彫刻も図像もありません。彼らのシナゴーグは真西に面しており、(8)また彼らが祈る時もこの方角に向きます。そして神を天《ティエン》、上天《シャンティエン》、上帝《シャンディー》、肇万物者《ヂャオワンウーヂョ》すなわち万物の創造者、さらには万物主宰《ワンウーヂューザイ》すなわち宇宙の統治者と呼んでおります。彼らはこれらの名称を中国の書籍から取り、天帝および第一因を表わすのに使っていると私に言いました。

シナゴーグを出ますと、私がぜひ見たいと思っていたひとつの殿《ディエン》があります。そこにあったのは、ただ沢山の香炉に過ぎませんでした。彼らの説明によれば、これは彼らの神人《シェンレン》、すなわち彼らが奉ずる宗教の中心人物を敬う場所なのでした。これらの香炉のうちの最大のものは最初の族長アブラハムのためのもので、この教祖殿の真ん中にありました。その後にイサク、ヤコブ、そして彼らが一二昆輩子《シェルクンベイズ》、すなわちイスラエルの一二氏族ないし一二支族と呼んでいる族長ヤコブの一二人の息子のための香炉があり、ついでモーセ、アロン、ヨシュア、エズラの他に、いくつかの旧約に出てくる著名な男女の香炉がありました。

この大きな教祖殿を出てから、我々はいろいろ話し合うために客間に案内されました。私が持っている『聖書』の最後の部分に『旧約聖書』の個々の書名が書いてありましたので、私はこれを掌《チャン》教《ジアオ》、すなわち首席ラビに見せました。ひどく下手な文字で書いてあったのですが、彼はそれを読んで、これは自分たちの神経《シェンジン》、すなわちモーセ五書の表題であると言いました。そこで私は自分の『聖書』を手に取り、掌教《チャンジアオ》は彼らが「ベレシット」(9)と呼んでいる「創世記」を手に取って、アダムからノアに至る子孫のうち何人かをそれぞれの年齢によって照合してみたところ、両者が完全に一致することが分かりました。それからモーセ五書を形成する「創世記」、「出エジプト記」、「レビ記」、「民数記」そして「申命記」の名称と年代をざっと調べてみました。首席ラビは、自分たちはこの五書を「ベレシット」、「シュモット」、「バイクラ」、「バミッドバル」そして「ドゥバリーム」と呼び、それらを五三巻に分けていると語りました。すなわち、「創世記」一二巻、「出エジプト記」一一巻、そしてこれに続く三書をそれぞれ一〇巻ずつといった具合にです。人々はそのうちの何巻かを開いて、ぜひ読んで欲しいと言ったのですが、私にはヘブライ語が分かりませんので、それは意味のないことでした。

『聖書』の他の諸書についてその題名を尋ねたところ、首席ラビは持っているものもあるが、欠けているものもあり、自分たちが知らないものもあると、当たり障りのない答えをしました。その場に居合わせた人々の中に、前述の黄河の洪水で数書を失ってしまったと付け足す者もおりました。右に言われていることをそのまま信頼するためには、ヘブライ語を知っていなくてはなりません。そうでなければ何一つ確実なことは分からないのです。

さらに一層私を驚かしたのは、彼らの昔のラビたちが『聖書』に関連した本当の話といくつかの馬鹿げた作り話を混ぜこぜにしていることです。しかもモーセ五書までそんな風に扱われてしまっているのです。彼らは、話がこの点に及んだ時あまり突飛なことを言いましたので、私は思わず笑ってしまいました。このことから私は、このユダヤ人たちが『聖書』の意味を歪曲し改悪するタルムード主義者[10]かもしれないという疑いを持ちました。この件に正しい照明を当てられるのは、『聖書』とヘブライ語によく精通した人だけです。

私にこのような疑いを深めさせましたのには、これらのユダヤ人が、明朝《みん》[11]、すなわち大明王朝の時代には費楽徳《ウェイロードォ》「ロドリーゲス・デ・フィゲレード」[12]と、清朝《しん》[13]、すなわち現王朝の時代には恩理《エンリー》格《ゴー》「クリスティアン・エンリケス」[14]という、当地では崇敬の念をもって偲ばれている人たちが彼らと交渉するためにそのシナゴーグを何度か訪ねたと付言した事情があります。この二人の学識ある師が彼らの『聖書』の写しを手に入れるよう骨を折らなかったわけですから、両人は『聖書』がタルムード主義者によって改悪され、イエス・キリスト生誕前のように純粋ではなく、改竄されたものだと思ったというのが、私の見解なのです。

中国で挑筋教と呼ばれているこれらのユダヤ人は、タルムード主義者であろうとなかろうと、今でも旧約のさまざまな儀式を守っています。例えば、彼らの言うところによれば、事実そうであったように、最初の族長アブラハムの時に始めたという割礼、イスラエル人の出エジプトと紅海渡渉を想起して行われる除酵祭、過越しの祭りに小羊を屠《ほふ》り食する仕来り、そして安息日やその他の古い戒律の祭りなどです。

彼らが私に語ったところによれば、中国に姿を現した最初のユダヤ人は、漢朝(15)、すなわち漢王朝の時代に当地へやって来たとのことです。最初彼らは多くの家族から成っていましたが、その数が減少してしまい、今では次に挙げる七家族しか残っておりません。趙、金、石、高、張、李、および艾です。これらの家族は族内婚集団で、決して回回《ホエイホエイ》、すなわちマホメット教徒とは混じり合いません。書物といい、宗教儀礼といい、彼らとマホメット教徒との間に共通したものは何一つありません。頬髭の曲げ方に至るまで違うのです。

彼らは河南省の首都に、礼拝祠《リーバイツー》、すなわちシナゴーグを一つ持っているだけです。私が見たのは祭壇ではなく、ただ香炉を備えたモーセの椅子、長いテーブル、獣脂のろうそくを立てたいくつもの大きな燭台だけでした。彼らのシナゴーグには、ヨーロッパの我々の教会堂と類似点がいくつかあります。それは三つの身廊に分かれ、中央の身廊は香を薫くためのテーブル、モーセの椅子、皇帝万歳牌《ワンスイパイ》、並びに神経《シエンジン》すなわちモーセ五書の写本一三部をしまってある前述の経龕によって占められております。これらの経龕は箱状につくられています。そしてこの真ん中の身廊は、シナゴーグの内陣のようなものです。他の二つの身廊は神に祈り、礼拝するためのもので、この中を通ってシナゴーグ中何処へでも行けます。

彼らの中には以前生員《せいいん》や、(16)生員より一階級低い監生《かんせい》が(17)いたことがあり、現在でもいるということなので、私は彼らに孔子を崇拝しているかと単刀直入に訊いてみました。彼らは首席ラビをも含めて全員、自分たちは中国の他の異教徒の読書人たちと同じように孔子を崇拝しているし、彼らと一緒に偉人たちの堂で行われる厳粛な儀式に出席していると答えました。さらに彼らは、春と秋に、中国で一般の慣行となっている先祖崇拝をシナゴーグの隣にある堂で行うこと、実際に豚肉を先祖に捧げることはないにしても、他の動物の肉に代えてこれを行っていること、また普通の儀式においては中国風の大皿に一杯盛った料理と砂糖菓子を供えることですませること、その際同時に香を献じ、最敬礼か、あるいは平伏をするといったことなどを付け加えました。私はさらに、彼らがその自宅、あるいは先祖の霊を祀った堂に先祖を敬うための位牌を置いているかどうか尋ねました。彼らは位牌も偶像も置かず、ただ香炉を使用しているだけだと答えました。ただし、官吏になった者については例外としなくてはなりません。この人たちには敬意を表して、祖堂《ズウタン》、すなわち先祖の霊を祀った堂に彼らの名前と役職を記した銘板を掲げることになっている、と彼らは申しました。

彼らが第一因を表現する際の呼称に関しましては、すでにお話し致しました。あなたはその呼称を、私が写させて、これからお送りする碑文[18]の中にはっきりお認めになることでしょう。あなたがそこから有益な結論を引き出してくださるよう望んでおります。彼らの『聖書』につきましては、私はそれを拝借するつもりです。といいますのは、彼らはなんのためらいもなく私にそれを貸してくれるように思いますから。そうなりましたら、それも写させることにしましょう。もし何か他にお望みがありましたら、どうぞ仰しゃってください。

J・P・ゴザニ拝

追伸。神父様、これらのユダヤ人がその碑文の中で、自分たちの教《ジアオ》のことを、「一賜樂業」教、すなわちイスラエル教と呼んでいることに御注目ください。彼らは、自分たちの先祖がユダ王国[19]と呼ばれる西方の王国からやって来たこと、この王国はヨシュアがエジプトを脱出し、紅海と砂漠を渡った後、征服したものであること、エジプトを脱出したユダヤ人の数は六〇万人だったことなどを私に語ってくれました。

彼らは「士師記」や、ダビデの書とソロモンの書、乾いた骨を生き返らせた「エゼキエル書」、そして三日間鯨の腹の中にいた「ヨナ書」などについて私に話してくれました。

彼らは、自分たちのアルファベットは二七文字から成っているが、通常使っているのは二二文字だけであるとはっきり述べました。このことは聖ヒエロニムス[20]が、ヘブライ人は二二文字を持ち、そのうち五文字は二つから成っていると言っているのと一致しております。私が彼らの教《ジアオ》のことを中国語でどのような名前で呼んでいるのかと尋ねたところ、挑筋教と呼ばれている、と彼らは答えました。それは、彼らが血を口にしないこと、そして動物を殺す時、血が一層流れ出やすくするために動物の筋と血管を切るということを意味しているとのことでした。

異教徒たちが最初にこの呼称を彼らに与えたのですが、ユダヤ人は自分たちがティエム教と呼んでいるマホメット教徒と区別するため進んでこの呼称を受け入れたということです。彼らは自分たちの教《ジアオ》を古教《グージアオ》、すなわち昔の教《ジアオ》（宗教）、天教《ティエンジアオ》、すなわち神の教《ジアオ》、イスラエルの教《ジアオ》と呼んでいます。彼らは土曜日に火を焚いたり、食べ物の下ごしらえをすることはなく、土曜日に必要なものは全て金曜日に用意しておくのです。シナゴーグで『聖書』を読む時、彼らはヴェールで顔をおおいます。顔をおおって山から降り、十戒と神の教《ジアオ》を仲間に教えたモーセを思い起こしてそうするのです。

私は、これらの中国のユダヤ人たちが『聖書』の他に古代のラビたちによって著された別のヘブライ語の書物を所有していること、彼らが散書《サンシュー》と呼んでいる、これらひどく突飛な話を満載した書物には彼らの典礼と、彼らが今でも使用している儀式が含まれているということについて申し上げるのを忘れておりました。彼らは天国と地獄についてじつに風変わりな見解を抱いているようです。彼らがこうした見解について話すことはみな、どうやらタルムードから取ってきたもののようでした。

私は彼らに『聖書』の中で約束されているメシアについて語りました。彼らは、私がメシアについて話すのを聞いて大変驚いた様子でした。私が彼らにその人はイエスと呼ばれていると話すと、彼らはすぐ自分たちの『聖書』にシラクの子イエスという名の聖なる人に関する言及はあるが、私が言おうとしたイエスのことは何も知らない、と答えました。

神父様、私が中国のユダヤ人について調べた詳細は、以上の通りです。以下に述べることは、事実であり、間違いございません。
一、これらのユダヤ人は天地の創造主を崇拝しており、彼らの昔の牌板《パイバン》や牌匾《パイピエン》、すなわち碑文にはっきり認められる通り、彼らは創造主を天《ティエン》、上帝《シャンディー》、上天《シャンティエン》などと呼んでおります。
二、先に述べた通り、ユダヤ人の中の読書人が、他の偶像崇拝者の中国人が孔子廟で捧げているのと同じ尊敬の念を孔子に捧げていることは、疑う余地がありません。
三、あなたが御自身で、これからお送りする彼らの昔の碑文を御覧になって御理解いただけますように、また彼ら自身が口をそろえて私に確言しておりますように、祖堂《ズゥタン》、すなわち先祖の霊を祀った堂において彼らが、中国で行われているのと同じ儀式によって自分たちの死者を崇めていること、しかし偶像やその種のものは何であれ使用することは禁じられていますので、位牌を持っていないということは、疑う余地がありません。
四、彼らの碑文の中で彼らがイスラエルの教《ジアオ》と称している当の教《ジアオ》、彼らの起源、彼らの古代および系図、彼らの族長アブラハムやイサクやヤコブ、イスラエルの一二支族、シナイ山で十戒を記した二枚の石板の中で教《ジアオ》を授けられた彼らの立法者モーセ、さらにアロン、ヨシュア、エズラ、彼らがモーセから受け取った「創世記《ベレシット》」、「出エジプト記《シュモット》」、「レビ記《バイクラ》」、「民数記《バミッドバル》」、「申命記《ドゥバリーム》」の諸書から成る神経《シエンジン》、すなわちモーセ五書――彼らはこの五書を一括してタウラと呼んでおりますが、それは聖ヒエロニムスがトーラーと呼んでいるものです――などについて言及していることは、疑う余地がありません。

これらのユダヤ人が中国にやって来て定住するに至った時期について私が申し上げたことと、前述の碑文に含まれている詳細は全て真実であるとお考えになってよろしいです。私が彼らの報告から聞き知ったに過ぎない他の話題や、したがってまたあなたに喜んでもらうために挿入したに過ぎない他のもろもろの話題につきましては、あなた御自身でお好きなように適宜御判断していただかなくてはなりません。といいますのは、私が彼らと話し合った際、これらのユダヤ人はあまり信頼出来る人たちではないことが分かったからでございます。

二　ゴザニの手紙から見た開封のユダヤ人共同体の歴史と当時の状況

(1) ユダヤ人はいつ頃中国にやって来たか

このことについて、ゴザニは次のように書いている。

彼らが私に語ったところによれば、中国に姿を現した最初のユダヤ人は、漢朝、すなわち漢王朝の時代に当地へやって来たとのことです。

ゴザニが言うとおり、開封のユダヤ人は、イエズス会宣教師たちに対して、漢王朝の時代に入国したと述べていた。もっと詳しく言えば、彼らは、紀元前二〇二年に始まり、西暦二二〇年まで続いた漢朝の後漢第二代皇帝明帝《めいてい》の治世に先祖のユダヤ人が到着したものと確信していた。西暦五七年に帝位に就き、七五年に死亡した明帝の時代と、西暦七〇年のエルサレム第二神殿崩壊およびそれによるユダヤ人の離散の時代がぴったり合うので、こうした説も生まれてくるのだが、これには信頼するに足る証拠はないようである。

それから時代はずっと下って、唐代（六一八―九〇七年）に中国の多くの都市で、ユダヤ人が貿易商人として活躍していたと言われている。その最も古い記録文書の一つとして、七一八年頃のものと推定される、ヘブライ文字で書かれたペルシア語の商業文があるが、これは一九〇一年に中国西域ホータンでイギリスの探検家・考古学者のオーレル・スタインによって発見されたものである。さらに、アラブの年代記作者アブ・ザイド・アル＝シラフィの文書にも、「中国のユダヤ人」が記されている。それによれば、唐末の八七四年から一〇年に及ぶ「黄巣《こうそう》の乱」(21)で、広州に侵入した反乱軍により一二万人ものイスラム教徒・ユダヤ教徒・ネストリウス派キリスト教徒などが虐殺されたというが、この事件は、当時外国に対して開港していた広州で交易を営んでいた多くの外国人の中にユダヤ人が含まれていたことを示すものである。

このように、ユダヤ人商人はおそらく八世紀から九世紀初めにかけての時期に中国に足を踏み入れていたと思われるが、彼らがどこかで永続的な共同体をつくっていたという確たる証拠はない。この頃中国に来たユダヤ人の多くは商人だったので、彼らは中国に永住する気持ちはなく、シルクロードをもっぱら東西交通路として利用していたに過ぎなかったのだろう。

それでは、ユダヤ人の本格的な中国への移住が始まるのはいつ頃だったのだろうか。おそらく唐代の終わりから二〇〇年後、北中国が戦渦に巻き込まれる一一二〇年以前に、ユダヤ人はヨーロッパの周辺から北宋（九六〇―一一二七年）の首都開封に到着しだしたに違いない。一一二〇年代から北中国は中国国内のアジアの隣人女真族《じょしんぞく》(22)（一一一五―一二三四年）の侵略を受けるようになったので、それ以降に外国人集団が陸路あるいは海路でさまざまな障害を乗り越えて中国内陸の国都に向かうことが出来たとは、想像しにくいのである。

ところで、このユダヤ人たちをヨーロッパの周辺から遥かなアジア奥地の開封へと向かわせたそもそもの原因とは、何だったのだろうか。徐新はその著書『開封の中国系ユダヤ人伝説』(23)の中で、地中海東岸カリア地方の古代ギリシア植民市ハリカルナッソス、現トルコ領のボドルムのユダヤ人に着目している（図1地図参照）。それによれば、彼らは八世紀後半に迫害を逃れてイラクのサマワから移住して来たユダヤ人の末裔だった。ボドルムに定住した最初の頃、商業に活路を見出した彼らの生活は安定していて、共同体も五〇〇人に達するほどの繁栄ぶりだった。しかし、一一世紀の九〇年代、彼らの生活を一変させるような事態が発生した。ユダヤ人への憎しみの波が、「十字軍」あるいは「聖戦」という、今まで聞いたこともない言葉とともに、フランスから周辺諸国へ急速に押し寄せて来ているという噂が伝わってきたのである。そして実際、この凶報の後に襲って来たのは、ユダヤ人居住地を一撃の下に破壊してしまう大惨事だった。シナゴーグは焼き打ちにされ、祭具は破壊され、貴重品はすべて略奪されたばかりでなく、ユダヤ人の多くが暴徒と化した十字軍兵士によって虐殺された。彼らは「キリスト教に改宗しろ、さもなくば死ね！」と口々に叫んで、殺戮の狂宴を繰り広げたのである(24)。

ボドルムのユダヤ人は、ユダヤ教徒として生き続けようとすれば、新しい安住の地を探し、そこへ移住するしかなく、しかも時機を失することなくこの地を去らなくてはならない、と考えた。このような差し迫った状況の中で選ばれたのが、中国だった。というのも、中国が商業活動をするのにふさわしい繁栄した大国であり、しかも中国人は外国人に対してすこぶる寛容な国民であるという話を貿易商人から聞いていたからである。そしてその話の中に出てくる「開封《かいほう》」という、当時世界で最も繁栄した百万都市が彼らの心を惹きつけていた。

こうして首席ラビの指揮の下に、生き残ったボドルム・ユダヤ人共同休の避難民は急遽「キャラバン」を組んだ。重い荷物や病人はラクダの背にのせたが、大多数の人々は日用品や中国皇帝への

図15　シルクロードのゴビ砂漠を横断し、開封を目指して進むユダヤ人たち
（徐新『開封の中国系ユダヤ人伝説』より）

貢ぎ物を詰めた荷物を担ぎ、中には赤ん坊を抱いて歩く若い女性の姿もあった。そしてトーラーの巻物をしっかり両手に抱えた男が、この集団の先頭に立っていた。それが、行く手に立ちはだかる険しい山や荒涼たる砂漠を越えて安住の地を目指すユダヤ人の、ヨーロッパからの大脱出「エクソダス」であった（図15）。

(2) ユダヤ人はどのように開封に定住し、どのような漢族姓を名乗ったか

このことについて、ゴザニは次のように書いている。

最初彼らは多くの家族から成っていましたが、その数が減少してしまい、今では次に挙げる七家族しか残っておりません。趙、金、石、高、張、李、および艾です。

ユダヤ人が開封に到着し、北宋の皇帝に謁見して漢族姓を賜り、ここに定住するに至った経緯を、徐新の著書『開封の中国系ユダヤ人伝説』第三章および第四章から要約して再現してみよう[25]。地中海東海岸の町ボドルムからひたすら東に向かって長途の旅をしてきたユダヤ人の集団は、肥沃で風光明媚な黄河中流の南岸に広がる「中原」にようやく辿り着いた。開封はもう指呼の間にある。一本の大きなニセアカシアの木の下で数日間野営し、旅の疲れを癒そうとしている仲間に向かって、集団の長老レヴィは言った。

「貿易商人たちの間で昔から名高い開封は、彷徨《さまよ》える我々のためにきっと安全な生活と信仰の自由を与えてくれるはずだ。皆が温かくこの北宋の首都に迎え入れてもらえるよう、我々の伝統に従ってまず皇帝に謁見し、貢ぎ物を献上するために首都へ代表を送ってはどうだろうか。」

この提案を受けて、レヴィを含む七人が選出された。こうして開封に到着し、宮殿の門をくぐった代表は、廷臣たちに丁重に迎えられ、謁見の間に通された。そこにはすでに、北宋の皇帝と六人の大臣が所定の席に就いており、遠来の客をもてなす宴が用意されていた（図16）。その広間に座るよう言われた後、レヴィはなによりもまず、自分たちを歓迎してくれた皇帝に用意してきた貢ぎ物を恭々しく差し出した。それは、次のような品々だった。

色とりどりの綿の包み七個。

綿の種袋七個。
五色のヨーロッパ産布地七巻《まき》。

ヨーロッパ産布地すなわち綿布は、当時中国ではまだ生産されていなかったので、すこぶる稀少価値があった。これらの貢ぎ物を見て、皇帝は、「これは素晴らしい！」と何度も感嘆の声をあげた。それから皇帝は、遠来の客の青い目と長く真っ直ぐな鼻を見、今まで聞いたこともない異国の言葉を耳にして尋ねた。

図16　はるばるヨーロッパからやって来たユダヤ人をもてなす北宋の皇帝（徐新『開封の中国系ユダヤ人伝説』より）

「汝らは何処の国からやって来たのか？」

「西の国からやって来ました」、とレヴィは通訳官を通じて答えた。

これに対して皇帝は再び尋ねた。

「その西の国とやらは、玄奘《げんじょう》が仏典を持って来た西域のことか?」

通訳官によれば、玄奘とは、六二九年に長安を出発し、西域を経てインドに入り、六四五年に仏舎利・仏像および経論《きょうろん》を携えて帰国した唐代初期の僧だという。その説明を聞いてから、レヴィは答えた。

「西域やインドよりももっと西の国からやって来ました。地中海に面した国からです。」

その後、何故彼らがはるばる中国までやって来たのか、どのような宗教を信じているのかという皇帝の質問を受けているうちに、レヴィとその六人の仲間は、自分たちがこの広い寛容な国に迎え入れてもらえそうな気がしてきた。はたして皇帝は、何杯目かの酒を口にしてから、機嫌よく次のように言った。

「汝らが我が中国に来たからには、汝らの先祖の習慣を尊崇・遵守し、ここ汴梁《ベンりょう》(=開封)にてそれを子々孫々に伝えよ。」

皇帝は直ちに筆をとり、ヨーロッパの周辺からはるばるやって来たユダヤ人のために、開封に居住することを許可する旨の勅書をしたためた。それから皇帝は筆をおき、ユダヤ人と名前の問題について話し合い、最後にこう言った。

「お互いが兄弟になったからには、どうして汝らを外国の名前で呼ぶ必要があろうか。汝らに中国名を与えよう。」

こうして、ユダヤ人は皇帝より漢族姓を賜ったのである。それが、北宋の皇帝のこの勅許から数百年を経た開封のユダヤ人共同体で、ゴザニが聞いた「七つの姓」であった。

(3) 中国において開封ユダヤ人の宗教はどのような名で呼ばれていたか

このことについて、ゴザニは次のように書いている。

神父様、これらのユダヤ人がその碑文の中で、自分たちの教《ジアオ》のことを、「一賜樂業」教、すなわちイスラエル教と呼んでいることに御注目ください。彼らは、自分たちの先祖がユダ王国と呼ばれる西方の王国からやって来たこと、この王国はヨシュアがエジプトを脱出し、紅海と砂漠を渡った後、征服したものであること、エジプトを脱出したユダヤ人の数は六〇万人だったことなどを私に語ってくれました。（中略）私が彼らの教《ジアオ》のことを中国語でどのような名前で呼んでいるのかと尋ねたところ、挑筋教と呼ばれていると、彼らは答えました。それは、彼らが血を口にしないこと、そして動物を殺す時、血が一層流れ出やすくするために動物の筋と血管を切るということを意味しているとのことでした。異教徒たちが最初にこの呼称を彼らに与えたのですが、ユダヤ人は自分たちがティエム教と呼んでいるマホメット教徒と区別するため進んでこの呼称を受け入れたとのことです。彼らは自分たちの教《ジアオ》を古教《グージアオ》、すなわち昔の教《ジアオ》（宗教）、天教《ティエンジアオ》、すなわち神の教《ジアオ》、イスラエルの教《ジアオ》と呼んでいます。

マッテオ・リッチと艾田《がいでん》との出会いからほぼ一〇〇年経った時点で、ここに初めて、彼らの「教《ジアオ》」のことを中国語でどのような名前で呼んでいるのか」という質問が、開封のユダヤ人に向けられているのである。歴史的には一千年間続いたとされている開封のユダヤ人共同体とそれに属しているというユダヤ系中国人の意識を理解するためには、彼らユダヤ人が周囲の中国人からどのように呼ばれ、また彼らが自分たちをどのように呼んでいたかについて考察してみることが重要であるように思われる。

それゆえ、共同体の精神的な中心であるラビは、集会の度に、自分たちの宗派にふさわしい中国語の呼称について同胞に意見を求めたことだろう（図17）。

ある時、一人が立ち上がり、「グージアオというのはいかがでしょうか？」と言って、黒板に「古教」という漢字を書いた。

「どうしてそのような呼称を選んだのですか？」という仲間の質問に、彼は答えた。

「我々イスラエル人は宗教の民として知られていますし、我々の宗教も非常に古い宗教として知られています。『グー』とは中国語で『古い』を、『ジアオ』とは『宗教ないし法』を意味しています。この二つの漢字を組み合わせると、我々がはるばるこのアジアの都に移住して来てもなお古い宗教を信じていると言っていることになります。ですから、この呼称は先祖伝来のものを含んでいますから、我々にもぴったりの言い方だと思います。」

この提案に賛成する者もあったが、必ずしも皆が皆というわけではなかった。「古教《グージアオ》」に疑問を呈した男が言った。

「『グー』で問題なのは、これが『古い』とか『廃れた』とか、それどころか『衰退』とかいった意味合いをも含んでしまうということです。このような連想を誘うような漢字は使いたくない。私ならその代わりに、『ティエンジアオ』という呼称を使いたい。何故かと言うと、『ティエン』とは中国語で『天』を意味するばかりでなく、『ティエンズー』すなわち『天子』という中国皇帝の呼称にも使われる崇高な言葉であり、さらに『中国の神』にも通じているからです[26]。」

図17　開封の中国系ユダヤ人が奉じていたユダヤ教は「一賜樂業」教と呼ばれた（徐新『開封の中国系ユダヤ人伝説』より）

おそらく開封への初期ユダヤ人移民の間で交わされたであろうこのようなやりとりの中で、彼らが「ジアオ（教）」にこだわっていることは、注目に値する。というのも、共同体が存在し続けていた一千年の間、開封のユダヤ系中国人は、まさにこの「教《ジアオ》」に彼らの帰属意識を求め続けてきたからである。ところで、「古教《グージアオ》」や「天 教《ティエンジアオ》」よりももっと彼らの本質を表わす中国語の呼称があった。それは、ゴザニの手紙の追伸冒頭に出てくる「一賜樂業」教である。次章で取り上げる一四八九年の碑文冒頭に出てくるこの語は、開封へのユダヤ人移住集団の第一世代から数世代経つうちに次第に固まってきたものだろう。「一賜樂業」教というこの語は、ユダヤ人＝イスラエル人という民族の呼称であると同時に、彼らの「教《ジアオ》」を示す呼称でもある。この呼称の第一文字「一《イ》」は、ユダヤ教という一神教の「一」であり、第二文字「賜《ツー》」は神から「授けられた（＝選ばれた）」民という意味であり、さらに第三文字「樂《ロー》」は「幸」ないし「樂天」を、第四文字「業《イエ》」は「商業」ないし「職業（＝仕事）」を意味しているからである。したがって、「一賜樂業」教とは、神に授けられ（＝選ばれ）て、自分たちの生活と仕事に満足している民の宗教という意味を内包していることになる。[27]

図18　中国人はユダヤ教徒を「挑筋教」（筋を除去する宗派）と呼んだ。

このほかゴザニが注目している中国語の、ユダヤ教に対する呼称に、「挑筋教」（図18）がある。この呼称は、ユダヤ法に従って、ユダヤ人が牛や羊の筋を食することを禁じられていたことに由来する。この禁忌は、「創世記」第三二章第二二節以下の、族長ヤコブがヤボク川のほとりで、「人

（＝神）ありて夜の明くるまで之《これ》と角力をして腿《もも》の上の「つがい」が外れてしまったという故事に関連している。この「挑筋教」という中国語は、むろんこのような口碑《こうひ》を知るはずもなかったが、ただユダヤ人が肉を料理する時、筋と血管を除去する習慣を見て不思議に思った中国人の命名であった。開封のユダヤ人も、同じように西域を通ってやって来て唯一の神を奉ずる独自の宗教を持ち、かつ豚肉を食しないという同じような生活習慣を守るイスラム教徒と区別するために、進んでこの呼称を受け入れていった。開封のユダヤ人が住む通りは、この呼称に従って長い間「挑筋教胡同」（筋を除去する人々の横丁）と呼ばれていたが、ユダヤ人にとって民族を差別する意味合いを含んでいたので、一九一一年に「南教経胡同」（聖典を教える横丁）に変えられたのである。

(4) ゴザニはどのように開封のユダヤ人に迎えられ、またどのようにシナゴーグの奥まで案内されたか

一六〇五年のマッテオ・リッチと艾田とのあの歴史的な出会い以来、多くのイエズス会士が開封に派遣された。中国人助修士アントニオ・レイタンにしろ、ユダヤ人の血を引くジューリオ・アレニや、あるいは開封に壮麗な教会を建てたロドリーゲス・デ・フィゲレードにしろ、彼らは皆、いわば人生の海原に魔法の虜《とりこ》にされた王妃を探しに出かける「探求の英雄」になったような幻想を持たずに、開封に向かうことは不可能だっただろう。こうしたイエズス会士の場合、「魔法の虜にされた王妃」とは、開封のユダヤ人によって昔から大切に保存されてきたはずの『旧約聖書』だった。

一七世紀の末まで、じつはもっと多くのイエズス会士がこうした「探求の旅」に挑戦したが、誰ひとり成功した者はいなかった。この悪循環を断ったのが、「探求の英雄」とも言うべき本章の主人公ジャン＝パウル・ゴザニである。彼はその困難な探求の旅にふさわしい開封のユダヤ人街訪問の目的と、ついにシナゴーグの奥まで案内された次第を、じつに印象的な筆致で次のように描いている。

ここ開封で挑筋教と呼ばれている宗教集団につきまして、彼らがユダヤ教徒であるという想定のもとに、また彼らが持っている『旧約聖書』がどのようなものかを尋ねる目的で彼らに会いに出かけたのは、およそ二年前のことでした。しかし私はヘブライ語の知識を全く持っておりませんし、また実際に困難な目にも遭ったものですから、成功はおぼつかないと思ってこの計画を放棄しておりました。それでも、この人々について調査して欲しいとのあなたの御要望があってから、私は彼らの指図に従うことにしましたが、その際出来る限り入念かつ正確に対処した次第です。最初会った時私は彼らに最大限の礼を尽くすと、彼らはそれにこたえてくれました。そして丁寧にも訪問のお返しをしてくれました。私は彼らの訪問を受けた後、彼らの礼拝祠《リーバイツー》、すなわち彼らのシナゴーグを訪ねました。そこに全員が集まっており、私は彼らと長い話し合いをしました。

ここに描かれている「訪問」に対する「答礼訪問」とは、マッテオ・リッチ最晩年の著作『中国キリスト教布教史』にも述べられている中国の古くからの習慣である[28]。こうした伝統ある習慣に従うことによって、ゴザニは開封のユダヤ人に次第に信頼されるようになっていったのである。ところで、その時彼を迎えた「全員」とは、どのくらいの人数だったのだろうか。一七〇七年にゴザニの手紙が公刊されてから六十数年後の一七七〇年頃、ガブリエル・ブロティエによって「中国に定住しているユダヤ人についての覚え書き」が起草された。それによれば、「彼らがこの開封府に土着した時には、ベニヤミン、レヴィ、ユダ等々の諸支族に属する七〇以上の家族が数えられましたが、いまでは全部合わせてもせいぜい一〇〇〇名からなる七家族に減ってしまいました[29]」という。ここに挙げられている数字に従って、一七〇四年シナゴーグに集まってゴザニを迎えた開封のユダヤ人「全員」とは、「一〇〇〇名からなる七家族」の代表だったと考えてよいだろう。ともかく、このような開封のユダヤ人「全員」と話を交わすことに成功したゴザニの前に、今や「魔法の虜にされた王妃」とも言うべき『旧約聖書』をおさめた至聖所の扉がいよいよ開けられる。

私が目にした碑銘には、中国語で書かれたものもあり、彼らの言葉で書かれたものもありました。彼らは自分たちの「経《ジン》」、すなわち経典を私に見せてくれたうえに、自分たちでさえ入ることを許されないシナゴーグの最も秘密の場所にまで私を入れてくれました。その場所は彼らの掌《チャン》教《ジアオ》、すなわち首席ラビのためにだけ取って置かれているのです。そしてこの首席ラビもここに入る時は大変恭しくお辞儀をします。
いくつかの机の上に一三個の経龕《けいがん》があり、それぞれには小さな幕が下りておりました。モーセの聖なる「経《ジン》」（モーセ五書）は、これらの経龕のそれぞれの中に納められておりました。それらの経龕のうち一二はイスラエルの一二支族を、一三番目のものはモーセを表わすものでした。この書物は長い羊皮紙の上に筆写され、軸に巻かれておりました。私は首席ラビに頼んで、これらの経龕のうちの一つの幕を引き開け、羊皮紙の一つを広げてもらいました。私にはそれが非常にはっきりと、鮮明な文字で書かれているように見えました。これらの書物の一つはこの省の首都である開封府を水びたしにした黄河大洪水の害から幸運にも免れたものでした。この書物の文字が濡れてしまい、半ば消えかかっていたため、ユダヤ人たちはその写本を一二部に分けてつくらせ、それを先に述べました一二の経龕の中に大切にしまっているのです。

こうしてゴザニはついに、彼の「探求の旅」の最終目的地に着いたのである。そこで彼が見出した「モーセ五書」がたとえ標準的なものに過ぎなかったにしても、このイエズス会宣教師が開封ユダヤ人の「教《ジアオ》」の一番深い所に初めて到達し得たというその歴史的意義の大きさに変わりはない。ゴザニは、ヘブライ語が読めなかったにもかかわらず、掌 教《ヂャンジアオ》の許しを得て至聖所の経龕から聖なる巻物を一つ取り出し、その「羊皮紙」を広げてもらった時、そこに「非常にはっきりと、鮮明な文字」を見ることが出来た。そのヘブライ「文字」の一つ一つこそ、あらゆる迫害や災害という

図19　開封シナゴーグの模型（ナーフム・ゴルトマン・ユダヤ人離散《ディアスポラ》博物館蔵）

「悪しき竜」からユダヤ人が救出し、代々守り続けてきた最も聖なる宝物だったのである。

ここで、ヨーロッパの周辺から来たユダヤ人がこの「開封府に土着した時」のことを思い出してみよう。中原の名にふさわしい、栄華をきわめた北宋の首都開封に到着したユダヤ人移住者集団の指導者レヴィは、先祖の宗教と先祖伝来の習慣を尊崇・遵守してゆくためには、なによりもまずシナゴーグをこの地に建てる必要がある、と説いたはずである。裕福な人々は基金を寄付し、貧しい人々は労働力を提供して、ついに一一六三年、南宋第二代皇帝孝宗《こうそう》の隆興元年に最初のシナゴーグが建立された（図19）。それは、はっきり中国様式と分かる瓦葺きの巨きな屋根を持つ豪壮な建物で、回教風に「清眞寺」と呼ばれていた。このような建築様式を採用したのは、とりわけ文明そのものを尊ぶ中国人の友好的な態度とその寛容な精神に対する感謝の気持ちのあらわれだった。迫害を逃れ、地中海東岸地域から安住の地を求めて彷徨《さまよ》って来たユダヤ人が最も重要な宝物として携えてきたのは、言うまでもなくトーラーの巻物だった。それを納めた聖櫃が今やシナゴーグに運び込まれ、こうして開封のユダヤ人は自分たちの先祖の宗教を尊崇・遵守し、かつ子孫たちにもその「一賜樂業《イスラエル》」教を伝えることが出来るようになった。そして、その後どれほどシナゴーグが火災で灰燼に帰しても、また大洪水で完全に破壊されても、彼らはつねにこの創建の時に帰ってシナゴーグを再建し、その最も聖なる場所にトーラーの巻物を納めてきたのである。

シナゴーグの奥まで入ることを許されたゴザニは、このような歴史を生き続けた純ユダヤ的な至宝ばかりでなく、一部は漢字で、また一部はヘブライ語で書かれた碑銘を見せてもらうことが出来た。こうした漢字とヘブライ語の共存のあり方を見た彼は、何世紀にもわたる異国暮らしの中で、またどのような逆境においても自分たちの「教《ジアオ》」を忘れないユダヤ人の強靭な精神に驚いたであろう。そして、開封のユダヤ人の歴史とは、度重なる災害からの、その都度の復活の歴史でもあったのである。

この開封のシナゴーグ「清眞寺」は、頻繁に見舞われる洪水から安泰であり続けることが出来なかった。というのも、その北には全長五四六四キロメートルの父なる大河黄河《こうが》が流れているからである。確かに、その流れは肥沃な黄土を運んで比類なく豊かな農耕文化を育み、古代文明を大いに花開かせはした。しかし、時には情容赦なく暴れ回り、想像を絶する被害を流域住民に与え続けてきたのも、この父なる大河だった。とりわけ開封は、いつも繰り返し黄河の氾濫に襲われる位置にある。ここでは市街の地面より黄河の河床のほうが七メートルも高い。そのため開封は、「水上の長城」と呼ばれる両岸の大堤防をいとも簡単に乗り越える黄河の水に度々襲われてきたのである。例えば、一四六一年に黄河が氾濫して、シナゴーグが破壊されたが、一四八九年に再建された。さらに一六四二年、黄河の大氾濫でユダヤ人共同体も都市全体も壊滅的な打撃を受けたが、開封のユダヤ人は一六五三年にシナゴーグ「清眞寺」の再建に着手している。ゴザニは、この一六四二年の大洪水がもたらした未曾有の被害から奇跡的な復興を遂げた現場に立って、彼の目に映った開封ユダヤ人の「教《ジアオ》」のありのままをレポートしようとしているのである。

(5) ゴザニはシナゴーグの中央で何を見たか

前節で述べたように、ゴザニは開封のユダヤ人にとって「聖中の最も聖なる場所」である「天堂」(ブロティエ)へ真っ先に案内され、イエズス会宣教師の中で初めて「羊皮紙に書かれ、軸に巻かれた」モーセの聖なる経典の一つを見せてもらったのである。その後ゴザニの描写は、シナゴーグの最も秘密な場所から、礼拝が実際に行われている場所へと移ってゆく。ゴザニの次の文章から、開封シナゴーグの中央の様子が初めて明らかにされた。

彼らのシナゴーグの中央には、豪華な刺繍を施された立派なクッションを置いた、大変高い椅子があります。これがモーセの椅子でして、この上に彼らは毎土曜日（彼らの安息日《シャバット》に当たる）と祝祭日にモーセ五書を置き、それを朗読します。そこにはまた万歳牌《ワンスイパイ》、すなわち皇帝の名を刻んだ銘板が認められますが、そこには彫像も図像もありません。彼らのシナゴーグは真西に面しており、また彼らが祈る時もこの方角に向きます。そして神を天《ティエン》、上天《シャンティ》、上帝《シャンディー》、肇万物者《ヂャオワンウーヂョー》すなわち万物の創造者、さらには万物主宰《ワンウーヂューザイ》すなわち宇宙の統治者と呼んでおります。彼らはこれらの名称を中国の書籍から取り、天帝および第一因を表わすのに使っていると私に言いました。

シナゴーグ内のこのような叙述を理解するためには、一七二二年にこの開封シナゴーグを訪れたフランスのイエズス会宣教師ジャン・ドマンギュ[30]によって描かれたシナゴーグの二枚のスケッチ、「外形図」（図20）と「内部図」（図21）、および「トーラーを読む三人のラビ」（図22・23）の絵が最も役に立つ。シナゴーグ全体を正面から描いた外形図において、東側に面したその正面の塀の外側に漢字で「清眞寺」と書かれているが、そこがこの豪壮なシナゴーグの入口に当たる。それゆえ、「南教経胡同」西詰めからこの入口をくぐり抜けたユダヤ人は、真西に向くよう配置された清眞寺の中で、エルサレムの方、すなわち西に向かって祈りを捧げたのである。

シナゴーグ本堂の中央には、ドマンギュの「内部図」に見られるように、モーセの椅子がある。ここで開封のユダヤ人は、五三巻に分けられたモーセ五書を一巻ずつ土曜日ごとに読み進め、一年で全部読み終える仕来りだった。「トーラーを読んでいる三人のラビ」について、ガブリエル・ブ

図20　開封シナゴーグ外形図

（1722年に開封を訪れたイエズス会宣教師ジャン・ドマンヂュのスケッチ）

1. 臨衛門　2. 趙氏牌坊　3. 大門　4. 二門　5. 旁門　6. 艾氏牌坊　7. 碑亭　8. 前殿　9. 槅子門　10. 月台　11. 前殿走廊　12. 後殿　13. 石獅　14. 鼎　15. 雕花石缸及底座　16. 北講堂　17. 南講堂　18. 厨房　19. 石欄井　20. 教祖殿　21. 聖祖殿　22. 趙氏祠堂　23. 祠堂　24. 焚修住室

図21　開封シナゴーグ内部図

(1722年のドマンチュ師のスケッチ)

1. 供卓 (A 銅炉 B 瓶 C 銅燈)　2. 摩西椅　3. 闌干　4. 大清万歳牌　5. 大明万歳牌　6. 龍楼　7. 経楼　8. 尊敬龕　9. 方経籠　10. 散経籠　11. 大木柱　12. 槅扇　13. 石盥手盤　14. 希伯来《ヘブライ》父匾　15. 希伯来《ヘブライ》父匾　16. 圓頂

図22　トーラーを読む三人のラビ（1722年のドマンヂュ師のスケッチ）

図23　トーラーを読む三人のラビ（ヨーゼフ・グルッカーによる模写。ここでは、人物の鼻が真っ直ぐに描かれ、靴を履かされている）

ロティエは次のように解説している。

大経《ダージン》を読む人は、これをモーセの椅子の上に置きます。彼の顔は、非常に細い糸で織った木綿のヴェールで覆われています。彼の傍らにはプロンプターがおり、数歩下がった所には、プロンプターが間違った場合これを訂正する仕事を受け持つムッラーがいます(31)。

この三番目のラビ「ムッラー」とはイスラムで「学者」を意味していたが、当時のユダヤ人はトーラーに精通した「学者」を「満喇《マンラ》」と呼んでいた。そして、ドマンヂュの「内部図」を見れば分かるように、このモーセの椅子を見下ろすように万歳牌《ワンスイパイ》があるが、これが同時代の皇帝によるシナゴーグ再建の許可を示すものだったようである。麗々しく漢字で書き立てられたこの万歳牌の上に、「聴け、我らの神なるイスラエル、エホヴァは唯一の神なり。その名に幸いあれ、その王国に永遠《とこしえ》に栄光あれ」という金字のヘブライ語の銘があった。

こうしてゴザニは、シナゴーグ中央におけるトーラー読誦のあり方をつぶさに見聞し、「聖中で最も聖なる場所」とされていた天堂では、経龕から取り出されたトーラーの巻物を広げて見せてもらったばかりではなかった。彼はシナゴーグから外へ出た所に独立してある「殿」で、最初の族長アブラハムのための最も大きな香炉、その他イサクやヤコブに捧げられた香炉、そして十二昆輩子《シェルクンベイズ》と呼ばれるヤコブの一二人の息子たちの香炉なども見ることが出来た。開封のユダヤ人は、一八世紀初頭においてもまだ、こうした大小さまざまな香炉の前で祈り、彼らの宗祖たちの一人一人と強く結び付いていたのだ。ゴザニが会った開封のユダヤ人たちは、北宋時代から六〇〇年ほどの間に何度も黄河の氾濫に遭い、長い孤立の期間があったにもかかわらず、異文化に適応しながら独自の「教《ジアオ》」と習慣を守り続けていた。まさに先祖からの「古教《グージアオ》」によってユダヤ人としてのアイデンティティが保持されてきたという事実は、ゴザニの次の記録からもうかがわれる。

中国で挑筋教と呼ばれているこれらのユダヤ人は、タルムード主義者であろうとなかろうと、今でも旧約のさまざまな儀式を守っています。例えば、彼らの言うところによれば、事実そうであったように、最初の族長アブラハムの時に始めたという割礼、イスラエル人の出エジプトと紅海渡渉を想起して行われる除酵祭、過越しの祭りに小羊を屠《ほふ》り食する仕来り、そして安息日やその他の古い戒律の祭りなどです。

(6) 開封のユダヤ人は中国人社会にいかに同化し、その中でいかに教《ジアオ》の伝統を子孫に伝えたか

ユダヤ系中国人の同化の問題に強い関心を持っていたゴザニは、次のように書いている。

彼らの中には以前生員《せいいん》や、生員より一階級低い監生《かんせい》がいたことがあり、現在もいるということなので、私は彼らに孔子を崇拝しているかと単刀直入に訊いてみました。彼らは首席ラビをも含めて全員、自分たちは中国の異教徒の読書人と同じように孔子を崇拝しているし、彼らと一緒に偉人たちの堂で行われる厳粛な儀式に出席していると答えました。

ユダヤ人が北宋時代に開封にやって来て定住を許されて以来、四〇〇〇年の歳月が流れていた頃には、ユダヤ人はこの極東の離散地において中国人の言語と文化を学び、その習慣を身につけ、中国の読書人と一緒に厳粛な儀式に出席するまでになっていた。上海ユダヤ研究センターの潘光教授が言うように、こうした開封ユダヤ人の文化的適応および同化の理由としては、彼らがこの国で他の多数の民族や宗教集団と同様に平等の権利を享受し得たことのほかに、外部のユダヤ人共同体との接触が完全に断たれた長い「孤立」の時期があったことが挙げられる。

ユダヤ人は、開封の友好的で寛容な政治的・社会的風土の中で大いに繁栄した。彼らが最盛期を迎えた一四〇〇年頃、ユダヤ人共同体の人口は五〇〇〇人にも達したという。[32] 市政に参加することを禁ずる、反ユダヤ色の強いヨーロッパの国々に住むユダヤ人とは違って、彼らは隣人の中国人と同じように科挙の試験に挑戦することが出来た。かくてユダヤ人も中国人の学校へ行き、四書すなわち『大学』『中庸』『論語』『孟子』のほかに、五教とそれぞれの注釈書を懸命に勉強するようになったのである。

ゴザニは問うた。

「あなたたちは孔子を崇拝していますか。」

それに対して、ゴザニが話し合った開封のユダヤ人全員が次のように答えた。

「私たちは中国の他の異教徒の読書人たちと同じように孔子を崇拝していますし、彼らと一緒に厳粛な儀式に出席します。」

この問答の背後には、全ての学問をどうしたら良い政治が行えるかということに向けていた孔子への崇拝がある。一七世紀のポルトガル人イエズス会宣教師アルヴァーロ・デ・セメード[33]は『チナ帝国誌』の中で次のように書いている。

この哲学者（孔子）は西紀前五五〇年に生まれた。性善良にして聡明、かつ生来国家を愛した。彼は多くの弟子を擁し、むかしの誠実さが失われていたために当時すでにどん底にあったこの世の改革を企てた。（中略）このひとは後世においてチナ人から多大の尊崇を受け、彼の書いたものは絶大な信頼を博した。その結果、彼はひとびとからこの国の聖者、教師、博士と見なされ、また彼について述べたものはなんであろうと神聖なものと考えられたのである。そのうえどの市にも彼をまつる公的な廟〔大成殿・文廟・孔子廟〕が建てられ、そこでは定まった日、それも決して少なくないのだが、礼拝が大々的に行なわれているのである。試験が行なわれた年度に新合格者たちの行なう主要な儀式のひとつは、彼らがうちそろって、孔子《コンフツ》に礼拝を捧げるため、そして彼を唯一の、そして共通の師と仰ぐために、廟に赴くことである。(34)

こうして、開封のユダヤ系中国人も孔子を崇拝し、四書のほかに、孔子が編集したという五種の書物、すなわち『易経』『書経』『詩経』『春秋』そして『礼記』によって、そこに含まれるすぐれた形而下的学問と道徳教義の全てを学習しようとしたのである。

だが、このような儒教と四書五経の勉強をし、中国人社会への文化的適応を深めてゆけばゆくほど、当然のことながらトーラーの勉強をする時間が少なくなっていった。その結果として、ヘブライ語の知識を完全に失った者も出てくるようになったのである。またそうこうしているうちに、ユダヤ人と中国人との異人種間結婚も進み、かくて文化的適応が一層同化に拍車をかけていった。ユダヤ人共同体の長老たちがこのような変化の中に見ていた問題とは、ユダヤ人が個人としてどのように生き残ってゆくかということよりも、確固とした宗教集団としてどのように生き残ってゆくかということだった。そこで共同体の指導者が自分たちの歴史を残す方法について熱心に議論した結果、彼らは先祖から受け継いできた事柄を石碑に書き記して子孫に残すことにしたのだった。

しかし、石碑に記すのは、どの文字にすべきだろうか。ラビを中心にして、何度も討論集会が開かれた。文字はヘブライ語で刻まれるべきであると主張する者もいたが、大多数は皆が読んで理解出来るようにするため中国語にすべきだという意見だった。すでに何百年も中国に住み、その文化や社会に自然に同化してきたユダヤ人にとって、すでに中国語がヘブライ語に代わって母国語になっていたからである。

離散地のユダヤ人のこのような伝統保存の問題には、先例があった。『七十人訳旧約聖書』[35]、いわゆる「セプトゥアギンタ」である。この翻訳作業は紀元前三世紀にアレクサンドリアで行われたものだが、このギリシア語訳『旧約聖書』は、ギリシア化して、ヘブライ語を理解出来なくなってしまったユダヤ人のための、ユダヤ人による訳であった。

一層文化的適応と同化が進む中で独自の文化を保存してゆこうとする開封ユダヤ人の「集団的記憶」は、この「七十人訳」に倣って、まず一四八九年の石碑「重建清眞寺記」に中国語で刻まれることになった。こうしてゴザニが一八世紀初頭の開封のユダヤ人共同体の中に見たものは、中国人社会および文化への同化とユダヤ人としての伝統保存の問題にほかならなかった。それゆえ、彼はイエズス会の上司に宛てて、開封のユダヤ人が「創造主」を「天《ティエン》」・「上帝《シャンディー》」という中国語の神を表わす語で表現していることを思い出させながら、次のように書いているのである。

彼らが第一因を表現する際の呼び名に関しましては、すでにお話し致しました。あなたはその呼び名を、私が写させて、これからお送りする碑文の中にはっきりお認めになることでしょう。ゴザニが碑文のコピーを作らせ、これをローマに送ったのは、開封のユダヤ人研究における最初の大きな功績の一つであった。

(7) ユダヤ教とキリスト教はどのように異なっているか

このことについて、ゴザニは次のように書いている。

彼らは土曜日に火を焚いたり、食べ物の下ごしらえをすることはなく、土曜日に必要なものは全て金曜日に用意しておくのです。(中略) 彼らは天国と地獄についてじつに風変わりな見解をいだいているようです。彼らがこうした見解について話すことはみな、どうやらタルムードから取ってきたもののようでした。私は彼らに『聖書』の中で約束されているメシアについて語りました。彼らは、私がメシアについて話すのを聞いて大変驚いた様子でした。私が彼らにその人の名はイエスというと話すと、彼らはすぐ自分たちの『聖書』にシラクの子イエスという名の聖なる人に関する言及はあるが、私が言おうとしたイエスのことは何も知らない、と答えました。

このように書いているジャン＝パウル・ゴザニは、なによりもまず「キリストを唯一の頭《かしら》」とした「イエスの軍団」Compañía de Jesús の兵士であり、ヨーロッパによる世界制覇の尖兵の一人なのである。したがって彼は、人類のあらゆる部分の人々がカトリックという一つの信仰の下に集まり、誰一人として異端の中に生きる権利があるとは感じないようにすることを使命として、ローマから海外へ派遣されたイエズス会宣教師であった。したがってこの書簡には、ユダヤ教とキリスト教の根本的な相違がここかしこで指摘されているのである。

ユダヤ人はヨーロッパにおいても、アジアにおいても、言葉と商業の才能を持った者として、また良き納税者として生活していた。彼らは周囲の人々と同じ言葉を話し仲睦まじく暮らしながら、中国で「挑筋教」と呼ばれていたように、「内なる外国人」としての習慣を守り続けていた。彼らが食べる動物や鳥類の屠殺は、「ショヘット」という有資格の専門家によって行われなければならず、肉はそのような屠殺業者が屠殺した動物の食肉でなくてはならなかった。つまり、食べ物はすべて祭儀的な食餌規定「カシュルト」に従っていなければならず、「レビ記」第一一章などの規定により食べてよいとされるものは、牛や羊といった、蹄《ひづめ》が割れている反芻動物、特定の鳥類、そして鱗《うろこ》と鰭《ひれ》を持つ魚類の肉のみであった。さらに食肉に関して、適正な動物であっても完全に血抜きしたものでなくてはならないという厳しい条件があった。

また、キリスト教徒とは全く異なる生活習慣として、安息日「シャバット」がある。キリスト教徒は日曜日を安息日にしている。これに対してユダヤ教徒の安息日は、金曜日の日没とともに始まり、翌土曜日の日没後、空に三つの星が現れた時に終わる。ミシュナの「シャバット」の篇には、この日に慎むべき三九の労働が列挙されており、その中には例えば火を使わないなどの規定がある。したがって、敬虔なユダヤ人家庭の主婦たちはこの安息日に料理することが許されないため、料理を温めておくさまざまな工夫を凝らしていた。

またゴザニの指摘によれば、開封のユダヤ人が抱いていたという「天国と地獄についてのじつに風変わりな見解」というのが、実際どういう話だったかは、これだけでは分からない。それは、例えば、ラビ文献の中で論理的・神学的内容を扱っている「アガダ」の叙述、すなわち、義人がエデンの園で然るべき褒賞を得るのに対して、邪《よこしま》な者は死後「ゲーヒンノム（地獄）」に赴き、一定の浄罪期間を終えなくてはならないという教訓説話などに関係づけられていたのだろうか。この話においても、アブラハムが主と交わした契約を厳格に守ろうとするユダヤ人にとっての、神と人間との絶対的な関係が前提となっている。ユダヤ人には唯一の神しか存在しないのであって、三位一体の信仰や、受肉の教義および十字架上のイエス像というのは存在しない。それゆえ、ユダヤ人とこの唯一の神との間には、カトリックに見られるような、来世の試練や懲戒処分さえも免除出来る聖人、教皇そして司祭といった、著しい数の審査機関は何一つ存在しない。共同体のラビにしても、ユダヤ人に助言するトーラーの精通者であって、それ以上のものでは決してない。このように、成人した一人前の人間個人として神と向かい合うユダヤ人は、イエス・キリストというメシアを必要とはしなかった。イエスという人の名を聞いたこともないという開封のユダヤ人の実情からも、ひたすら唯一の神に祈るユダヤ人の純粋な姿が浮かび上がってくるのである。

最後に、開封のユダヤ人がゴザニに語ったという『旧約聖書』中の、「三日間鯨の腹の中にいたヨナの書」の扱いをめぐって、ユダヤ教とキリスト教の相違に今一度目を向けてみよう。一般のユダヤ人の宗教意識においてもユダヤ教の年間行事の頂点と考えられる贖罪の日「ヨム・キプール」に、ユダヤ人は終日断食を守り、一切労働をせずに白衣「キッテル」をまとって、一日を懺悔と『聖書』の朗読で過ごす。

ユダヤ人の多くは、一日中続くこの儀式に集団として参加し、集団として祈禱を捧げつつ、同時に個人として直接無媒介に神に語りかける。そして、すべての過去が葬り去られる存在の「零次元」に身を置き、真に罪を贖うことですべての古きことが終息し、それとともに新たな存在様式が出現してくるように感じるという。「ヨナ書」によれば、船が暴風に遭って難破しそうになり、海中へ投げ出され、そこで大魚にのまれて、その腹の中で三日三晩過ごすという「死」の後、陸地に吐き出されて「再生」を遂げる。その意味で、ヨナのこの死と再生のドラマは、過去の自分を廃棄し、心新たに未来に立ち向かうユダヤ人の贖罪の儀式に最適なものであった。

こうして、「贖罪の日」に祈禱する個人の内面のドラマに「ヨナ書」を重ね合わせてゆくユダヤ教とは異なり、キリスト教においてこの故事は、『新約聖書』と『旧約聖書』の一致という対応の思考法に転換される。これがすなわち、『新約聖書』の内容は予め『旧約聖書』の内容に予型「タイプ」があるというキリスト教の予型論「タイポロジー」である。それを裏付けるものとして、「マタイ福音書」第一二章第四〇節の、「人の子」イエスの次の言葉がよく引き合いに出される。

ヨナは三日三夜、大魚の腹の中に在りしごとく、人の子も三日三夜、地の中に在るべきなり。

イエスが自らの「復活」をヨナの「再生」になぞらえているこの言葉は、旧約時代から度々預言されてきた救世主「メシア」としてのイエスの自覚を語ったものだとされている。このような新約と旧約の一致について、初期キリスト教最大の教父アウグスティヌス[36]は、著書『神の国』の中で次のように言っている。

旧約はヴェールに覆われた新約にほかならず、新約はヴェールをはがされた旧約にほかならない。

こうした予型論は、サン＝ドニ修道院聖堂のステンドグラス（一一四四年）に見られるように、イエスが右手でエクレシア（新約時代）を祝福し、左手でシナゴーグ（旧約時代）からヴェールを取り去るという図像において直接視覚化されている。そして、キリスト教中心主義のヨーロッパにおいて、エクレシア（キリスト教教会）の優位が次第に揺るぎないものになってゆく中で、シナ

 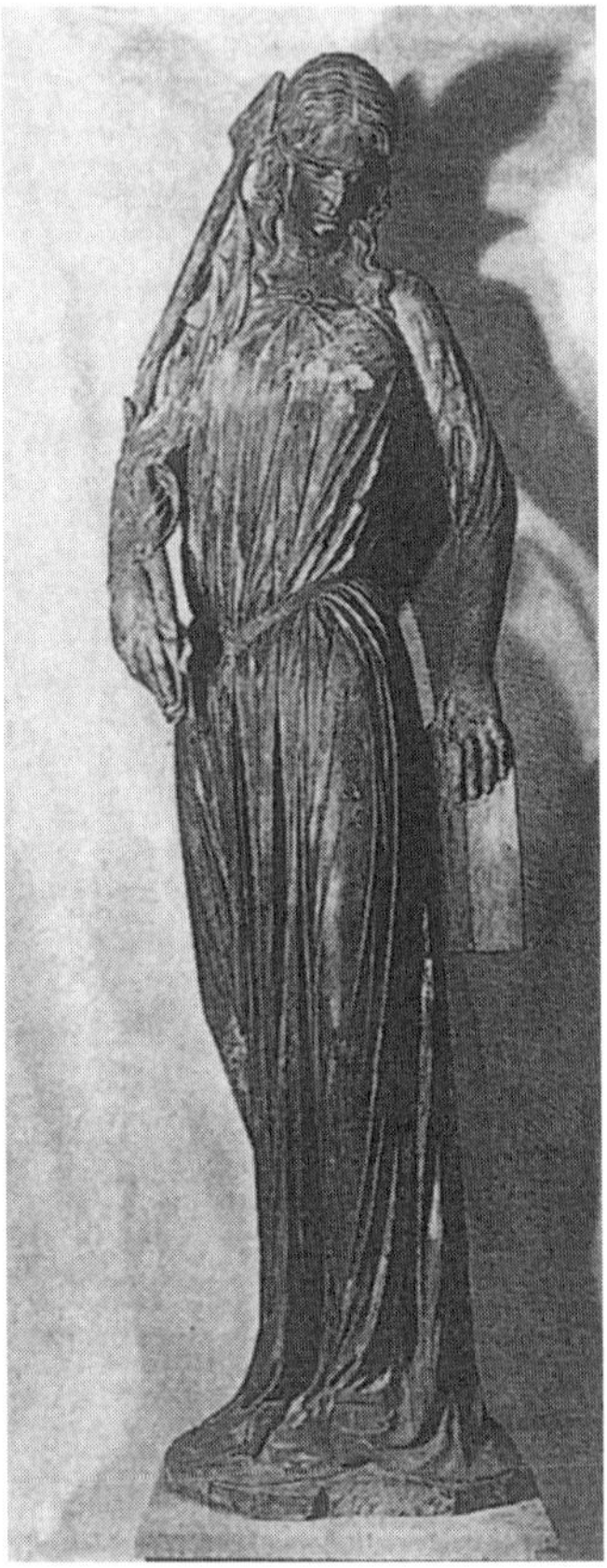

図24　1230年頃の作と言われるストラスブール大聖堂南門のエクレシア（左）とシナゴーグ（右）

ゴーグ（ユダヤ教教会堂）が、時代が下るにつれて一層貶められていったのである。「シナゴーグ」に対するキリスト教側のこうした見方の変化が、ゴザニの書簡の中にも現れているのではないだろうか。

何百年もトーラーの巻物を守ってきた開封のユダヤ人たちは、ゴザニに、彼が言おうとしたイエスのことは「何も知らない」と答えた。この時、イエズス会宣教師ゴザニは、彼らユダヤ人が予型論の深い意味について「何も知らない」、したがって旧約と新約の一致に関する真理について「何も知らない」と思ったのである。実際他の箇所でゴザニは、「このユダヤ人たちが『聖書』の意味を歪曲し改悪するタルムード主義者かもしれないという疑いを持ちました」と言っているのである。

それにしても何故、開封のユダヤ人の『旧約聖書』に対するこのような疑いが強調されているのだろうか。こうした疑念の表明には、そもそも宗教的な真理が見えていないということの寓意としての「目隠し」をされた敗者シナゴーグ（ユダヤ教教会堂）と、キリスト教信仰の勝利をたたえるエクレシア（キリスト教教会）とを鋭く対比させた（図24）ヨーロッパ中世以来のキリスト教中心主義が、濃い影を落としているに違いないのである。

以上によって明らかなように、ゴザニは、漢民族の中の「孤島」に何百年も住んでいたユダヤ人の古い「教《ジアオ》」への信仰を初めて本格的にヨーロッパに伝えた功労者であった。しかしそれと同時にゴザニの手紙は、いまだキリスト教普遍主義という真理の一元論を脱していない自身の限界をはっきり示してもいたのである。

注

（1）ジャン＝パウル・ゴザニは一六四七年にイタリアの北部に生まれ、一六七四年イエズス会に入会し、一六九四年中国大陸に入った。一六九八年には開封に滞在したが、一六九九年から一七〇二年の間、福建省の諸都市で布教に従事した。一七〇四年に河南省に派遣され、ここで開封のユダヤ人と交わり、その報告をヨーロッパに送った。一七一〇年中国および日本の巡察員に任命され、一七一六年には北京コレギオの院長として北京に来たが、その後また河南省に戻り、ここで一七二四年雍正帝の禁教を迎え、広東に追放された。一七三二年、八五歳でマカオにて死去（矢沢利彦編訳『イエズス会士中国書簡集』雍正編、平凡社、一九七〇年、五七頁）。

（2）ジョゼー・スワレスは一六五六年ポルトガルのコインブラ管区に生まれ、一六七三年イエズス会に入会し、一六八四年中国大陸に入った。一六八八年北京に呼ばれ、死亡する一七三六年まで北京にあって、中国でのキリスト教布教に力を尽くした（矢沢利彦編訳『イエズス会士中国書簡集』雍正編、前掲書、一三六頁）。

（3）帰徳府、鹿邑県、扶溝県は、中国・黄河の中流域を占める河南省の都市。

（4）ここに述べられている文書類（ドミニコ会士ドミンゴ・ナヴァレッテ師の書簡や中国のイエズス会副管区長アントニオ・ド・ゴヴェア師のナヴァレッテ師宛回答など）の原本は、一七〇四年七月三〇日に北京コレギオの書類綴りの中で発見された（矢沢利彦編訳『中国の布教と迫害』、前掲書、一三頁）。

（5）挑筋教《ティアオジンジアオ》は、「創世記」第三二章第二四節に記されているように、ヤコブがペヌエルにおいて神と角力をした時腿の上のつがいが外れたので、ヤコブの子孫は肉を料理する時腱を取り除くユダヤ人の習慣を見た中国人の命名。

（6）ゴザニが「羊皮紙」と見たものは、じつはガブリエル・ブロティエの次のような指摘にあるとおり、何枚もの紙を糊で張り合わせたものであった。「これらの大経は、ゴザニ師が述べているように羊皮紙の上に書かれているのではなく、引き裂く恐れなく繰り広げられるようにするため、何枚もの紙を糊で張り合わせたものの上に書かれております。」（White, William Charles, *Chinese Jews*. Reprinted〈3 vols in 1〉, Cecil Roth, ed., New York, 1966, vol.1, p.54.）

（7）「モーセの椅子」とは、毎土曜日モーセ五書を朗読する際、これを置く説教壇。ドマンヂュ神父が描いた「トーラーを読む三人のラビ」の絵（本書一〇一頁）には、「モーセの椅子」に向かってトーラーを読む人の傍らにプロンプターがおり、数歩下の所にはプロンプターが間違った場合これを正す役目を引き受ける「ムッラー」が描かれている。

（8）開封ユダヤ人の礼拝祠《リーバイツー》、すなわちシナゴーグは、中国からすれば西側にあるエルサレムを記念して、西側に向けて建てられていた。だから祈禱の際、彼らは西側を向いたのである。

（9）「ベレシット」（*Bereshit*）は、「初めに」と訳される「創世記」冒頭の言葉。ベレシットは「創世記」のことを表わすと同時に、モーセ五書最初のパラシャ「区切り」の名前でもある。

（10）タルムードは、四世紀から六世紀にかけてエルサレムとバビロニアで編まれたユダヤ教の口伝律法「ミシュナ」とその注解「ゲマラ」の集大成。トーラーとともにユダヤ人の生活規範・精神基盤となった。この書物の教えに従う者をタルムード主義者と呼ぶ。

(11) 明朝は、一三六八年朱元璋《しゅげんしょう》によって創設されて二七六年間続いたが、一六四四年農民反乱の指導者李自成《りじせい》に国都を占領され滅亡。

(12) ロドリーゲス・デ・フィゲレードは、一五九四年ポルトガルに生まれ、一六〇八年イエズス会に入会し、一六二二年マカオに到着した。中国大陸に入ってからは杭州および寧波《ニンポー》で布教活動を行った後、一二、三年間にわたり河南布教に従事し、開封に立派な教会を建てた。それからいったんは武昌府に赴き布教したが、その後開封に戻った。しかし、一六四二年市は農民反乱の指導者李自成の軍隊に包囲され、外部との連絡を絶たれたので、フィゲレードは信者とともにひどい飢餓に苦しめられた。食糧の蓄えが尽きてしまったのを認めて明の救援軍が黄河の堤防を決壊させたため、彼は一六四二年一〇月九日洪水にのみ込まれ溺死したという（矢沢利彦編訳『中国の布教と迫害』、前掲書、一四—一五頁）。

(13) 中国最後の王朝清《しん》は、一六一六年に女真族出身の太祖ヌルハチが後金国《こうきん》を建て、その子の太宗ホンタイジが一六三六年に国号を「清」と改めた。一六四四年に北京を陥して中国政権になった清朝は康熙《こうき》・雍正《ようせい》・乾隆《けんりゅう》の三帝時代に最盛期を迎えたが、以後太平天国の蜂起など農民反乱の続発と阿片戦争をしかける欧米列強の外圧とに苦しみ、一九一二年辛亥革命《しんがい》によって滅んだ。

(14) クリスティアン・エンリケスは、一六二四年オーストリアに生まれ、一六四一年イエズス会に入会し、一六六〇年中国大陸に入った。山西布教に長年力を注いだが、開封教会の復興に成功したことでも知られる。一六八四年絳州で死亡（矢沢利彦編訳『中国の布教と迫害』、前掲書、一五頁）。

(15) 漢は前二〇六年の秦の滅亡後、農民出身の劉邦《りゅうほう》によって前二〇二年に創建された統一王朝。この王朝は中国に二七人の皇帝を送り、中間に一七年の中断があるとはいえ、四〇〇年余にわたって帝国を統治した。

(16) 生員《せいいん》とは宋代以後、童試（県試・府試・院試）に合格して、官立学校に入学を許された学生を指す。この生員の試験にパスしたならば、科挙の受験資格を得る。

(17) 監生《かんせい》は生員より一段低い国子監の学生を指す。官僚の予備軍として、官吏につく特権を与えられていた。

(18) 碑文の写しをつくったゴザニの功績について、ガブリエル・ブロティエは次のように書いている。「それからしばらく経ってイエズス会士が開封府に住院を建てたことは、新たな希望を与えてくれました。しかし、ロドリゲス師もフィゲレード師も自分たちの得た有利な立場を利用しようとしましたが、うまくゆきませんでした。ゴザニ師は自分の立場の利用に成功した最初の人です。彼はなんの苦もなく近づいて、大理石の大きな板の上に記されたシナゴーグの碑文の写しをつくり、それらをローマに送ってきたのです。」（White I, p.50.）

(19) ユダ王国は、古代、パレスチナにあったユダヤ人の王国。前九二八年、ソロモン王の死後、古代イスラエルは南北に分裂し、北の王国は「イスラエル」を名乗ったが、南は「ユダ」といった。首都はエルサレム。前七二二年に北のイスラエルがアッシリアにより滅ぼされた後、ユダ王国も前五八六年バビロニアのネブカドネザルにより滅ぼされたが、ユダヤ人が消滅したわけではなかった。

(20) 聖ヒエロニムス（三四〇年頃—四二〇年）は、古代キリスト教の聖書学者・ラテン教父。『聖書』

原典からのラテン語訳「ウルガタ訳」で名高い。

（21）Pollak, *Mandarins*, p.22. 黄巣《こうそう》の乱は、唐末の八七五年、王仙芝《おうせんし》の反乱に呼応して、塩の密売を生業としていた侠客黄巣が指導した反体制民衆暴動。黄河流域から広東に至る広大な地域を舞台として戦われ、八八〇年長安を陥れたが、内部分裂によりさしもの大乱も八八四年ようやく鎮圧された。この乱は唐朝滅亡の原因となったばかりでなく、古い社会を一掃するという中国史上大きな画期をもたらした。

（22）女真族は、一〇世紀以降、中国東北地方に住み、狩猟・牧畜を主とするツングース系の民族。一一一五年、完顔《ワンヤン》族の傑出した首領阿骨打《アクダ》が遼から独立し、会寧《かいねい》で皇帝と称し、国号を金とした。この征服王朝の金軍は、一一二七年宋都開封を攻略し、宋の上皇徽宗《きそう》、皇帝欽宗《きんそう》以下皇后、妃、大臣ら三〇〇〇人を捕虜として連れ去り、ここに北宋は滅亡した。歴史上この事件を「靖康《せいこう》の変」という。中国北半を領有し、西夏・宗・高麗を臣事させた女真族金は、その後急速に強力となったモンゴルと宋の連合軍のために一二三四年滅ぼされた。

（23）ハリカルナッソスは小アジア南西部、カリア地方の古代ギリシア植民市。現在名ボドルム（トルコ領）。古代ギリシアの歴史家ヘロドトスの生地。

（24）Xu Xin, *Legends*, p.4.

（25）*Ibid*., pp.14–24.

（26）*Ibid*., pp.30–31.

（27）*Ibid*., p.32.

(28) マッテオ・リッチ『中国キリスト教布教史』(二)、二〇五頁。

(29) White I, p.52.

(30) ジャン・ドマンヂュは、一六六六年フランスのボルドーに生まれたイエズス会士。一七一三年頃河南省南西の都市南陽に居を構えていたが、一七二一年八カ月近く開封に滞在し、一七二二年にも開封を訪れている。ヘブライ語と聖書に精通していた彼は、開封のシナゴーグの「外形図」と「内部図」を描いた。一七二四年雍正初年に広東、ついでマカオに追放され、一七三五年マカオにて死亡(矢沢利彦編訳『イエズス会士中国書簡集』康熙編、平凡社、一九八〇年、五〇頁)。

(31) White I, p.54.

(32) Xu Xin, *Legends*, p.62.

(33) アルヴァーロ・デ・セメードは、一五八五年ポルトガルに生まれ、一六〇二年イエズス会に入り、一六一三年南京に到着。謝務禄と称して布教に従事したが、逮捕され投獄されてマカオに追放された。その後も名を変えて中国の諸都市に赴いたが、一六三七年マカオを発って帰国した。ヨーロッパ滞在中に公刊した『シナ帝国誌』は、明末中国の実情を伝える最良の図書と言われる。一六四四年再度中国入りしたセメードは、一六五八年に広東で死亡した(矢沢利彦編訳『中国の布教と迫害』、前掲書、五一頁)。

(34) リッチ、セメード『中国キリスト教布教史』(二)、三五三—三五四頁。

(35) 『七十人訳旧約聖書』は、ラテン語で「七十」を意味する「セプトゥアギンタ」と呼ばれる『旧約聖書』のギリシア語訳のこと。本国パレスチナを離れて、伝統的なヘブライ語を理解出来ない者が多くなったため、ヘブライ語『旧約聖書』を、当時の一般的な言語であったギリシア語に翻訳することが必要になり、前二五〇―二〇〇年頃、『七十人訳』はエジプトのアレクサンドリアで完成された。

(36) アウグスティヌスは、ローマ帝国末期の三五四年北アフリカのタガステに異教徒の父と敬虔なキリスト教徒の母との間に生まれた。青年期に九年間マニ教のとりこになったが、後キリスト教に回心。三九一年に故郷北アフリカのヒッポの司教となり、異端との多年にわたる論争を通じてキリスト教の神学的基礎を築く。西方教会の理論的指導者として司牧の激職の中、『告白』、『三位一体論』、大著『神の国』(四一三―四二六年)など多くの著作を著し、西欧の思想と歴史そのものの支柱、源泉となった。死の年の四三〇年まで筆を擱くことはなかった。

第四章　石は語る

一　開封への初めての旅

第一章で述べたように、私は一九九四年三月に初めて開封のユダヤ人街を訪れた。胡同《フートン》角の古い煉瓦造りの家の壁に、「南教経胡同」の標識が取り付けられていた。テルアビブのナーフム・ゴルトマン離散《ディアスポラ》博物館編の中国系ユダヤ人遺品展カタログ『開封のユダヤ人―黄河南岸の中国系ユダヤ人』の第一頁と最後の頁に大きく載っている三文字「挑筋教」（九〇頁図18参照）を奉じていたユダヤ人は、一九世紀半ばに共同体が消滅するまで、まさにこの胡同で北宋以来延々と生き続けてきたのであった。ところが、この胡同を隈なく歩き回ったが、ユダヤ人の精神的中心であるシナゴーグの跡を示すものもなければ、かつての「挑筋教徒」がここで生活し、神に祈りを捧げていたことを示す遺跡も、何一つ私の目には入ってこなかった。

南教経胡同入口に戻ってまた、カタログに載っているあの標識を眺めていると、いつの間にか私は、この横丁界隈の住民たち四、五人に取り囲まれていた（図25）。そこで私は頁をめくりながら、カタログに載っている沢山の写真を彼らに見せていると、胡同角の店で焼き栗を売っている女性が、頓狂な声をあげて、「あっ、このおばあちゃん、私知ってるわ！」と叫んだ。彼女が反応したのは、旧シナゴーグゆかりの石鉢を眺めているイスラム教徒の老婆たちの写真（一九八一年）であった。他の住民たちも大きな声で相槌を打ったので、私は調子づいてどんどん頁をめくって彼らに写真を見せていった。そのうち、漢字でびっしり埋め尽くされた二つの石碑の写真が現れた時、例の焼き栗売りの女性がまた叫んだ。

図25　開封の旧ユダヤ人街「南教経胡同」入口にて
（1994年3月29日）

「これ、ここの博物館にあるよ！」

こうして、かつてシナゴーグの境内に建っていたという石碑のオリジナルが、開封のユダヤ人の歴史を唯一語る遺跡として、現在も開封博物館に保存されていることが分かったのである。

だが、この石碑に辿り着く前に、予期せぬ出来事が私たちを待ち構えていた。ガイドによれば、昨年四人組大盗による文物被盗事件があって以来、同博物館は閉鎖されているというのだ。入館は九分九厘だめだと思ったが、ユダヤ文化の精華が存在していると分かった以上、それを見ないで帰るわけにはゆかなかった。ともかく私は、急遽予定を変更して、ガイドとともに車で博物館へ向かうことにした。車の中でガイドは、私が興味を示した文物被盗事件の顚末を語ってくれたが、それはあらまし次のような話であった。

一九九三年九月一八日（この日付は縁起がいいとされる）に、「必ず金が儲かる」と信じた武漢大学法学部出身の若い文物専門家が、電気の専門家と気功の専門家、さらに腕ききの運転手と組んで、開封博物館から北宋時代の重要な文物七一点を盗み出し、香港に運んだものの、そこで逮捕された。窃盗グループは九四年の旧正月直前に銃殺刑に処せられたというが、ことはそれだけではすまなかった。館長は被盗の責任を問われて三年の懲役刑を言い渡され、博物館は目下開館のめどさえ立っていないという。

そんな話を聞いているうちに博物館に着いたが、その門は案の定かたく閉ざされ、人影はなかった。ガイドがブザーを押すと、中年の守衛が現れ、我々を門の中へ入れてくれた。それから彼は守衛室に戻って電話をすると、やがて博物館左側の小さなドアから、淡いピンク色のコートを羽織った若い女性が現れた。ガイドがこの学芸員に熱心に交渉してくれたおかげで、普段は誰にも見せな

図26　開封博物館「犹太歴史陳列」室の石碑「重建清眞寺記」の拓本（全体像は図１）

いという「犹太《ユダヤ》歴史陳列」室への入室が認められたのである。

私は促されるままに、「犹太歴史陳列」室に入った。訪れる人が絶えた部屋には、一目でそれと分かる石碑があった。すでに五〇〇年以上も経っている石碑であることを自ら示すように、その表面はひどく痛んでいて、縦五六文字、三六行にわたる漢字も至る所で摩滅している。とはいえ、それは紛れもなく、一千年前この北宋の国都に辿り着き、正式に定住を許されたユダヤ人の末裔が後世に伝えようとした驚くべき歴史記述なのである。そして、中華民族という「一つの家」に住むユダヤ人を精神的に支え続けた「教《ジアオ》」が、石に刻まれた形で、今なお自己を主張しようとしているのだ。

だが、そもそも漢文の素養の全くない私にとって、この開封の石碑はいずれも到底近づくことの出来ない世界であった。その扉が私にもようやく開かれてきたのは、一〇年後の二〇〇四年開封再訪の折に、一四八九年の石碑から取られた拓本（図26）と、カナダの英国系聖公会主教ウィリアム・チャールズ・ホワイトの著書『中国のユダヤ人』所載の原文が入手出来てからのことであった。以下において、開封シナゴーグの石碑の解読に挑んだホワイトの英訳を参考にし、中国哲学を専攻する室谷邦行教授（北海道工業大学）の協力を得ながら、三つの石碑碑文の日本語訳を試み、かつそれぞれについて解説を加えてみることにしよう。

二　一四八九年の碑文「重建清眞寺記」

それ一賜樂業《イスラエル》の立教の祖師阿無羅漢《アブラハム》は、迺《すなわ》ち盤古《ばんこ》阿躭《アダム》十九代目の孫である。天地開闢以来、祖師は代々伝統を授受して、形像を塑《つく》らず、鬼神に諂《おもね》らず、邪術を信じることがなかった。その時、鬼神も救いをもたらさず、偶像も人を助けず、邪術は無益だからである。思うに、天なる者は軽くかつ清らかにして上に在り、至尊にして並ぶ者がない。天道は語らず、四季行《めぐ》って、万物生ずる(1)。観るに、それ春に生じ、夏に長じ、秋に斂《おさ》め、冬に蔵する。飛ぶもの、泳ぐもの、動くもの、生え出るものがあり、繁茂・衰萎・開花・凋落がある。生ずる者は自《おのずか》ら生じ、変化する者は自ら変化し、形ある者は自らその形があり、色ある者は自ら色がある。祖師は忽然として目覚め、この幽玄の理を悟り、実《まこと》に正教を求め、眞天に賛仰し、一心に天に仕えて、敬い慎しむことひたすらであった。その間において教《ジアオ》の本《もと》を立て、今に伝わるに至る。これ思うに、周朝の百四十六年（紀元前九七七年）のことである。伝えられて、正教の教祖乜攝《モーセ》に至った。思うに、周朝の六百十三年（紀元前五一〇年）である。生まれながらに知恵純粋にしてかつ仁義倶備《ぐび》し、道徳は兼ね備わっていた。昔那《シナイ》山の頂に経を求め、潔斎《けっさい》すること四十昼夜、その嗜欲を捨て去り、寝膳《しんぜん》を絶ち、誠心誠意祈禱したところ、信心は天心に感応した。正経一部、五十三巻にはその来歴が有る。その内容は至微至妙にして、善き者には人の内なる善心を感発し、悪しき者には人の逸脱しがちなる心を懲《こ》らしめる。さらに伝えられて正教の祖師藹子刺《エズラ》に至った。系は祖師に出で、道は祖統を承《う》けている。敬天礼拝の道こそ、それを以て祖道の蘊奥《うんおう》を闡《つまび》らかにするに足る。然らば道は必ず清眞の礼拝に基づく。清とは精一無二、眞とは眞正にして邪心無きこと、礼とは尊崇、拝とは拝礼である。人は日用の間に於て片時たりとも天を忘れてはならぬ。思うに、寅《とら》（午前四時頃）午《うま》（正午頃）戌《いぬ》（午後八時頃）にして三度礼拝するのは、迺《すなわ》ち眞実天道の理《ことわり》である。祖師・賢者の一途なる修法は如何《いかん》。必ず先ずは沐浴し、衣を替え、その心を清め、その五官を正し、しかして恭敬して道経の前に進む。道に形像なく、厳然として天道は上に在る。ここでしばらく敬天礼拝の綱領を開陳しよう。始めは鞠躬《きくきゅう》して道を敬する。道は鞠躬に在る。中立して偏らず道を敬する。道は中立に在る。静かに存養《そんよう》し、無言のうちに讃美して道を敬する。不忘の天である。動いて省察し、声に出して讃美し道を敬する。不替の天である。退くこと三歩。忽然として背後に在る。背後に在る道を敬するのである。進むこと五歩。これを見れば、前に在る。前に在る道を敬することである。これを左にして鞠躬して道を敬する。即ち善道は左に在る。これを右にして鞠躬して道を敬する。即ち不善道は右に在る。仰いで道を敬する。道は上に在る。俯《うつむ》いて道を敬する。道は此処に在る。最後に道を拝する。敬は拝に在る。噫《ああ》、天を敬して、祖を尊ばなければ、先祖を祀る所以《ゆえん》ではない。春秋にはその祖先を祭り、「死に事《つか》ふるに生に事ふるが如くし、亡に事ふるに存に事ふるが如くす。」「これ牛、これ羊」、「その時食を薦む。(2)」祖先の過ぎにしことを以て敬せざることはない。毎月の際には四日斎する。斎は乃ち入道の門、積善の基である。今日一善を積み、明日一善を積んで、善はそれでこそ積累するのだ。斎に至っては、諸悪成さず、衆善奉行《しゅぜんぶぎょう》せよ。七日善く終われば、週《めぐ》ってまた始まる。これ『易』に云う「吉人善を作《な》すは、これ日に足らずとす(3)」の意である。四季の際には、七日戒する。衆祖の苦難には、先人を祀って先祖に報じ、飲食を絶つ。一日大戒し、慎んで以て天に告げ、前日の過失を悔い、今日の新善に遷る。これ『易』に聖人の、益の大象にて云う言がある、「風雷は益なり。君子以て善を見れば則ち遷り、過を見れば則ち改む(4)」と。まさにこの謂《いい》であろうか。噫《ああ》、教道相伝え、その授受に来歴が有る。天竺より出でて、天命を奉じてやって来た。李・俺・艾・高・穆・趙・金・周・張・石・黄・李・聶・金・張・左・白の七十姓等有り、西洋布を以て宋に進貢した。皇帝は言われた、「我が中夏に帰せよ」と。祖風を遵守して、汴梁(5)に留遺することになった。宋の孝宗の隆興元年癸未（一一六三年）に列微五思達《リエウエイ・ウースタ》(6)がその教を領掌《りょうしょう》し、俺都剌《アンドゥラ》(7)が始めて寺を建てた。元の至元十六年己卯（一二七九年）、五思達は古刹《こさつ》清眞寺を重建し、土市字街《どしじがい》の東南に落成した。周囲三十五丈(8)である。我が大明《みん》の太祖・高皇帝國を開くに殆《およ》び、初めて天下の軍民を撫安《ぶあん》する。およそその王化に身を寄せる者は皆土地を賜り、樂土に安居することになる。誠に一視同仁《いっしどうじん》の心である。ここにおいて寺には管理運営する者がなければならない。ここに、李誠《りせい》・李實《りじつ》・俺平徒《えんへいと》・艾端《がいたん》・李貴《りき》・李節《りせつ》・李昇《りしょう》・李綱《りこう》・艾敬《がいけい》・周安《しゅうあん》・李榮《りえい》・李良《りりょう》・李智《りち》・張浩《ちょうこう》等、正経に通暁して、人に善を行うよう勧めていた故に、満喇《マンラ》(9)と呼ばれた。その教道相伝えて今に至るも、衣冠礼樂正しく、時制を遵行し、言語、動作は古式に則り、人々成法を遵守して、天を敬い祖を尊び、君に忠に親に孝たること、すべて彼ら満喇の力なのである。俺誠《えんせい》医士、永樂十九年（一四二一年）周府定王の伝令を奉じ、香を賜って、清眞寺を重建し、寺中に「大明皇帝万万歳」(10)の牌を奉じた。永樂二十一年（一四二三年）、功有るを聞こし召されて趙姓を賜り、錦衣衛《きんいえい》指揮を授かり、浙江《せっこう》都指揮僉事に昇る。正統十年（一四四五年）、李榮・李良自《みずか》ら資財を備え、前殿三間を重建した。天順五年（一四六一年）に至り、河水に渰没《えんぼつ》したものの、(11)その基址はほぼ残存した。艾敬等は具申し、先に本府に奉って、河南布政司の認可を受けたのに従い、至元の年（一二七九年）の古刹清眞寺に基づき此れに則った。李榮は再び資財を備え、幽邃《ゆうすい》に建造し、金箔五彩にて美装を施し、煥然《かんぜん》として一新した。成化の年（一四六五―一四八八年）に、高鑑《こうかん》・高鋭《こうえい》・高鋐《こうこう》、自ら資財を備え、後殿三間を増建した。金箔五彩にて美装を施し、道経三部を安置した。外に穿廊《せんろう》を作って、前殿に連接し、迺《すなわ》ち永遠の計を為した。これが蓋し寺の前殿・後殿の来歴である。天順の年（一四五七―一四六五年）、石斌《せきひん》・李榮・高鑑・張瑄《ちょうせん》は、寧波《ニンポー》(12)より本教の道経一部を取り寄せた。寧波の趙應《ちょうおう》が一部を捧げて汴梁《べんりょう》まで持ち来り、寺に納めたのである。高年《こうねん》は貢士の身分により徽州《きしゅう》歙《きふ》県の知県に任じられ、艾俊《がいしゅん》は挙人の身分により徳府の長史に任じられた。寧夏《ねいか》の金瑄は、先祖が光禄寺卿《こうろくじけい》に任じられ、伯祖勝《しょう》が金吾前衛千兵に任じられ、瑄は供卓・銅爐《どうろ》・瓶・燭台を購入した。(13)金瑛《きんしょう》と金鍾とは、そこで金瑄の弟瑛《えい》は、弘治二年（一四八九年）に資財を喜捨して、寺地一段を購《あがな》った。(14)趙俊《ちょうしゅん》に託して碑石を購った。俺都剌がその基址を立てて、その端を発し、李榮・高鋐が建造し、これを完成して、寺に功が有った。諸氏は、公帑《こうど》・経龕《けいがん》・経楼《けいろう》・経卓《けいたく》(15)・連籠《れんろう》・欄杆《らんかん》・供卓《きょうたく》・付簷《ふえん》の品々、食器を喜捨し、また周囲を彩色をもって画飾する費用を調達し、全寺を壮麗にした。愚考するに、三教には各々殿宇が有り、その主を尊崇する。儒教に在っては則《すなわ》ち大成殿(16)が有り、孔子を尊崇する。仏教に在っては則ち聖容殿有り、釈迦牟尼を尊崇する。道教に在っては則ち玉皇殿(17)が有って、三清(18)を尊崇する。清眞に在っては則ち一賜樂業《イスラエル》殿が有って、皇天を尊崇する。それ儒教と本教とは大同小異であるとは雖も、その立心制行では、また天道を敬い、祖宗を尊び、君臣を重んじ、父母に孝養を尽くし、妻子に和し、尊卑の序を守り、朋友に交わるのであって、五倫(19)に外《はず》れない。噫《ああ》、人は徒《ただ》に清眞寺の礼拝敬道を知るのみで、ことに道の大本《おおもと》が天に発し、古今相伝え、あざむくことの出来ぬのを知らない。されども、本教での尊崇はかくの如くに篤い。徒に福田の利益を求めて計るのみではない。君の恩を受け、君の禄を食《は》み、ここに礼拝して、天に祈る誠心、報國忠君の意を尽くしている。大明《みん》の皇上、その徳は禹《う》・湯《とう》(20)に勝り、聖は堯《ぎょう》・舜《しゅん》(21)に並び、聡明叡知は日月の照臨に同じく、慈愛寛仁は広大無辺の乾坤《けんこん》(22)にも匹敵し、國祚《こくそ》の綿々たらんことを頌祝する。聖なる天子の万年にまでいのち長く、皇土の鞏固ならんことを祈り、天長地久、風雨順調にして、共に太平の福を享《う》けんことを願う。これを金石に刻み、よって永久に伝えんとする。

開封府、儒学増《ぞう》広《こう》生員、金《きん》鍾《しょう》(23)譔
祥符県、儒学廩《りん》膳《ぜん》生員、曹《そう》佐《さ》(24)書
開封府、儒学廩膳生員、傅《ふ》儒《じゅ》(25)篆

弘治二年、己酉の歳（一四八九年）に在り。仲夏の吉日、清眞の後人《こうじん》、寧夏の金瑛、祥符の金禮、共にこの石碑建立する。瓦匠《がしょう》は呉亮・呉遵。

三　一四八九年の碑文「重建清眞寺記」解説

開封のユダヤ人の運命について、陳舜臣はその著書『日本人と中国人』の中で次のように述べている。

各地に散ったユダヤ人のうち、中国にはいった一派だけは溶けて消えた。シナゴーグもタルムードも、またトインビーのいう「文明の化石」の断片も、中国にはのこらなかった。(26)

一九世紀初頭に開封最後のラビが亡くなって、北宋以来続いてきたユダヤ人共同体が徐々に衰退し、ついには消滅してしまったという意味では、確かに陳舜臣のこの言葉は正鵠を射ている。二〇世紀に入ってからも、ユダヤ人がまさに「溶けて消えた」南教経胡同の隅々から開封のユダヤ人の信仰と生活に直結したあらゆる文物がカナダやアメリカ、イギリス、あるいはイスラエルなどへ持ち去られてしまった後、「トインビーのいう『文明の化石』の断片」も、開封には残らなかった。

だが、ユダヤの「水」と「石」、すなわちシナゴーグ跡の古井戸や開封博物館所蔵の石碑も、「トインビーのいう『文明の化石』の断片」なのではないか。それらは、開封ユダヤ人の意識を強く彼らの「教《ジアオ》」に結び付けていたものではなかったか。「教《ジアオ》」とは、教え・宗教・宗教集団などと色々に訳すことが可能な言葉である。そしてこの「教《ジアオ》」は、共同体崩壊の後も、ユダヤ人として先祖からの宗教集団に属しているのだという意識と記憶を、彼らのひとりひとりに与え続けてきたものなのだ。したがって、今から五百年余前、明《みん》の時代に創建された大理石の大きな板の上に、最も重要な語彙として刻まれているのも、この「教《ジアオ》」なのである。その碑文は、次の一行から始まっている。

それ一賜樂業《イスラエル》の立教の祖師阿無羅漢《アブラハム》は、迺《すなわ》ち盤古阿躭《ばんこアダム》十九代目の孫である。

この石碑の撰文者は、金鍾《きんしょう》という名の読書人であった。金鍾はユダヤ人だったので、「創世記」に記された人類の始祖アダムからユダヤ教の祖師アブラハムに至る系譜を熟知していた。同時に彼は「中国人」でもあったので、中国神話で天地を開闢したという神「盤古《ばんこ》」にも言及しているのである。ユダヤ人にして中国人であるというこうした彼の二重性からすれば、「盤古阿躭」という結び付け方は、ごく自然だったのだろう。

これに対して、ユダヤ人の血を引いていたと思われる一五一二年の石碑撰文者左唐《さとう》は、「一賜樂業」教に関して、「始祖阿躭は本《もと》天竺西域より出た」とし、「盤古」には触れないで、教祖を「阿無羅漢」にしている。しかし、一六六三年の石碑撰文者劉《りゅう》昌《しょう》はユダヤ人ではなかったので、再び中国の創世神話を生かしながら、人類の始祖は「盤古十九代目の孫阿躭」であり、かつ「一賜樂業」教の祖師は、「阿無羅漢」であるとしている。

いずれにしても、「ユダヤ」ないし「ヘブライ」という言葉はどの碑文にも見出されず、ユダヤ教とその信者集団を指し示す言葉として「一賜樂業《イスラエル》」という四文字が使用されているのである。これはもちろん「イスラエル」の音訳なのだが、それと同時に開封ユダヤ人の信仰と生活にとって本質的なものを表わした言葉でもあった。

イスラエルの教《ジアオ》の祖師は「阿無羅漢《アブラハム》」である。「思うに、天なる者は軽くかつ清らかにして上に在り、至尊にして並ぶ者がない。天道は語らず、四季行《めぐ》って、万物生ずる」という、森羅万象に宿る「理」の悟りから「立教」に至った聖なる人アブラハムについて、次のように描かれている。

祖師は忽然として目覚め、この幽玄の理を悟り、実《まこと》に正教を求め、真天に賛仰し、一心に天に仕えて、敬い慎しむことひたすらであった。その間において教《ジアオ》の本《もと》を立て、今に伝わるに至る。これ思うに、周朝百四十六年（紀元前九七七年）のことである。

「これ思うに」という但し書きが付いているが、周朝一四六年にアブラハムが「一賜樂業」教を立てたとするこの年号には、確実な根拠がない。右の文章に続いて、「伝えられて、正教の祖師乜攝《モーセ》に至った。思うに、それ周朝の六百十三年（紀元前五一〇年）である」と述べられているが、この周朝六一三年という年号にも根拠がない。丸括弧の中に示した紀元前九七七年と紀元前五一〇年という二つの年号は、周朝を紀元前一一二二年に始まったとする一般的な年代学に基づく計算結果である。

このように、教《ジアオ》の成立に関する記述の後、モーセが教の本《もと》を経《ジン》へと高めていった経過については、碑文に次のように記されている。

生まれながらに知恵純粋にしてかつ仁義倶備《ぐび》し、道徳は兼ね備わっていた。昔那《シナイ》山の頂に経《ジン》を求め、潔斎《けっさい》すること四十昼夜、その嗜欲を捨て去り、寝膳《しんぜん》を絶ち、誠心誠意祈禱したところ、信心は天心に感応した。正経一部、五十三巻にはその来歴が有る。

右の引用文最後の「正経一部、五十三巻」とは、ユダヤ人がトーラーと呼ぶ『旧約聖書』冒頭のモーセ五書、すなわち「創世記」、「出エジプト記」、「レビ記」、「民数記」および「申命記」である。ホワイトによれば、通常ヘブライ語『聖書』で五四巻に分けられているモーセ五書は、ペルシアのヘブライ語『聖書』では第五二巻と第五三巻が一つにまとめられた結果、ペルシアには五三巻へブライ語『聖書』が存在したという。[27] 開封ユダヤ人の出身地をペルシアとする有力な説があるが、こうした中国の五三巻ヘブライ語『聖書』の存在も、あるいは彼らの遠い先祖の故郷ペルシアと無関係ではないかもしれない。これらの聖なる書は「大経《ダージン》」と呼ばれ、シナゴーグの中で最も聖なる場所「天堂」におさめられていた。天堂の大経はそれぞれ軸に巻かれ、絹のカーテンで覆われていたが、土曜日ごとに一巻ずつ持ち出され、モーセの椅子の上に置かれて読み継がれたのである。

このように毎土曜日、シナゴーグにおいて教《ジアオ》の中に身も心も置いていた開封のユダヤ人と、彼らを取り巻く中国人の宗教「儒教」とはどのような関係にあったのだろうか。一四八九年の石碑に見られる「春秋にはその祖先を祭り」、「死に事ふるに生に事ふるが如くし、亡に事ふるに存に事ふるが如くす」、および「その時食を薦む」の句は次の『中庸』の二つの文からの引用で、中国のユダヤ人が儒教信者である隣人たちと同じように、先祖崇拝を実践していたことを示している。

春秋には其の祖廟を修め、其の宗器を陳べ、其の裳衣を設け、其の時食を薦む。

其の位を践《ふ》み、其の礼を行い、其の楽を奏し、其の尊ぶ所を敬し、其の親しむ所を愛し、死に事《つか》ふるに生に事ふるが如くし、亡《ぼう》に事ふるに存《そん》に事ふるが如くするは、孝の至りなり。

開封のユダヤ人は、春秋二度だけでなく、春夏秋冬の四季にそれぞれ行う中国人のこのような先祖の祭りを、自分たちの生活習慣に取り入れていた。その際先祖の御霊屋《おたまや》を手入れし、先祖代々伝えられてきた重要な祭器を然るべく陳列したり、また季節季節の食べ物をお供えしたりしていた。お供え物は、牛や羊の肉であったり、野菜や果物だったりした。このような習慣が本来のユダヤ教になかったことは、明らかである。

一方、『中庸』で述べられていることは、朱子の解釈によれば、先王が死んでまだ葬らない間は、まるでまだ生きているかのように仕え、「亡」すなわち葬られてしまってからも、まだ生き永らえているかの如くに仕えるということである。これを孝の極致と見なしていた中国人の先祖崇拝について、中国のユダヤ人は自分たちの死者、ひいては先祖に対する表敬法と変わらないと感じていたのだろう。またこの碑文の作者は、「毎月の際には、四日斎する」として、斎による積善を勧め、『書経』から、「吉人善を作《な》すは、これ日に足らずとす」という一文を引いている。これは、『書経』の中に、ユダヤ教の安息日「シャバット」の聖化と同一のものが認められるという作者の主張でもあるように思われる。

ユダヤ人のこうした内面生活の描写の後、碑文は、ユダヤ人が「中国人」になっていった数百年の過去そのものを舞台とした歴史小説の相貌を帯びてくる。それは、一〇〇〇人から二〇〇〇人くらいまでと推定されるユダヤ人が極東の古都に定住し、民族の教《ジアオ》を軸としてひとつの共同体を建設していったという壮大なドラマを描いているのである。

噫《ああ》、教道相伝え、その授受に来歴が有る。天竺より出でて、天命を奉じてやって来た。李・

俺・艾・高・穆・趙・金・周・張・石・黄・李・聶・金・張・左・白の七十姓等有り、西洋布を以て宋に進貢した。皇帝は言われた、「我が中夏に帰せよ」と。祖風を遵守して、汴梁に留遺することとなった。宋の孝宗の隆興元年癸未（一一六三年）に列微五思達《リエウェイ・ウースタ》がその教を領掌《りょうしょう》し、俺都剌《アンドゥラ》が始めて寺を建てた。元の至元十六年己卯（一二七九年）、五思達は古刹《こさつ》清眞寺を重建し、土子《どし》字街《じがい》の東南に落成した。周囲三十五丈である。

この引用文冒頭に出てくる「天竺」とは、一般にインドの古称とされる中国語である。一五一二年の碑文にも、「始祖阿耽、本《もと》天竺西域より出た」とあり、一六六三年の碑文にも「その教天竺に起こり、周朝の時に初めて中州に伝わる」とあるように、「天竺」は中国西域を意味していた。ユダヤ人の祈禱書の一部や商業文などがこの西域で発見されることからも明らかなように、千数百年前からユダヤ人商人は西域を通り中国に向かう旅をしていた。そして、九六〇年から一一二七年まで続いた北宋時代に、それまでヨーロッパの周辺に暮らしていたユダヤ人の一団が、トーラーと西洋布を携えて、この西域から中原の、世界屈指の商業都市汴京《べんけい》を目指していた。彼らが厳しい砂漠の道を通って運んできた西洋布とは、綿布であった。それが彼らの交易品であり、また皇帝への貢ぎ物とされたのは、そもそも綿が一四世紀まで中国では栽培されていなかったからである。右の引用文に登場する「列微《リエウェイ》」すなわちレヴィは、恭々しく時の皇帝に西洋布を以て進貢した。ヨーロッパでは考えられないことだが、この時皇帝はこれを嘉納し、当時汴京と呼ばれていた開封府に居住し、先祖の宗教を遵守することを許し、彼らに漢族姓を下賜した。こうしてヨーロッパの端から彷徨《さまよ》ってきた人たちが、アジア大陸の中央平原で「中国人」になったのである。

碑文には「七十姓等有り」と記されているが、実際リストに挙げられているのは、十七姓に過ぎない。しかもその十七姓のうち、李・張・金の三姓が重複している。この重複は、当の三姓が元々違う家族だったが、そのユダヤ名の音が似通っていたため音訳の際に同じ中国名が付けられたことを意味しているのであろう。またこのリストには、現在開封のユダヤ人の名前として存在しない俺・穆・周・黄・聶・左・白の七姓が挙げられている。この七姓は、後に述べる俺という「ユダヤ人」が、皇帝に気に入られて趙に姓を変えた一四二三年以降使われなくなったという。このリストに載っている姓のうち、一四八九年の石碑から取られた拓本を見ると、李と艾を除いて他の姓は、「天竺」の二文字とともに消し去られている。ホワイトは、ユダヤ系中国人に対する迫害と脅迫があった危機の時代に、それらの文字が「慎重に削り取られたのだ[28]」と述べているが、それがいつの時代になされたかについては言及を避けている。しかし、消された文字が今日補充されているのは、一七〇四年開封のシナゴーグ敷地内に建っている石碑の碑文を発見したゴザニによってローマのイエズス会に送られたコピーが存在していたからである。

以上は、同胞を率いてヨーロッパの端から開封にやって来たレヴィ「列微《リエウェイ》」がユダヤ人同胞を指導して一一六三年にシナゴーグを創建するに至った物語として読むことが出来る。以下の物語もまた、この碑文の筆者金鍾《きんしょう》が、数十年前の新しい英雄像に焦点を合わせ、この人物がユダヤ人共同体における教《ジアオ》の強化にいかに貢献したかということについて、すぐれた「現代的感覚」で描いた歴史小説の特徴を備えている。

俺誠《えんせい》医士、永樂十九年（一四二一年）周府定王の伝令を奉じ、香を賜って、清眞寺を重建し、寺中に「大明皇帝万万歳」の牌を奉じた。永樂二十一年（一四二三年）、功有るを聞こし召されて趙姓を賜り、錦衣衛《きんいえい》指揮を授かり、浙江《せっこう》都指揮僉事に昇る。

ここに登場する「俺誠医士」とは、いかなる人物だったのか。南京大学歴史学教授徐新《じょしん》は、「一家に誇り高い名声をもたらした一代目趙《ちょう》は、一五世紀開封の『趙誠医士』であった。元々彼は『三番目の俺《アン》』という意味の、『俺三《アンサン》』という名前だったが、これは素姓卑しい外国系の呼び名であった」[29]と述べている。

この俺三（後に俺誠《えんせい》と改名）は、そもそもは開封中央警備隊の一兵卒に過ぎなかった。彼は大変正直な男で、皇帝に忠誠心を持っていたと伝えられているが、その頃の皇帝は、明朝（一三六八―一六四四年）第三代皇帝永楽帝（一三六〇―一四二四年）で、武力による版図の拡大や、宦官にしてイスラム教徒の臣下鄭和《ていわ》（一三七一―一四三四年頃）率いる巨大船団を南海の諸国に派遣するなどして明の国威を大いに高めていた。このような永楽帝に忠実だった俺誠は「外科医」だったから、宮廷にも自由に出入りして、皇帝に対する反逆の動きをいち早く察知することが出来る立場にあった。こうしてある時、周府定王の王子の謀略を見破り、それを皇帝に伝えた俺は、その告発の正しいことが認められ、皇帝より国家防衛軍将校の地位を授けられた。一四二一年、俺誠がシナゴーグ重建の監督になった時、その中に皇帝への忠誠の証《しるし》として「大明皇帝万万歳」の牌を奉じた。そして永楽二一年（一四二三年）、俺誠は忠誠と善行の褒美として永楽帝より「趙誠」という新しい名前と昇進の栄誉を賜ったのである。

このような俺から趙への姓の変更は、この時代の中国においてとりわけ名誉なことであると同時に、少数民族に対して一視同仁政策を採る国ならではの公平な社会的認知の証でもあった。一兵卒にして医者だった「外国人」のこのような社会的地位向上は、官職に就こうとする他のユダヤ人のために大きく道を拓くものだった。かくして趙家は一挙に名声を獲得し、開封ユダヤ人共同体の中で次第に指導的役割を演ずるようになっていったのである。

四　一五一二年の碑文「尊崇道経寺記」

賜進士《ししんし》出身(30)、朝列大夫、四川布政司右参議、江都《こうと》(31)の左唐《さとう》撰文
賜進士出身、徴士郎、戸科給事中、前翰林院(32)庶吉士、淮南《わいなん》の高滸《こうこう》書丹
賜進士出身、徴士郎、前吏科給事中、維揚《いよう》の徐昂篆額《じょこうてんがく》

嘗《ちな》みに謂うに、経(33)は以て道を記載するものである。道とは何ぞや。日々用いて常に行うに、古今の人の共に由る理《ことわり》である。故に大にしては三綱五常《さんこうごじょう》から、小にしては事物の細々微々に至るまで、いかなる物にも存在しないことが無く、いかなる時にもしかあらざることが無く、道の宿らない所は一つとして無い。さりながら道は経なくしては存すること無く、経は道なくしては行いようが無い。もし経無ければ、道とても記載するもの無く、人将《まさ》に茫々として行くべき所を知らず、卒《つい》には常軌を逸して暗闇の中を行くに至るであろう。故に聖賢の道は、六経《りっけい》(34)に垂れて後世に詔《つ》げ、今に至って千万世《せんばん》に及ぶ。一賜樂業《イスラエル》教に至っては、始祖阿躭《アダム》、本《もと》天竺西域より出た。これを周朝に稽《かんが》えてみれば、経伝《けいでん》に当たるものが有る。道経は四部、五十三巻。その理《ことわり》は至微、その道は至妙、尊崇すること天の如くである。この教《ジアオ》を立てた者は阿無羅漢《アブラハム》であり、この教祖と

為った。ここに於て乜攝《モーセ》が経を伝え、この律法を創った。その後原教は、漢の時より中国に定着する。宋の孝宗《こうそう》の隆興元年癸未（一一六三年）、祠《ほこら》を汴《べん》(35)に建て、元の至元《しげん》十六年己卯（一二七九年）に重建した。その寺が古刹《こさつ》である。思うに、この経を尊崇する所、この教《ジアオ》を継ぐ者は、汴《べん》のみに止まらず、天下に遍在する。この教《ジアオ》を継ぐ者にして、この経を尊びこの道を崇《とうと》ばない者は無い。

されどもこの教《ジアオ》の経の文字は、儒書の字とは異なると雖も、その理《ことわり》を揆《はか》れば、これまた常行の道が有って、その点では同じなのだ。この故に道が父子に行われると、父は慈、子は孝(36)、道が君臣に行われると、君は仁、臣は敬、道が兄弟に行われると、兄は友、弟は恭、道が夫婦に行われると、夫は和、婦《つま》は順、道が朋友に行われると、友益《ゆう》々信《まこと》有ることとなる。道は仁義よりも大なるものが無いが、これ行うに自《おのず》ら惻隠《そくいん》羞悪《しゅうお》の心が有る(37)。道は礼智よりも大なるものが無いが、これを行うに自《おのずか》ら恭敬《きょうけい》是非《ぜひ》の心が有る(38)。道が斎戒《さいかい》に行われると(39)、必ず厳、必ず敬となり、道が先祖の供養に行われると、必ず孝、必ず誠となる。道が礼拝に行われると、上天《じょうてん》の万物を生育することを賛《たた》える。立ち居振舞いの際は、ひとえに誠心敬虔に基づく。鰥寡孤独《かんかこどく》(40)・老衰・残疾の者に至っては、すべて恵み養い施し与えないこと無く、居場所を失うに至らしめない。貧にして妻を娶ろうとして娶るを得ない者と、埋葬しようとして葬ることの出来ぬ者には、すべて力を尽くして援助する。凡そ婚資・喪具については、みな便宜を計る。喪に服するに及んでは、葷酒《くんしゅ》を禁忌し、殯殮《ひんれん》においては繁文《はんぶん》を尚《とうと》ばず、儀礼の定めに従って、一切邪術を信じない。下って度量衡、軽重長短に至るまで、一切人を欺こうとする所が無い。

今日の情況を観るに、科挙に合格して親を顕《あらわ》し名を揚げるが若《ごと》き者が有り、宮廷の内外に地位を得て君に力を尽くし民に恩沢を施すが若《ごと》き者が有り、或いは折衝《せっしょう》して侮りを禦《ふせ》ぎ忠を尽くして國に報いる者が有り、或いは自ら徳をその身に修めてその善が一郷に著《あらわ》れる者がまたこれ有る。さらに農民として田野に耕して公税が充足し、工人として芸に精暁して公用を乏しくせず、行商として遠くに精励して名が江湖《こうこ》に著《あらわ》れ、商人として店の守りに専念して利を世に得るに逮《およ》ぶ者がまたこれ有る。天命を畏れ、王法を守り、五倫を重んじ、五常に従い、祖風を敬い、父母に孝を尽くし、長上《ちょうじょう》に恭《つつ》しみ、郷里に和《なご》み、師友に親しみ、子孫を教え、本業に務め、陰徳を積み、小忿《しょうふん》を忍び、戒め励む、その心は皆道に拠《よ》るのである。嗚呼《ああ》、この経、日々に用いて常に行う道《ジアオ》の著《あらわ》れる所はかくの如くである。この故に天命により性に率《したが》うことは、これによって全う出来る。修道の教は、これによって身につき、仁義礼智の徳も、これによって存する。かの彫像・形像を塑り、形色を描くようなことは、徒《いたず》らに虚飾を事とし、耳目を驚かすのみである。これらは則ち異端の説、固《もと》より尚《とうと》ぶに足りない。しかしながら経を尊崇する者も、その由緒を知っているだろうか。

道経を相伝えたには、由来が有る。開闢以来、祖師阿躭《アダム》が、これを女媧《ノア》(41)に伝え、女媧がこれを阿無羅漢《アブラハム》に伝え、阿無羅漢がこれを以思哈峩《イサク》(42)に伝え、以思哈峩がこれを雅呵厥勿《ヤコブ》(43)に伝え、雅呵厥勿がこれを十二宗派(44)に伝え、十二宗派がこれを乜攝《モーセ》(45)に伝え、乜攝がこれを阿呵聯《アロン》(46)に伝え、阿呵聯がこれを月束窩《ヨシュア》(47)に伝え、月束窩がこれを藹子剌《エズラ》(48)に伝えた。ここに於て祖師の教《ジアオ》は、燦然としてまた明らかになった。故に凡そこの教《ジアオ》を受け継ぐ者は、それただ善を以て師と為し、悪を以て戒と為し、朝な夕なに注意警戒し、誠意を尽くして身を修め、節日《せちにち》には斎戒し、飲食は規定を遵守しなければならない。経については慎み則《のっと》り、尊奉して崇信すれば、天恵は益々身に及び、理会《りかい》も誤つことが無い。人々には徳善の称《たたえ》有り、家々には扶育《ふいく》の樂しみを遂げる。かくの如くすれば、祖教の意に背《そむ》く所無く、尊崇の礼にも欠けること無きに近づく。寺内の石に刻んで、永久に垂示《すいじ》し、皆がその由来を知るように、我らが後人《こうじん》をして慎んでここに思い至らしめんとするものである。

大明の正徳七年（一五一二年）、壬申の孟秋甲子（七月一日）に、寺を重建した。俺・李・高、維揚《いよう》の金溥《きんふ》が道経一部を請来《しょうらい》して二門一座を立て、寧夏《ねいか》の金潤《きんじゅん》が碑亭一座を立て、金鍾《きんしょう》が碑亭を修撰した。刻字は張鸞《ちょうらん》、張璽《ちょうじ》。

五　一五一二年の碑文「尊崇道経寺記」解説

一五一二年の碑文「尊崇道経寺記」は、一つの石板にそれだけが彫り付けられたものとして存在していたのではなく、じつは一四八九年の石碑の裏側に篆刻《てんこく》されたものであった。だからこの石碑は、何度も黄河の氾濫に襲われ、火災や爆撃にも遭いながら、一四八九年の石碑と運命をともにして今日に残されているのである。

四川省の大官「布政司右参議」の撰文者左唐は、ホワイトによれば、開封ユダヤ人の七姓にその姓は含まれていないが、ユダヤ人家庭の生まれだったらしい。というのは、一千年前ヨーロッパ周辺からこの北宋の都にやって来て、皇帝の許しを得、漢族姓を賜って、ここに定住したユダヤ人の中に、「左」という家族が含まれていたからである。この人物は、ユダヤ系中国人の共同体とそのシナゴーグが存在していたとおぼしい江都《こうと》の出身だった。このような左唐が進士の学位取得者として、中国人進士の淮南の高涔や維揚の徐昂とともにこの碑文冒頭に名を連ねているのは、開封ユダヤ人共同体の構成員が手に入れた社会的名声を記録にとどめておこうとする意図の表われだったように思われる。こうしたユダヤ人の中国社会への進出を強調するものとして、次の一行は理解されなくてはならない。

嘗《ちな》みに謂うに、経は以て道を記載するものである。

「それ一賜樂業《イスラエル》」という言葉から始まった一四八九年の碑文とは異なり、一五一二年のこの碑文がヘブライ語の教典への言及からではなく、中国の古典的な六経《りっけい》への言及から始まっているのは注目に値する。開封に来てすでに五〇〇年ほど経ったこの時、離散地への同化を求めるユダヤ人にとっては、とりわけ中国の宗教的・政治的・道徳的順応主義の習慣に従い、経に言う「道」を遵守することが、唯一の生きる方法だったのである。このような中国の伝統的・封建的な儒学思想を念頭に置きながら、撰文者は次のようにまっすぐ儒者の宗教を指し示している。

道とは何ぞや。日々用いて常に行うに、古今の人の共に由る理《ことわり》である。故に大にしては三綱五常《さんこうごじょう》から、小にしては事物の細々微々に至るまで、いかなる物にも存在しないことが無く、いかなる時にもしかあらざることが無く、道の宿らない所は一つとして無い。

ちなみに、右にいう「三綱」とは、儒教で、人間として守るべき君臣・父子・夫婦間の秩序を意味し、また「五常」とは、儒教で、人の常に守るべき仁・義・礼・智・信の五つの徳目を指す。政治の中に血肉となって、生活の血管の中に深く流れていた中国の儒学を前提にすることによってはじめてユダヤ人の生活と信仰が可能だとして、まずは「道」をたたえた後で、撰文者は次のような彼らの教《ジアオ》を持ち出してくるのである。

一賜樂業《イスラエル》教に至っては、始祖阿躭《アダム》は、本《もと》天竺西域より出た。これを周朝に稽《かんが》えてみれば、経伝《けいでん》に当たるものが有る。道経は四部、五十三巻。その理《ことわり》は至微、その道は至妙、尊崇すること天の如くである。この教《ジアオ》を立てた者は阿無羅漢《アブラハム》であり、この教祖と為った。

このように撰文者左唐は、「一賜樂業」教を奉ずるユダヤ人の始祖アダムが「天竺西域」の生まれであるとして、パレスチナ南部のユダ王国についての言及を避けている。それは、六二九年に長安を出発し、西域を経て天竺＝インドに入り、六四五年に経典六五〇余部を携えて長安に帰った高僧玄奘の事例によって自分たちの教《ジアオ》の起源を周囲の人々に理解しやすくしようとした意図からだったかもしれない。

だが撰文者左唐にとって、アダム出生の地が「天竺西域」であろうと、ユダ王国であろうと、大して問題ではなかった。さらにユダヤ人の母語が元々はヘブライ語であって、中国語ではないことも、もはや問題ではなかった。そういうことよりも彼にとってより重要なことは、両宗教の根本的な類似性なのだ。こうして撰文者は、まさに「天」の観念において両宗教が重なってくるのを見ようとする。それゆえに彼は、ユダヤの「道経は四部、五十三巻」と言って、学問を分ける際の中国の伝統的な、「経・子・史・集」の四部に関係づけながら、モーセ五書を「尊崇すること天の如くである」とたたえているのである。このような天への畏敬は、その後にくる、「道が礼拝に行われると、上天《じょうてん》の万物を生育することを賛《たた》える」という表現において頂点に達する。この二つの天崇拝の表現の間に、次のような指摘が見られる。それはすなわち、一一六三年に最初の祠《ほこら》「シナゴーグ」が建設されたこと、「一賜樂業《イスラエル》」教が汴《べん》（開封）にとどまらず、天下に遍く存在するものであること、そしてこの「教《ジアオ》」が父子・君臣・夫婦・朋友に関わりがあり、その意味で中国の「道」と同一であるという認識である。

開封のユダヤ人は、万物の創造主デウスを「天《ティエン》」と呼んでいた。あれほど偶像崇拝者と見られることを恐れていたユダヤ人が、この「天」の中に見出していたものは何であったか。それは、目に見える物質的な「天」の観念ではなかったであろう。とすれば、これら碑文の作者たるユダヤ人は、中国の伝統的な信仰としての「天」の中に、目には見えない真なる神の観念を求め、それを崇拝していたに違いなかった。しかも「天」を最も重要な概念とし、「天が人間界を支配する」という堅い信仰を持っていた儒教思想の創始者孔子（前五五一―四七九年）を、彼らは最も尊敬していたのである。だから開封のユダヤ人は、孔子の内にあった中国固有の神秘的な宇宙観、すなわち上帝と天と全宇宙の支配者を同列に置く敬天思想を受け入れ、シナゴーグ入口を入ってすぐの牌坊に、「敬天祝國」という銘を大きく掲げたのである。一方ではしかし、ヨーロッパのユダヤ人と同じように偶像崇拝には背を向けていたユダヤ人読書人が孔子廟に赴いて、そこで学位を受け取り、孔子崇拝の所作をしたということには、中国に生きる市民としての、政治的に割り切った考え方も働いていたに違いなかった。いずれにしても、一五一二年の碑文の作者は、アブラハムを創始者とするユダヤ人の「教《ジアオ》」と孔子を創始者とする中国人の儒教が同一であると主張している。何故ならば、両者の根本が「天」を崇め、両親や死者に対して尊敬を捧げるところにあるからだというのである。「道」においてとりわけ「孝」を重視する撰文者は、次のように言う。

今日の情況を観るに、科挙に合格して親を顕《あらわ》し名を揚げるが若《ごと》き者が有る。

彼はここで、難関の極みとされる科挙の試験に合格した者の名誉や、この合格者の高い社会的な地位とそのすぐれた公的な奉仕を、「親を顕《あらわ》」すこととして称賛しているのである。「孝」は「善く父母に事える」ことを意味し、旧中国社会における最も基本的な道徳であり、それを拡大しては先祖崇拝、とくに先祖の祭祀まで含む。撰文者はさらに宮廷の内外において、軍隊において、田畑において、工芸や商業などにおいてユダヤ人が道に従い、公正に、誠実に振る舞い、かつ厳正に集団の儀式を守ることによって一般に高い評価を得ていると断言している。そして彼は最後に、儒教と同じ道を説くユダヤ教の経典が、祖師阿躭《アダム》から女媧《ノア》へ、女媧《ノア》から阿無羅漢《アブラハム》、以思哈《イサク》、雅呵厥《ヤコブ》、十二宗派、乜攝《モーセ》、阿呵聯《アロン》、月束窩《ヨシュア》、そして第二の立法者である藹子刺《エズラ》へと伝えられ、「ここに於て祖師の教は、燦然としてまた明らかになった」と、ユダヤ人の「集合的記憶」の比類なさを強調している。

六　一六六三年の碑文「重建清眞寺記」

一賜樂業教《イスラエル》の起源は、遠い昔に由来する。盤古《ばんこ》十九代目の孫である阿躭《アダム》から始まり、先ず女媧《ノア》に、次いで阿無羅漢《アブラハム》に受け継がれた(49)。阿無羅漢《アブラハム》は天人合一の旨も修身立命の理《ことわり》をも悟り、かつ天道には音もなく臭いもないことを知った。天道は至微にして至妙、しかして巡り行くうちに万物を生み、そして化育し(50)、万物は皆その秩序に従う。それ故に阿無羅漢《アブラハム》は形像を塑《つく》らず、鬼神に惑わされず、敬天を宗《むね》とし、心を尽くして天に合し(51)、己が心に依って道を見るよう人々を導いたのだった。この教《ジアオ》が数代伝えられた後、聖なる祖師黙舎《モーセ》が生まれた。霊知と天与の才は並はずれて優れ、余人を凌いでいた。真摯に道を求め、嗜欲を抑え、寝食を忘れて、西那山《シナイ》(52)で経典を授かったが、黙舎は廬《いおり》も結ばず、家も構えなかった。『礼記《らいき》』に、「壇せず、坎《あな》ほらず、地を掃《はら》って祭る(53)」と言うのは、かかる質素を宣明するのである。聖祖は誠を尽くして斎し身を潔めて、沈黙のうちに上帝の心に達した。その経文はとりわけ簡易であり、理解し得て実践出来るものであり、人々に善を為すよう教え、かつ悪を為すことを戒めるものである。孝弟忠信《こうていちゅうしん》は心に基づき、仁義礼智は天性に由来する。天地万物、および綱常人倫は経の大綱であり、動作と静止、活動と休息、日々用いる飲食は経の条目である。

その最大なるものは、礼拝と祭祀である。礼拝とは、贅を省き、真に則り、礼にはずれたものに打ち勝ち、礼に立ち帰るものである。(54) 礼拝の前には必ず斎戒沐浴し、嗜欲を薄くし、心を平静に保ち、衣冠を正し、眼差しを整え、然る後に天を仰ぎ見て、礼拝を行う。けだし人々において、天の無い日は無いからである。それ故毎日、朝昼晩の三度、礼拝を行う。まさに人が天にまみえるこの時に、その尊敬と恐れに思いを致して、道を敬い、かつ徳を敬う。自らの慎みと誠の限りを尽くすこと、日毎絶えず新たにするのである。『詩経』に言う、「厥《そ》の士《こと》を陟降《ちょくこう》して、日に監《み》て慈《ここ》に在り(55)」とは、まさにこの謂ではないか。礼拝の間に朗誦される経文は、声高に詠唱される時には、道を敬う心が顕《あき》らかとなり、また黙して祈る時には、道を敬う心は内にかくれる。前に進めば前に道を見、後ろに下がれば道はたちまち背後にある。左に向かえば道は左にあるように見え、また右に向かえば道は右にあるように見える。敢えて嫌悪することなく、また倦怠に屈することなく、独りでいる時は必ず自重し、夜明けまでを畏れ慎しむ。『詩経』に、「小心翼々として、昭かに上帝に事ふ(56)」と言うのは、この意味ではないか。そのうえで、進み退き、昇り降り、跪拝する間に行うことは、ひたすらただ礼に従っているのだ。言葉を交わすことも、後ろを見ることもなく、私事を以て入道の念に付け込ませることもない。『礼記』に、「心苟《いやし》くも慮《はか》らず、必ず道に依る。手足苟くも動かず、必ず礼に依る(57)」とある。かくのごとく、道は礼拝の内にあるのだ。祭祀とは、物を尽くし、誠を尽くし、敬慕の念を以て覆載《ふうさい》の恩に応えることである。万物が生まれ出る春には、祭るに芹《せり》と藻を用いて物を生んでくれたことに報い、また万物が成熟する中秋には、祭るに果物を用いて物を実らせてくれたことに報いる。供物として捧げるべき物では省かれる物はなく、味付けすることはない。すなわち、「大羹《だいこう》に味付けなし」の謂である。以上要するに、その誠信を尽くして行われるべきである。『礼記』に、「外には則ち物を尽くし、内には則ち志を尽くす(58)」と言うのは、このことである。冬と夏それぞれに季節の食べ物を取り出して、先祖を祭る。祭る時には、礼に従って自制すべきである。堂上にあっては人は奥室に向き、堂下にあっては上を向く。祭祀の終わりに、人々が等しく神の恵みを受け取る時にも、その残り物を賜物《たまもの》とする。祭祀における道とはかくのごとくである。小なるものには斎戒がある。斎戒とは精明の志を尽くすことである。第七日は専ら精明の徳を養うためにある。斎戒の日には、火を使わずに食事をとる。静かなるうちにも省察し、動くにも反省し、誠を保持し偽りを除去して、その本来に立ち帰るのである。『易』に曰く、「七日にして来復す。復はそれ天地の心を見るか(59)」と。だが、なおも人々が、私欲をまじえて、道理に浅薄であることを恐れる。それ故に、秋の終わりに一日扉を閉めて修行に当て、飲食ともに絶ち、以てその天与の資質を培い養うのである。その日士人は誦読《しょうどく》を止め、農夫は農事を罷《や》め、商人は売買を止め、旅人は途《みち》にとどまる。情を忘れ、知識を除けて、皆心性の保持涵養に専心し、これによって善を修復しようとする。かくのごとく、人性穏やかにして天性は全く、欲は消えて、理性の長ずることを願うのである。『易』に、「先王、至日を以て関を閉づ。商旅は行かず、后《きみ》は方を省みず(60)」と言うのは、この謂ではないか。冠婚死葬に関しては、すべて中国の礼を守る。孤児や独居老人、鰥寡《かんか》は皆施しを受ける。経の綱領および条目を遺漏なく述べることは難しい。とはいえ、聖なる始祖が経を制定した義は、まさにこの剛健にして中正、純粋にして無私なる理《ことわり》にほかならない。この道がかくして燦然として明確に具備しているのは、中空に懸る煌めく太陽のごとくである。一人として道を理解出来ない者がいなければ、また一人として経を敬う術を知らない者もいない。経中の文字は古体字で、発音も異なるとはいえ、六経《りっけい》の理と同じでないものは一つとして無い。その教《ジアオ》は天竺に起こり、周王朝の時に初めて中州《ちゅうしゅう》に伝わり、大梁に祠《ほこら》を建てた。漢・唐・宋・明の各王朝を経て、その間幾多の変遷に見舞われたが、この教《ジアオ》の会衆は教《ジアオ》を終始尊び遵奉して滅びることがなかった。かくてその教《ジアオ》は飲食や衣服が人々に密着しているが如くに、片時も敢えて離れることのないものになった。その寺は宋の孝宗の隆興元年（一一六三年）に俺都喇《アンドゥラ》が初めて建て、五思達《ウースタ》が元の至正十六年（一三五六年）に古刹を再建した。明の天順五年（一四六一年）、黄河氾濫による湮没《えんぼつ》に際して、李榮・李良・高鑑・高鋐・高鋭が基金を寄付して修復した。殿中には道の経書十三部、方経および散経、それぞれ数十冊を納めた。この教《ジアオ》の会衆は日を追うごとに増え広がり、専ら天を敬い祖法に則り、また幾代にもわたり宗旨を守って、それを衰退させることを肯んじなかったのである。明末、崇禎《すうてい》十五年壬午の年（一六四二年）、闖王の賊徒(61)が叛乱を起こし、汴京を三度《みたび》包囲したが、汴京の人々はひたすら防衛の決意を固めた。かくて攻撃が烈しくなればなるほど、守備も強固になっていった。六カ月余を経て、寇掠《こうりゃく》の策に窮した賊徒は黄河の堤防を破り(62)、氾濫を引き起こしたため、汴京は水没した。汴京が水没し、寺もまた破壊された。寺が破壊され、経典もまた大波奔流の中に没し去った。教《ジアオ》の会衆で黄河の北に渡った者は、その数僅か二百余家、河北の地を彷徨《さまよ》った。ようやく一息つくと、彼らは残っている経典を回収すべく取り計った。信徒の貢士高選《こうせん》は父東斗《とうと》の命を受けて寺に入り、経典を回収した。彼は数回往復し、合計して道の経典数部と散経二十六冊を手に入れることが出来た。「掌 教《ヂャンジアオ》」である李禎《りてい》と喃喇《まんら》である李承先《りしょうせん》が招聘されて経典の校合・校訂に当たった。大清の順治帝の丙戌の年（一六四六年）の進士で信徒の趙映乗《ちょうえいじょう》がそれら経典の類別を整え、全経一部、方経数部、散経数十冊を編纂した。修復が終わると、経典は煥然として一新した。空き家を借り受けてこの経典を安置し、教《ジアオ》の会衆は皆ともに礼拝し、昔日《せきじつ》の如く経典を崇拝するまでになった。以上が、経典が失われずにすみ、教《ジアオ》が途切れることなく伝えられるに至った所以《ゆえん》である。しかしながら、教《ジアオ》の会衆は屋舎の中に安居しながらも、長らく自分たちの汴京の寺が湮没してしまったことを飽き足りなく思っていた。この時、大梁道の中軍守備の職にあった信徒の趙 承基《ちょうしょうき》が、部隊を率い汴京を防衛していた。彼は道路を修復し、橋梁を渡し、人々を招き寄せて本業への復帰を促した。寺の廃絶のため教《ジアオ》の会衆が四散したまま戻って来なくなるのを恐れ、先祖が何百年もの間創建し守り続けてきながら、たちまち一日にして廃れてしまうのに耐えきれず、彼は部隊を派遣して昼夜巡邏し寺を衛らせた。そこに趙映乗の弟で、受験のため汴京に来ていた趙《ちょう》映斗《えいと》は、兄と共に、草木茂り乱れた中で建物の跡を整地した。本業に戻る汴京の人々は日々その数が増えたので、趙承基は教《ジアオ》の会衆に本業への復帰をしきりに促した。そこで、李禎《りてい》と趙允中《ちょういんちゅう》は残った経典を背負って汴京に帰った。時すでに順治の癸巳の年（一六五三年）のことであった。寺の再建に要する基金醸出に関して、公に討議したところ、会衆全員が進んで寄付したので、見積もりの上起工する目安がついた。この時、貢士の高選等、生員の高維屏《こういへい》、李法天《りほうてん》等は、各衛門に申請書を提出して告示を求め、古刹《こさつ》清眞寺に従って従前通り寺を再建することにした。趙承基等は真っ先に俸給から寄付した。李禎、趙允中等は職工を集めるべく奮闘し、黄砂の中から前殿を掘り出した。これによって前殿が初めて建った。親の喪に服して帰郷していた福建省漳南道の分巡道であった進士の趙映乘は、俸給より寄付し、独力で後殿三間を建てた。聖祖殿三間(63)、教祖殿三間、北講堂三間、南講堂三間、大門三間、次門三間、厨房三間、牌坊一座、行殿九間、殿の内部に建てられた「清《しん》皇帝万万歳」(64)の龍楼、石碑（一四八九年、一六六三年）用の二つの亭(65)、そして香を薫いて修業するための二つの住室については、朱色の漆喰と黒漆塗りで、壮麗にして光り輝くばかりであった。あるものは教《ジアオ》の会衆の醵金により、あるものは個人の私財で賄われたのであるが、寺の構えはここに完成し、昔日《せきじつ》と比較してさらに完全なるものになった。かくて見る者は何人も粛然と尊敬の念を起こさずにはおられなかった。元々殿中に置かれていた経典十三部は全て水に呑み込まれて、数部は回収されたものの、編纂して経典一部をなすのみであった。会衆が皆尊崇していたこの経典一部は、この度経龕《けいがん》の中に敬々しく安置された(66)。その左右の十二部は、洪水の後に漸次修復されたものである。散経および方経は、会衆それぞれの寄付によって補修された。参政の趙映乘が『聖経記変』を書き、その弟の趙映斗が『明道序十章』を著した。これにより経文は今や完全となり、その宗旨はここに明晰となった。その燦然として明らかなること、あたかも日月が天にあるが如く、また江河《こうが》が大地を流れるが如くである。経典には真諦《しんたい》が含まれ、その解釈者は支離滅裂なことをまじえたりはしない。経典それ自体は簡潔であり、その解釈者は繁雑で難解なことをまじえたりはしない。経典から人は、君臣の義、父子の親、兄弟の序、朋友の信、夫婦の別が知識・能力のすぐれたところに基づくことを知る。人々は善をつまびらかにして本来の姿に帰ることが出来、かくて聖祖の手になる経典編纂の基になった義と、先祖が経典を尊敬した所以に与るのである。往古と現今との間には、数千数百年の時が経過していながら、あたかも一日の如くである。大洪水の後から数え上げてみれば、然るべく基礎固めをして復旧の端を開いた趙承基および映斗、基金を寄付して寺を再建し、その工事を完成した趙映乗、その後に修復補訂した李禎等は、経典に功績を残した。聖経を初めて校訂し検証した高選および趙映乗、そして高登魁《こうとうかい》等が、寺に功績を残した。寺の牌榜・匾額・対聯《ついれん》については、そのいずれも河南省各衛門の官吏の手になるものである。陝西《せんせい》省固原西路遊撃の地位にあった趙承基は帰郷して、その素晴らしい趣きを眺め、感嘆して言った、「数百年の間に築かれた栄華、今や再びその隆盛をここに見ることを得た。後代の人が今のこの日を振り返る時は、我等が今日古人を振り返るようにはならぬだろう。」さらに、長い間のうちにこの謂われが伝えられなくなるのを恐れ、彼はこれを石に刻みつけて永久に残しておこうと欲し、碑文の作成を私に請うた。私は汴京の生まれで、以前から一賜樂業《イスラエル》教を知っているうえに、遊撃の趙承基、参政の趙映乗、医官の艾顕生《がいけんせい》と親交を結んでいたので、事の顚末についていささか詳細に語ることが出来る。そこで私は昔の記録に基づきながら、それを増補して人にその道の由来を分かってもらえるようにし、かつまた、今日の経典と寺の修復、およびこの教《ジアオ》の会衆の功績が不滅であることを示さんとするものである。ここに碑文を記す。

特進光禄大夫《たいふ》、侍経筵小傅《しょうふ》、兼太子太傅《たいふ》、前刑部《けいぶ》尚書《しょうしょ》、今予告工部尚書の劉昌《りゅうしょう》が撰文し、欽《きん》差進士《さしんし》、提督学政、雲南按察司副使の李光座《りこうざ》が書丹し、欽差進士、提督学政、広東按察司副使の侯《こう》良翰《りょうかん》が篆額した。大清康熙《こうき》二年歳次（一六六三年）癸卯の中夏上浣《じょうかん》の吉日。武安の石匠王建玉《おうけんぎょく》が刻石した。

七　一六六三年の碑文「重建清眞寺記」解説

右に訳出した碑文は、清朝康熙《こうき》二年（一六六三年）のものである。その撰文者は、「前刑部尚書、今予告工部尚書」の劉昌《りゅうしょう》であった。この国家の大臣となった一大官が、碑文最後に述べているとおり、「汴京の生まれで、以前から一賜樂業《イスラエル》教を知っているうえに」、当代中国のユダヤ系読書人たちと親交があったことから、開封ユダヤ人の歴史、しかも一六四二年に黄河の大洪水に襲われた彼らの死と再生にまつわる物語の執筆者として抜擢されたのである。

劉昌はユダヤ人ではなかった。そのため彼は、例えば、「一賜樂業《イスラエル》」教の由来について語る碑文の冒頭で「盤古《ばんこ》十九代目の孫」を「阿無羅漢《アブラハム》」とはせずに、「阿躭《アダム》」としてしまうというような迂闊な間違いをしてはいるが、とりわけ次の二点で、ユダヤと中国の両文化に精通した者としてのすぐれた理解力と文章力を示している。一つは、ユダヤ人の伝統的・宗教的な習慣と中国の宗教「儒教」との類似性を立証しようとする試み。そして今一つは、黄河の大洪水による破局からの「教《ジアオ》」の復活劇を「歴史小説」さながらに仕立て上げてゆく枠組みの設定である。

まず、最初の点について検討してみよう。例えば、ユダヤ教の象徴的な制度ないし習慣を意味している安息日「シャバット」は、「創世記」第二章の次のような言葉に由来する。

かくて天と地およびその万象ことごとく成りぬ。第七日に神その造りたる業を終へたまへり。即ちその造りたる業を終へて安息《やす》みたまへり。神は第七日を祝福し、これを神聖《きよ》めたまへり。そは神その造り為したまへる業をことごとく終へて、この日に安息《やす》みたまひたればなり。

これにより、第七日のこの安息の日に、ユダヤ人はすべての日常の仕事を休むことになっているが、慎むべき多くの仕事の中に火を一切使わないという規定がある。すなわち、神のみが存在する一切のものの創造者であり、主であるということを認識するために、ユダヤ人は自然界と人間が営む世界への働きかけから、慎み深く身を退かせなくてはならないというのである。こうした静かな省察に向けられた安息日は金曜日の夕刻の日没をもって始まり、あくる土曜日の日没後、空に三番星が現れる時に終わることになっている。

劉昌は敬虔なユダヤ人が守るこの安息日について述べながら、次のようにそれを儒教の経典の一つ『易経』の言葉と結び付けている。

小なるものには斎戒がある。斎戒とは精明の志を尽くすことである。第七日は専ら精明の徳を養うためにある。斎戒の日には、火を使わず食事をとる。静かなるうちにも省察し、動くにも自省し、誠を保持し偽りを除去して、その本来に立ち帰るのである。『易』に曰く、「七日にして来復す。復はそれ天地の心を見るか」と。

このような安息日「シャバット」が毎週行われるいわば日常的な行事だとすれば、一年に一度の最も厳粛な行事がある。それは贖罪の日「ヨム・キプール」と呼ばれ、律法的な文献においても、また一般的なユダヤ人の宗教意識においても、それはユダヤ教徒の年間行事の頂点と考えられている。ヨム・キプールにおいてユダヤ教徒には、食べることも飲むことも全て避けるという完全な断食が求められ、かつシャバットと同じようにいかなる日常の世俗的な仕事も行ってはならないとされるほかに、身体を洗うこと、革靴を履くこと、性的関係を持つことなどが一切禁じられている。男性会衆は清浄と罪の赦しを意味する白いキッテルを身にまとい、シナゴーグでの一日を懺悔と『聖書』の朗読で過ごして、神の限りない慈しみに思いを至すという。その際、それぞれのユダヤ人は個人として神に語りかけ、「今」という瞬間に留まって、まだ姿を見せない未来を完全に保留したまま、過去に数々の罪をおかした自らの人生を総括する。こうしてヨム・キプールは懺悔の日であると同時に、一切の未来から遮断された「今」の零点から出発し、民族ないし集団の未来としての新しい歴史との再統合に至るまで祈禱を続けるという、その意味では一種の「通過儀礼」の日でもある。

このようなユダヤ教最大の厳粛な行事が極東の一都市で何百年も行われていたということ自体が驚きであるが、劉昌は次のように開封ユダヤ人共同体のヨム・キプールについて記しながら、それをまた『易経』の言葉に結び付けている。

秋の終わりに一日扉を閉めて修行に当て、飲食ともに絶ち、以てその天与の資質を培い養うのである。その日士人は誦読《しょうどく》を止め、農夫は農事を罷《や》め、商人は売買を止め、旅人は途《みち》にとどまる。情を忘れ、知識を除けて、皆心性の保持涵養に専心し、これによって善を修復しようとする。かくのごとく、人性穏やかにして天性は全く、欲は消えて、理性の長ずることを願うのである。『易経』に、「先王、至日を以て関を閉づ。商旅は行かず、后《きみ》は方を省みず」と言うのは、この謂ではないか。

このように劉昌は、開封のユダヤ人と、シャバットやヨム・キプールといった彼らの聖なる習慣を褒めたたえ、ユダヤ人の教義と儒教の類似性を立証しようとしている。さらに彼は、「この教《ジアオ》の会衆は教《ジアオ》を終始尊び遵奉して滅びることがなかった」として、ユダヤ人の「教《ジアオ》」についての讃美を惜しまない。かくて「教《ジアオ》」が開封のユダヤ人のアイデンティティを形成するうえでの最も重要な概念であることを指摘したうえで、この碑文完成のほぼ二〇〇年前、明の天順五年（一四六一年）に開封のシナゴーグを破壊した洪水について述べている。この時は同胞ユダヤ人の協力により、ひどい破損を蒙った経典も修復され、破壊されたシナゴーグも復旧し、「教《ジアオ》」は再び活況を呈するに至った。だが、この洪水から一八一年後に、未曾有の洪水が開封を襲い、それによってユダヤ人共同体も壊滅的な打撃を受けた。一六六三年の碑文は、この時の洪水がもたらした大災害とそれからの復興の軌跡を、ユダヤ人指導者に照明を当てつつ、さながら歴史小説のように力強く描いている。まず劉昌は、この時の前代未聞の氾濫に関する史実を次のように明らかにしている。

明末、崇禎《すうてい》十五年壬午の年（一六四二年）、闖王の賊徒が叛乱を起こし、汴京を三度《みたび》包囲したが、汴京の人々はひたすら防衛の決意を固めた。かくて攻撃が烈しくなればなるほど、守備も強固になっていった。六カ月余を経て、寇掠《こうりゃく》の策に窮した賊徒は黄河の堤防を破り、氾濫を引き起こしたため、汴京は水没した。汴京が水没し、寺もまた破壊された。寺が破壊され、経典もまた大波奔流の中に没し去った。教《ジアオ》の会衆で黄河の北に渡った者は、その数僅か二百余家、河北の地を彷徨《さまよ》った。

全長五四六四キロメートルの中国第二の大河黄河《こうが》は、中国民族の揺籃と言われているが、しばしば「中国の悲哀」の原因ともなった。だが、一六四二年の黄河の氾濫は天災ではなく、後世に甚大な影響を及ぼす人災だった。その年、開封市は反乱軍によって包囲されていた。しかし、開封の人々は粘り強く抵抗したので、闖王李自成《りじせい》も二度包囲を解かざるを得なかった。彼が三度目の攻撃を仕掛けて六カ月余経った時、攻略の策に窮した闖王はあろうことか黄河の堤防を破り、氾濫を引き起こしたのだった。こうして罪のない中国人もユダヤ人も水魔に襲われ、三七万八〇〇〇人の人口のうち生き残ったのは、僅か数万人に過ぎなかったという。

この時、開封のユダヤ人の半数以上が命を落とした。共同体の全成員のうち二〇〇余家だけが辛うじて黄河北岸の安全地帯へ避難することが出来た。命は助かったとはいえ、彼らは多くの同胞や家・財産の全てを失い、いやそれ以上に永年彼らの心の拠り所となっていたシナゴーグを一日にして破壊されてしまったのである。

「歴史小説」とは一般に、過去を舞台とした小説で、よく知られている現実の事件や、とくに公の世界に関連した人物を紹介し、登場させているものをいうが、劉昌はそうした「歴史小説」にふさわしい人物を、開封のユダヤ人の破局的な状況の只中に登場させている。

この時大梁道の中軍守備の職にあった信徒の趙承基《ちょうしょうき》が、部隊を率い汴京を防衛していた。彼は道路を修復し、橋梁を渡し、人を招き寄せて本業への復帰を促した。寺の廃絶のため教《ジアオ》の会衆が四散したまま戻って来なくなるのを恐れ、先祖が何百年もの間創建し守り続けてきながら、一日にして突然廃れてしまうのに耐えられず、彼は部隊を派遣して昼夜巡邏して寺を衛らせた。（中略）時すでに順治の癸巳の年（一六五三年）のことであった。寺の再建に要する基金醵出に関して、公に討議したところ、会衆全員が進んで寄付したので、見積もりの上起工する目安がついた。この時、貢士の高撰等、生員の高維屏《こういへい》、李法天《りほうてん》等は、各衛門に申請書を提出して告示を求め、古刹清眞寺に従って、従前通り寺を再建することにした。趙承基等は真っ先に俸給から寄付した。李禎、趙允中等は職工を集めるべく奮闘し、黄砂の中から前殿を掘り出した。これによって前殿が初めて建った。親の喪に服して帰郷していた福建省漳南道の分巡道であった進士の趙映乗は、俸給より寄付し、独力で後殿三間を建てた。

本章第三節で紹介したように、開封中央警備隊の一兵卒だった俺誠医士は忠誠と善行の褒美に皇帝から「趙」という姓を賜った。かくして一代目趙はこの一族の名声を獲得し、その出世物語が一四八九年の石碑に彫り込まれ、それ以後趙家の者たちは開封のユダヤ人共同体で次第に指導的役割を演ずるようになっていった。

一六六三年の撰文者劉昌は、趙一族のこのような栄光の歴史をよく知っていたに違いない。だから彼は、右の引用文の中でまず、趙誠から六代目の趙承基の目覚ましい活躍ぶりをたたえているのである。超承基は、清王朝（一六四四—一九一二年）の役人に抜擢された最初のユダヤ人だった。一六四二年の洪水の後、開封の中軍守備の職にあった彼が軍隊を派遣して橋梁や道路の修復に当たらせ、四散した同胞たちを説得して、共同体があった元の場所へ帰還させ、シナゴーグ再建に際しては「真っ先に俸給から寄付し」、「教《ジアオ》」復興のために尽力した。

さらに趙家には、この時期もう一人の傑出した人物がいた。黄河大洪水から一一年後の一六五三年に福建省から親の喪に服して帰郷していた趙映乗である。彼は心の温かい穏やかな人柄で、昔気質の堅実な聖職者の雰囲気を漂わせた人物だったという。一六一九年開封に生まれた彼は、ヘブライ名をモーセス・ベン・アブラハムといった。

ドナルド・ダニエル・レスリーによれば、超映乗は実弟の趙映斗とともに「中国社会に住んだ開封のユダヤ人の中で最も成功した人物」[67]だが、じつは「改宗者としてユダヤ人共同体に受け入れられた趙家の者の孫息子」だったという。インド・コーチンには、解放奴隷[68]「メシュフラリム」出身ながらインド・ユダヤ人最初の弁護士となった改宗者の孫A・B・サレムという人物がいたが、開封の場合、どのような経緯で改宗者の孫が生まれたのだろうか。

趙映乗の祖父について、バーバラ・ジョンソンは次のように書いている。

一七世紀の開封のユダヤ人共同体用過去帳には、二人の男性改宗者が記録されているだけである。一人は趙家の者、今一人は高家の者である。これらの男性改宗者は、父系制のため後継ぎのいない家族に養子としてもらわれていったのだろう[69]。

このように趙映乗（一六一九―一六五六年）は、改宗者の血を引きながら、中国社会および開封のユダヤ人共同体の重鎮になったという、その意味では「歴史小説」の主人公にふさわしい人物だった。彼は一六四五年、二六歳の時儒学廩膳の称号を得、翌年科挙の試験に合格し、「進士」となった。趙映乗の前後に科挙の試験に合格したユダヤ人は少なくなかったが、真にその称号と地位にふさわしいのは彼だけだったと言われている。一六五〇年に彼は刑部長官に任じられ、ついでかつて開封のユダヤ人が昇りつめた最高の官吏職である分巡道（地方の監察官）として福建省に派遣された。当時福建省は、組織的な盗賊団が跳梁跋扈する地方だったので、この仕事は決して容易なものではなかった。しかし、趙映乗は辣腕をふるい、巧妙な戦略を立てて、盗賊団を一網打尽にすることに成功した。

彼は公務に忙殺されていても、一六五三年に親の喪に服して開封に帰省した時、故郷の集会でも目覚ましい活躍ぶりを示した。当時開封のユダヤ人共同体はあの黄河の大洪水からすでに一一年経っていたが、まだ災害から立ち直ってはいなかった。そしてラビと共同体の指導者たちは同胞を呼び集め、自分たちの「教《ジアオ》」復興について協議していた。そのような席で趙映乗は、共同体のユダヤ人の生存に欠かすことの出来ないトーラーの巻物の重要性を繰り返し強調した。そして、すぐれたヘブライ語学者でもあった彼は、シナゴーグの長「掌教《ヂャンジアオ》」と協力して、荒れ狂う水の下から救出されたとはいえ、いまだばらばらになっていたトーラーの修復作業に取り組み、開封ユダヤ人共同体再興に大いなる貢献をなしたのである。

こうして「教《ジアオ》」復興に功績あった趙映乗をたたえて、劉昌は次のように書いている。

大清の順治帝の丙戌の年（一六四六年）、進士で信徒の趙映乗がそれら経典の類別を整え、全経一部、方経数部、散経数十冊を編纂した。

それから三年後の一六五六年に河南省の副警視総官に任命された趙映乗は、この職に就いてから間もなく三八歳で世を去った。彼の早過ぎる死は共同体の大きな損失であったが、「教《ジアオ》」復興の業績と功労は一六六三年の石碑に刻まれ、開封のユダヤ人同胞の記憶のうちに永久にとどめられることになったのである。

破壊されたシナゴーグの修復に向けられた開封のユダヤ人の努力は、いかなる破局に際しても絶えず新たに呼び起こされてきた「集団的記憶」とかたく結びついていた。だが、こうした強靭な「記憶」の伝承も、欧米列強の進出や阿片の蔓延などで激しく揺れ動く一九世紀の中国社会において次第に風前の灯火になっていった。次章では、開封のユダヤ人共同体の崩壊過程を辿る。その中で、開封のユダヤ教最後の遺跡であるあの石碑は、どのような運命に翻弄されてゆくのであろうか。

注

（1）この一文は、『論語』陽貨篇第一九章の、次のような孔子と子貢の対話からの引用。

子曰く、「予《わ》れ言うこと無からんと欲す。」

子貢曰く、「子、如《も》し言わずば、則ち小子何をか述べん。」

子曰く、「天何をか言わんや。四時《しじ》行われ、百物《ひゃくぶつ》生ず。天何をか言わんや。」

（2）「春秋には……その時食を薦む」の文は、『中庸』（朱子の『中庸』章句では第一九章）からの引用を含む。

（3）「吉人善を為すは……」は、『書経』泰誓中篇からの引用で、『易』からとしているのは間違いである。

（4）「風雷は益なり。……」は、『易』の益卦の象伝からの引用。

（5）北宋時代、現在の河南省開封《かいほう》は、「汴京《べんけい》」と呼ばれていた。したがって、ここで北宋の国都の名前に撰文者金鍾《きんしょう》が「汴梁《べんりょう》」をあてているのは、正しい表記とは言えない。この碑文が作成された明朝（一三六八―一六四四年）に先立つ元朝（一二七一―一三六八年）において、開封は「汴梁」と呼ばれるようになったのである。

（6）「列微《リエウェイ》」は、族長ヤコブの子レビの子孫を言う。旧約時代は幕屋、ついで神殿での奉仕がレビ人の任務だったので、ここで「列微」は同時にユダヤ人共同体の指導者「ラビ」であった。ホワイトは、レビは「五思達《ウースタ》」と呼ばれているが、この名称は中国語ではなく、恐らく宗教管理部署を指すペルシア起源の言葉だろうと言い、「五思達」の語源に言及した一八九八年のドバール師宛M・デヴェリアの書簡を引用している。

私は何人かの東洋学者とともに、「ウースタ」の問題を慎重に調べてみました。結論を言いますと、「ウースタ」というのは、共同体の首長《マスター》を意味するペルシア語の Oustad の表記である、ということです。ペルシアのユダヤ人はこの言葉をヘブライ語の Rab（Rabbin）として翻訳したのです。したがって、ペルシアのラビは自分たちのことを「ウースタ」と言っているのです（White II, p.21.）。

（7）「俺都刺《アンドゥラ》」は、ホワイトによれば、おそらくペルシア起源の名称を中国語に音訳したものであり、建築施行事務所を示しているという（White II, p.21.）。

（8）原文の「杖」を「丈」とすると、清眞寺の「周囲三十五丈」は約一〇五メートル。したがって建物がほぼ正方形とすれば、建坪は六八〇平米くらいとなる。シナゴーグの敷地は、ホワイトによれば、横一〇六メートル、縦七六メートルの面積を占め、土街と火神廟前街が交差する角の南東にあった（White II, p.24.）。

（9）「満喇《マンラ》」はトーラーに通じている人を言い、イスラムの学者「ムッラー」に相当する。

（10）「大明皇帝万万歳牌」、すなわち「皇 帝万歳牌《ファンディーワンスイパイ》」は中国皇帝を称える「額」で、あらゆる正規の寺院に置かれ、国家の庇護と権威を象徴していた。折にふれてその前で香が薫かれ、礼拝者はこの牌に向かってお辞儀した。この場合、明《みん》（一三六八—一六四四年）の皇帝の牌であった。

(11) 黄河の氾濫によるシナゴーグの壊滅は、一四六一年に起こった。シナゴーグ再建の完成は、一四八九年のこの記念石碑建造の理由であった。

(12) 寧波《ニンポー》は浙江省の杭州湾に注ぐ甬江《ようこう》の下流に臨む河港都市。ここにかつて有力なユダヤ人共同体がつくられていたことは、確実なようだ。開封シナゴーグとそのトーラーが黄河の氾濫によって破壊された時、寧波のユダヤ人は、自分たちのシナゴーグからトーラーの複写を贈って、開封のユダヤ人共同体の復興のために尽力した。一六六三年の石碑には、この寄贈が一四六一年に行われたと記されている。ただし、ここで開封を示す「汴梁」という呼称は正確ではない。「汴梁」は元王朝（一二七一—一三六八年）における呼び名で、この石碑が建造された時、すでに明朝が発足していて、省都の名はすでに開封に変わっていた。

(13) 儀礼用供卓は、シナゴーグ正殿中央入口のすぐ内側にあった。このようなテーブルは細長いもので、その上には、中央に銅爐、左右に一対の銅澄と瓶などの儀礼用具が置かれていた。

(14) 金瑛は兄の金瑄とともに寧波に住んでいたが、開封の金家と密接な交わりを持っていた。金瑛は開封シナゴーグ用の土地を一部買い足す資金を出した。彼はまた一四八九年の石碑の撰文者、開封の金鍾とともに、趙俊に碑石を購入させるよう手配した。

(15) ここに挙げられた聖なる備品は、ユダヤ人共同体からの公的寄付金によって購入されたものだった。最初の三つのものはトーラーの巻物（モーセ五書）に関連したもの、すなわち巻物を収納する経龕、経楼、そして巻物を置くための経卓である。これら聖なる備品を理解するためには、実際自分の目で見たイエズス会宣教師ゴザニの報告を参照しなくてはならない。一七〇四年一一月五日付の書簡の中で、ゴザニは次のように報告している。

いくつかの机（経卓）の上に一三個の経龕があり、それぞれには小さな幕が下りておりました。モーセの聖なる「経《ジン》」（モーセ五書）は、これらの経龕のそれぞれの中に納められておりました。それらの経龕のうち一二はイスラエルの一二支族を、一三番目のものはモーセを表わすものでした。（中略）これらの経龕は箱状につくられております。

一七二二年にドマンヂュが描いたシナゴーグ内部のスケッチに描かれている通り、それぞれの幕の奥に経龕が安置されていた。この経龕の前に経卓があり、その上に清眞寺入口と大門の前にある牌坊に形が似た三対の経楼があった。この経楼の上に、ヘブライ語で次のような碑文が記されていたという。

主に栄光あれ、神々のうちの神なる主に、偉大にして、強力かつ恐るべき主なる神に。

(16)「大成殿」は孔子廟の本殿に対する呼称。
(17)「玉皇殿」は道教の寺院に対する呼称。玉皇とは、本来道教の神で、正しくは「玉皇大帝」と呼ばれる。

(18)「三清」とは、道教において最も中心に位置する三つの神。すなわち玉清元始天尊・上清霊宝天尊・太清道徳天尊。

(19) 五倫は、儒教における五つの基本的な人間関係を規律した『孟子』に見える五つの徳目、すなわち父子の親、君臣の義、夫婦の別、長幼の序、朋友の信をいう。碑記撰文者金鍾は、この一節において儒教とユダヤ教に見られる類似性を強調しているのである。

(20) 禹は中国古代の伝説上の聖王で、儒教の聖人の一人。治水の功績により、舜帝から禅譲を受け、夏王朝をたてたという。湯王は前一七〇〇年頃、夏の桀王を伐った殷王朝の創始者。

(21) 堯と舜は、中国古代の伝説上の帝王。徳をもって天下を治めた理想的な帝王とされる。

(22) 中国的思惟においては、物事を対比的に捉える傾向があるが、易では陰気・陽気の因子が消長・増減することで状況が進展変化すると見る。乾坤《けんこん》は、陰陽の二気のそれぞれ純粋なあり方を反映したもので、ともに八卦また六十四卦の一つとなし、天と地とを象徴する。

(23) 金鍾はこの碑記の撰文者。この開封のユダヤ人は歳試(秀才の学位を得た者に対する科挙の試験)二等合格者「増広生」の位置にある生員だった。

(24) この碑記を書した曹佐はユダヤ人ではなかった。彼はおそらく学問のあるユダヤ人指導者の仲間で、書に熟達した人物だったのだろう。儒学生員にして、歳試一等合格者「廩膳生《りんぜんせい》」。

(25) 傅儒《ふじゅ》もユダヤ人ではなかった。歳試一等合格者「廩膳生」。彼の技倆は、碑文の上部に古い篆字《てんじ》で題字を書く際発揮された。

(26) 陳舜臣『日本人と中国人』、集英社、一九八四年、一六六頁。

(27) White II, p.19.

(28) White II, p.21.

(29) Xu Xin, *Legends*, pp.103-106.

(30) 進士は、隋代に初めて設けられた科挙の試験において、他の秀才《しゅうさい》、明経《めいけい》などとともに科目の一つであり、またその合格者をいう。宋以後では、殿試、すなわち科挙の最終試験に合格した者の特称。「出身」は科挙の合格者で、官吏になる資格を得た者をいう。

(31) 中国江蘇省南西部、長江（揚子江）北岸より大運河を少し北上したところにある都市揚州《ようしゅう》が国内交通の中心のみならず、国際交易港として栄え、とくにアラビア商人の間で「江都」の名で知られていた。

(32) 翰林院《かんりんいん》は中国、唐代の、主に詔書《しょうしょ》、すなわち皇帝の命令を伝える公文書の起草に当たった役所。七三八年に設けられた翰林院は皇帝直属機関として、唐・宋代において政治的重要性をもった。学士院ともいう。

(33) 「経」はこの場合、ヘブライ語の経典ではなく、経書、すなわち儒教の最も基本的な教えをしるした中国の古典を指す。四書、五経、十三経の類い。六経以前は書籍一般を経と称することもあった。

(34) 六経《りっけい》は、六芸ともいい、儒学の根幹となる六種の経書。すなわち、『詩』『書』『易』『春秋』『礼』『楽』。このうち、『楽』は秦の焚書の時に滅びたとされ、残る五種を「五経」と総称する。

(35) 北宋の首都開封は「汴《べん》」と呼ばれ、河南省の人々は北宋時代以後もずっとこの名を使っていた。

(36)「孝」は、『説文解字』の説明によれば、善く父母に事《つか》えることで、その文字構造は老の省略体と子の組み合わせから成り、子が老人を助け支えることを表わすという。

(37)五常（仁・義・礼・智・信）のうち最初の二つがここで言及されている。仁・義を実践するにおいて、惻隠《そくいん》（憐憫の情）と羞悪《しゅうお》（恥じ憎む心）が自ら働くという。

(38)ここでは、第三・第四の徳すなわち礼・智が言及されており、それらを実践するにおいて、恭敬《きょうけい》是非《ぜひ》の心が生み出されてくるという。

(39)ここでは、五常のうち最後五番目の徳である信が展開されている。信は儀式で必要とされる態度や先祖崇拝に、さらに上天への崇拝と讃美にあらわれてこなくてはならないとされる。

(40)「鰥寡孤独《かんかこどく》」。鰥は老いて妻なき者、寡は老いて夫なき者、孤は親のない子、独は子のない老人で、すべて寄るべのない窮民を指した言葉。『孟子』梁恵王下篇に見える。

(41)女媧《ノア》は、「創世記」の洪水物語の主人公。義人ノアは、人類の堕落に怒った神の命を受けて箱舟を造り、その家族および一つがいずつの動物たちとともに乗りくみ、神が起こした洪水を生き延び、人類の新たな祖となったという。

(42)以思哈裁《イサク》は、アブラハムとその妻サラの子。アブラハムに次ぐ二代目の族長で、ヤコブの父。

(43)雅呵厥《ヤコブ》は、アブラハム、イサクに続く三代目の族長。イスラエルの一二氏族の直接の祖。

(44)一二宗派は、族長ヤコブの一二人の男児に発する一二の氏族。ルベン、シメオン、レビ、ユダ、ゼブルン、イサカル、ダン、ガッド、アシェル、ナフタリ、ヨセフ、ベニヤミン。

(45)乜攝《モーセ》は、ユダヤ教の始祖とされる人物。紀元前一三世紀頃の人で、五書（「創世記」、「出エジプト記」、「レビ記」、「民数記」、「申命記」）は彼の作とされる。

(46) 阿呵聯《アロン》は、モーセの兄。モーセを助けてイスラエルの出エジプトに協力し、後に神に選ばれてイスラエル初代の大祭司となった。

(47) 月束窩《ヨシュア》は、モーセの後継者でイスラエルの指導者。

(48) 譪子刺《エズラ》は、前五世紀の祭司にして学者。捕囚の民をバビロニアよりパレスチナへ連れ帰り、第二神殿を建てた。トーラーを忘れていた民にこれを教え、第二のモーセと目される。

(49) 「天道には音もなく臭いもない」は、『詩経』大雅の文王之什《ぶんのうのじゅう》・文王篇からの引用。

(50) 「（万物を）化育」は、『中庸』朱子章句第二十二章の「天地の化育を知る」による。

(51) 「心を尽くして天に合し」は、『孟子』尽心上篇の「其の心を尽くす者は其の性を知るなり。其の性を知れば、則ち天を知る。其の心を存し、其の性を養うは、天に事ふる所以なり」によると思われる。

(52) 西那山《シナイ》は、今日のエジプト領シナイ半島の南部にあるジェーベル・ムーサ（モーセの山）が伝統的にホレブすなわちシナイ山とされている。「出エジプト記」の伝えによると、モーセはこの山で十戒を授かったとされる。

(53) 「壇せず、坎《あな》ほらず、地を掃《はら》って祭る」は、『礼記』礼器篇「至敬には壇せず、地を掃って祭る」による。

(54) 「礼にはずれたものに打ち勝ち、礼に立ち帰る」は、『論語』顔淵篇の「克己復礼（己に克ちて礼に復《かえ》る」を意識したものと思われる。

(55)「厥《そ》の士《こと》を陟降《ちょくこう》して、日に監《み》て茲《ここ》に在り」は、『詩経』周頌・閔予小子之什《びんよしょうしのじゅう》・敬之《けいし》篇からの引用。

(56)「小心翼々として、昭かに上帝に事ふ」は、『詩経』大雅の文王之什・文王篇からの引用。

(57)「心苟くも慮らず、必ず道に依る。手足苟くも動かず、必ず礼に依る」は、『礼記』祭統篇からの引用。

(58)「外には則ち物を尽くし、内には則ち志を尽くす」は、『礼記』祭統篇からの引用。

(59)「七日にして来復す。復はそれ天地の心を見るか」は、『易経』の復卦、及びその彖伝からの引用。

(60)「先王、至日を以て関を閉づ。商旅は行かず、后《きみ》は方を省みず」は、『易経』復卦の象伝からの引用。

(61)李自成(一六〇六―一六四五年)は、中国明末の農民反乱の指導者。一六二八年陝西《せんせい》地方の大飢饉による農民反乱軍に加わり、のちその首領となって、一六四一年に洛陽、四二年に開封を陥し、一六四四年に西安を占領して都とし、闖王と称して新王朝「順」の成立を宣言した。同年北京を攻略し明を滅ぼしたが、難攻不落と言われた山海関《さんかいかん》から乱入した満州族軍(清軍)に攻撃され、その翌年湖北で戦死した。

(62)李自成率いる反乱軍ではなく、明の政府軍が黄河の堤防を切ったという次のような説もある。

一六四二年、市は正統の君主に謀反した中国人自身によって包囲された。しかし、市は頑強に抵抗したので、残忍な李自成も二度包囲を解かざるを得なかった。彼は三度目の時市を完全に封鎖し、飢餓によっていやでも降伏させようとしてやって来た。〔政府軍の〕指揮官は食糧の蓄えのないのを目の当たりにして、河の堤防を破り、敵を退去させたのだが、自分自身も水に溺れてしまった。シナゴーグも壊滅し、多くの書を失った（ガブリエル・ブロティエ「中国に定住しているユダヤ人についての覚え書き」—White I, p. 67.）。

（63）聖祖殿は、ユダヤ人の聖なる先祖の中心人物たちを敬う殿であった。この殿について、ゴザニは次のように書いている。

シナゴーグを出ますと、私がぜひ見たいと思っていた大きな殿がありました。そこにあったのは、ただ沢山の香炉に過ぎませんでした。彼らの説明によれば、これは彼らの神人《シエンレン》、すなわち彼らの奉ずる宗教の中心人物を敬う場所なのでした。これらの香炉のうち最大のものは最初の族長アブラハムのもので、この教祖殿の真ん中にありました。

（64）一四八九年の石碑の大明皇帝万万歳牌は明朝のものだったが、この一六六三年の石碑は清朝（一六四四—一九一二年）に建造されたものだったので、「清皇帝万万歳」の銘が刻まれていた。

（65）高さ一五フィートに及ぶ、陶板《タイル》で出来た二つの碑亭が、前殿の前のシナゴーグ内庭北側と南側に建てられていた。ドマンヂュの「開封猶太教寺外形図」では、右側の碑亭に一四八九年と一五一二年の石碑が入っており、その左側の碑亭に一六六三年の石碑が入っていた。

（66）「経書一部はこのたび経龕の中に敬々しく安置された」というのは、ゴザニの書簡によって確認されているとおりである。

(67) Leslie, Donald Daniel, *The Survival of the Chinese Jews*. Leiden : E. J. Brill, 1792, p.46.

(68) A・B・サレムは一八八二年、インド・コーチンの解放奴隷「メシュフラリム」に属する家に生まれた。後年マドラス大学に進み、インド・ユダヤ人最初の弁護士になった。

(69) Johnson, Barbara C., "Cochin Jews and Kaifeng Jews." In : *The Jews of China*. Vol.1, edited and with an Introduction by Jonathan Goldstein, M. E. Sharpe, 1999, p.115.

第五章　開封のユダヤ人共同体の崩壊

一九世紀の中頃、開封のユダヤ人共同体は、すでに終焉の時を迎えようとしていた。彼らは周囲の中国人社会に「完全に」同化して、北宋以来続いてきたユダヤ教の遺跡を何一つ残さず、異境でその稀有な歴史を閉じてしまうというのであろうか。それまで一〇〇年以上に及ぶ開封ユダヤ人共同体の「孤立期」の後、今度はイエズス会宣教師に代わって多くの欧米人がその「閉じられた歴史の一章」を開こうとしていた。どのような人がこの時開封のユダヤ人に関する記録をまとめようとしたか、あるいはどのような人が実際に開封を訪れてその手記を残したかについて、ここで一瞥してみることにしよう。それは、阿片戦争が終わった一八四二年から第二次世界大戦終結の一九四五年までのほぼ一〇〇年に及ぶ、開封のユダヤ人共同体と外部世界との交流史を辿る試みである。

清王朝が一八四二年に阿片戦争で英国に敗北して、外国人の入国制限にようやく終止符が打たれ、中国内陸への旅が可能になった。これを機に、中国においてユダヤ人をキリスト教へ改宗させる運動がにわかに活況を呈し始めるが、その運動の担い手の一つが「ロンドンの、ユダヤ人をキリスト教へ改宗させるための協会」(the London Society for Promoting Christianity among the Jews)であった。この協会のメンバーの一人で、人々の関心を再び「開封のユダヤ人」に向けさせたのが、一八〇六年生まれの外交官ジェイムス・フィンである。(1) 彼はヘブライ語に堪能で、大学ではユダヤ教神学を専攻し、スペイン系ユダヤ人「セファルディー」の歴史に関する論文を書くほどの学究でもあった。こうした離散ユダヤ人への関心からしばしば英国博物館に足を運んでいるうちに、彼は中国のユダヤ人に関するイエズス会士の報告書に出会い、それらを編集して一八四三年に『中国のユダヤ人』という本をロンドンで出版したのである。(2)

翌四四年にフィンは、ユダヤ人をキリスト教へ改宗させる運動を推し進めるため、開封のユダヤ人共同体宛の手紙をヘブライ語で書いた。そして、中国語と英語の訳を付けたその手紙を中国・寧波《ニンポー》の副領事テンプル・レイトンに送り、開封のユダヤ人共同体への転送を依頼したのである。その手紙を開封のユダヤ人に届ける仕事を託されたのは、開封生まれの軍人でイスラム教徒の鐵定安《てっていあん》であった。それから五年の歳月が経った一八四九年一月のレイトン宛の手紙の中で、鐵定安は、彼が知り得た開封のユダヤ人共同体の現状について次のように書いている。

開封のユダヤ人は全部で八氏族、人口はおそらく一〇〇〇人に達するでしょう。そのうち二氏族、すなわち高と石は完全に先祖からの血を守り続けています。石の家長はもうユダヤ教の儀式をやめておりますが、シナゴーグを再建しました（おそらく「修理した」という意味だろう）。金家の一人は、皇帝により軍隊の高い地位に登用されました。高と石以外の六氏族は中国人と結婚するようになり、そのうちの二家族は中国系イスラム教徒とだけ結婚しております。ユダヤ人は娘たちをイスラム教徒に嫁がせますが、イスラム教徒の方は娘たちをユダヤ人に嫁がせたりはしません。(3)

例えば開封のユダヤ系中国人金家の場合、開封市南の郊外にある蔡庄《さいしょう》の石碑「金氏家族譜系」（二二五頁図33）に記されているように、遅くとも清朝初年にはすでに「同族結婚」の戒律を捨てているし、嘉道年間（一七九六―一八五二年）には金承恩《きんしょうおん》が「把総・正七品」という高い地位に就いているので、開封のユダヤ人共同体では混血と文化的適応が相当に進んでいるという右の鑑定安の手紙はかなり正確な情報を伝えているように思われる。また彼が、「シナゴーグの右手には石碑が一つあり、シナゴーグの前には二本非常に高い木が立っている」と書いているように、手紙が書かれた一八四九年一月の段階では、まだ開封の「修理された」シナゴーグは安泰であった。だが、それから間もなく開封のユダヤ人共同体「ケヒラ」の荒廃は一挙に進んでしまったのである。開封のユダヤ系中国人趙念祖《ちょうねんそ》の一八五〇年八月二〇日付レイトン宛の返書は、次のように開封のユダヤ人の悲惨な状況を生々しく伝えている。

過去四〇年から五〇年の間に、私たちの宗教は不十分にしか伝えられてきませんでした。経典は今なお保管されておりますが、人々はその言葉を一言半句も理解出来ないのです。当地においてまだ教義を記憶にとどめている人は、七〇歳を越えた老婦人ひとりだけです。私たちは朝な夕なに目に涙を浮かべ、香を薫いて、私たちの宗教が再び甦ってくるように祈っております。シナゴーグ本殿の壁はひどく荒廃が進み、聖人たちを祀る堂の部屋や沐浴の部屋、そしてトーラーを納める経龕までも同じように破壊されております(4)。

趙念祖のこの手紙ほど、開封ユダヤ人共同体の崩壊と、もはや食い止めるすべがない先祖の宗教の衰退に関する悲しい報告はない。こうした崩壊と荒廃の原因の一つには、一世紀以上にも及ぶ「孤立」という問題があった。ユダヤ人共同体のこの「孤立」という運命は、近代中国の対キリスト教政策と密接に関わっていた。

中国において天帝や孔子、あるいは先祖崇拝の習慣と妥協しつつ一六世紀から始まったイエズス会の布教活動にも、一八世紀初め終止符が打たれる。カトリック教会内部に「典礼問題」が起こって、先祖崇拝と儒教信仰を中国人キリスト教信者に禁じると発表したローマ教皇庁の決定を怒った康熙帝《こうきてい》が宣教師をマカオに追放した。そして清王朝第五代皇帝雍正帝《ようせいてい》が一七二四年ついにキリスト教禁教令を発し、中国全土から宣教師たちの追放を断行したのである(5)。したがって、イエズス会宣教師の布教活動が風前の灯火《ともしび》となった一七二三年三月、ゴービル神父がゴザニに連れられて開封を訪ねて以来、開封のユダヤ人は完全に「孤立」し、以来一二〇年間、イエズス会宣教師を介して得られたユダヤ系中国人に関する情報は外の世界に伝えられなくなってしまったのである。

趙念祖が開封のユダヤ人共同体の危機的状況について報告した一九世紀半ば頃、共同体の指導者「ラビ」は存在していたのだろうか。ユダヤ人の公共の礼拝所「シナゴーグ」はどのような変化の波をかぶっていたのだろうか。またその頃、ユダヤ人社会の人々はどのような生活をし、どのような宗教的儀式を執り行っていたのだろうか。資料がほとんど残されていないので、これらの問いに正確に答えることはきわめて難しい。

だが、限られた資料から浮かび上がってくる歴史像に従って言えば、開封のユダヤ人共同体「ケヒラ」の最後のラビが一八〇〇年から一八一〇年の間に死亡した後、(6)残された者たちにはどこからラビを招聘してくればよいのかもはや分からなくなっていたのである。そして、精神的指導者を失ったケヒラの人々はヘブライ語も読めず、教義についての記憶もおぼろになったまま、朝な夕なに涙を浮かべ、破壊されたシナゴーグの中で香を薫き、ただ彼らの宗教の復活だけを祈っていた。そうしたシナゴーグの荒廃が進んでいる現状について趙念祖は報告しているのだが、その直接の原因となったのは、一八四九年に開封を襲った黄河の氾濫だった。そして、水が引いた後ユダヤ人たちには、壊滅的な被害を受けた共同体の生活の中心「シナゴーグ」をどのように再建すればよいのか全く分からなかったのである。

趙念祖が寧波《ニンポー》のレイトンに宛てて返事を書いた頃、開封のユダヤ人共同体に、同じ趙一族に属する兄弟が住んでいた。二人とも弁髪を結い、中国服を身につけてはいるが、彫りの深い、鼻筋の通ったその顔立ちは、明らかにヨーロッパ人の特徴を備えていた。ロンドン大英図書館所蔵の、この趙兄弟の肖像画（図27）は、やはり英国系聖公会によって企画された開封のユダヤ人探訪記に挿入されて然るべき重要な史料である。彼らはどのようにしてその探訪記に姿を現してくるのだろうか。

一八五〇年一一月一五日、「ロンドンの、ユダヤ人をキリスト教へ改宗させるための協会」と連絡を取っていた香港の英国系聖公会主教ジョージ・スミスと上海のメドゥハースト師は、邱天生《きゅうてんせい》と蔣榮基《しょうえいき》を開封へ派遣した。(7) この二人の中国人キリスト教徒は、シナゴーグにあるトーラーの巻物を手に入れ、ユダヤ人共同体「ケヒラ」に関する情報を出来るだけ沢山持ち帰るよう要請されていた。そして同年一二月九日、彼らは開封の東門を通り抜けた所ですぐ宿舎を見つけることが出来た。二人はイスラム教徒の宿主から、「ユダヤ人共同体は七つの氏族から成り立ってまだあるにはあるけれど、もうラビはいないし、人々はひどく貧しい暮らしをしている(8)」という話を聞いた。宿を出てすぐ、彼らはシナゴーグに着いた。その無残な姿を見て、邱天生は「開封旅日記」の中で次のように書いている。

シナゴーグの境内には沢山の小屋があり、そのいずれにも、昔からここに定住してきた人々の子孫が住みついている。彼らは野外に、しかもシナゴーグのすぐわきにキャベツを山積みにしていた。ここに住みついているのは大抵女性で、その中には未亡人も含まれていた。[9]

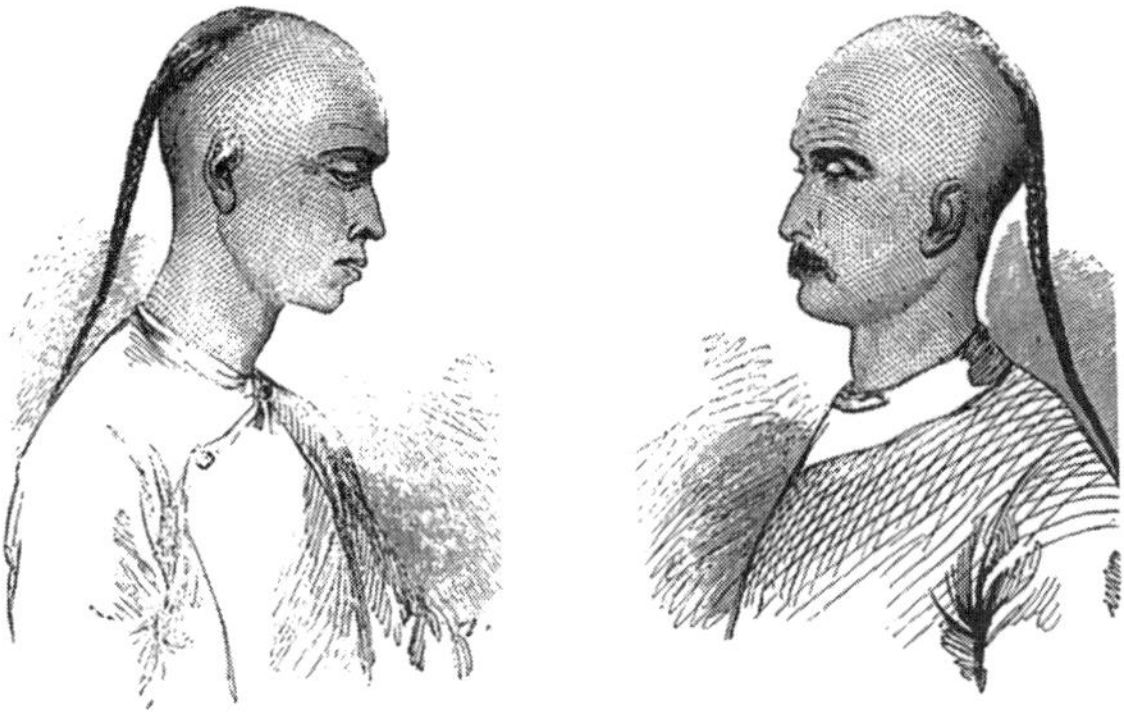

図27　1857年の趙兄弟。左が弟の趙文魁、右が兄の趙金城
（ホワイト『中国のユダヤ人』より）

この女性たちは、食糧を手に入れるため、シナゴーグの煉瓦やタイルまで剝がして売らなくてはならないほど日々の暮らしに困っていたという。

「あなた方の中に、ヘブライ語を読める人はおりますか。」

邱天生のこの質問に、ユダヤ人住民はこう答えた。

「昔は読める人が何人かいたけれど、今は皆方々へ散って行ってしまい、ヘブライ語を読める人はもういません。[10]」

彼らによれば、ユダヤ人の間でもう割礼は行われなくなってしまっていたという。このことは、ラビばかりでなく、割礼を執行する「モヘール」や屠殺を行う「ショヘット」といった宗教的儀式の専門家たちがとうに存在しなくなっていたことを物語っていた。

数日後、二人のユダヤ系中国人が、邱天生と蔣榮基を彼らの宿に訪ねて来た。一人は趙金城《ちょうきんじょう》といい、今一人は趙文魁《ちょうぶんかい》といった。これが、先に述べた、大英図書館所蔵の肖像画のモデルとなった趙兄弟である。この二人がじつは遠来の客のためにシナゴーグの扉を開け、八冊のヘブライ語経典を売り渡したのである。[11]

一八五一年一月八日、二人の中国人キリスト教徒が五四日にわたる開封の旅から無事帰った時、上海の宣教師たちは開封からの大きな土産を手にすることが出来た。この旅の成果について、英国系聖公会主教ジョージ・スミスは、満足げに次のように書いている。

彼らが持ち帰った八冊は明らかにかなり古いもので、『旧約聖書』の何章かを含んでいる。これら八冊は薄い紙に書かれ、絹糸で綴じられ、ペルシア語と思われる外国語の符号が記されている。書字は鉄筆を使い、母音に点を付けた古代ヘブライ語の書式のように見受けられる。八冊のうち六冊は、モーセ五書の一定の量で区切られた各部分「パラショット」であり、残る二冊は祈禱書「スィドゥール」である。[12]

この第一回の開封の旅から数カ月後の一八五一年五月二〇日、同じ中国人キリスト教徒二人が再び開封へ派遣され、同年六月二〇日に上海に戻って来ている。彼らはこの二回目の旅で前回よりももっと多くの資料を入手し、そのうえ開封のあの二人のユダヤ人兄弟を連れて帰って来た。上海に到着後間もなく描かれたらしい二人の肖像画（図27）のうち、左が弟の趙文魁、右が兄の趙金城である。[13] スミスの報告によれば、両者とも「割礼」を受けていたが、「アブラハムの契約」と結び付いたその宗教的な意味を知らないまま、それでも「ミラ（＝割礼）」というヘブライ語だけは使っていたという。[14] 北宋以来の長い開封ユダヤ人の伝統が音を立てて崩れてゆく出来事の一つだが、この時趙兄弟は四〇冊もの小さなヘブライ語の古文書、一〇指に余る祈禱書、過越しの祭り用の二冊のハガダ、そして一五世紀初頭から一七世紀末までの開封のユダヤ人共同体「ケヒラ」の歴史を記した貴重な年代記を携えて来ていた。[15] その後の二人について言えば、兄の趙金城は上海に短期間滞在しただけで間もなく開封に帰り、弟の趙文魁は「教師」になって上海に永住する道を選び、死後ユダヤ人共同墓地に葬られた。[16]

そして趙兄弟が開封を後にしてから一五年後の一八六六年、シナゴーグはもう影も形もなくなっていた。一八五一年から一八六六年までの間に、何が起こったのだろうか。政治・経済上の平等主義を掲げ、偶像破壊運動を進めた洪秀全《こうしゅうぜん》の指導による太平天国の乱（一八五一―一八六四年）が、このシナゴーグの崩壊に拍車をかけたのだろうか。確かに、太平軍が開封を通過した一八五七年、[17] ユダヤ人は多数の住民とともに他の都市へ逃散《ちょうさん》したが、それから三年後の一八六〇年開封を襲った黄河の大洪水がシナゴーグの壊滅を決定的なものにしたのである。そしてこの一八六〇年という年号が、実際開封シナゴーグの最後の年になったと言えるかもしれない。

このような開封シナゴーグの完全な崩壊の跡を自分の目で見た欧米人がいる。その人物は北京で義和団[18]の攻撃を受けた時のものものしい「戦闘服」をまとい、鉄砲をまだしっかり胸に抱えた姿で、一九〇〇年一〇月ニューヨークに到着した[19]（図28）。W・A・P・マーチンというこの人物はじつは米国のプロテスタント宣教師で、ゴザニとゴービル神父以来初めて開封のユダヤ人共同体を訪れた欧米人であった。

図28　1900年10月ニューヨークに到着した宣教師マーチン（マイケル・ポラック『役人、ユダヤ人そして宣教師たち』より）

一八六六年二月一七日に開封のユダヤ人共同体を訪ねたマーチンの報告[20]を要約すれば、シナゴーグはもはや存在してはいないということである。そのだだっ広い敷地内に彼が認めたのは、一四八九年の石碑（その裏に一五一二年の碑文が篆刻されている）だけであった。生活のために石材や梁まで売らなければならないほど赤貧に悩むユダヤ人の状況を、マーチンは次のように報告している。

共同体を構成している七氏族のうち六氏族の人たちと会いました。恥ずかしそうに、しかし悲しそうな表情で彼らは、聖なる美しいシナゴーグを自分たちの手で破壊してしまい、それを修理する金もないと告白しました。彼らは神聖な言葉についての知識を完全に失っており、こうして父祖の伝統がもはや伝えられることはなく、儀式での礼拝も行われなくなっておりました。[21]

先祖から受け継いだものを売り食いしている開封のユダヤ人のこのような悲惨な状態を目の当たりにして、若い宣教師は胸の張り裂ける思いがしたであろう。それでもマーチンは、ユダヤ系中国人の現状に鋭く迫って次のように続けている。

私が会った最初の男は、両替商でした。その他の者たちの職業は果物屋やお菓子屋であったり、古着屋であったりですが、中には軍隊で働いている者もおります。（中略）彼らは当地のユダヤ人の数を、正確ではありませんが、三〇〇人から四〇〇人くらいと見積もっておりました。彼らはもはや家系図を辿ることも出来なければ、戸籍簿を付けることもなく、また一つの共同体としての集会に出席する機会もすっかりなくしておりました。（中略）金箔文字で「一賜樂業《イスラエル》」と記して、かつてシナゴーグの入口を飾っていた銘板も、イスラム教徒の寺院に売り払われておりました。（中略）私の所に来たユダヤ人の一人に、三〇年か四〇年前甘粛《かんしゅく》で亡くなった最後のラビの息子がおりました。このラビの死とともに、神聖な言葉の知識を伝えてきたユダヤ人の最後の名残が消え去ってしまったのです。彼らはまだモーセ五書と預言書を保存してはおりますが、彼らの中にヘブライ語を読める者はおりません。それほど前のことではありませんが、彼らは先祖の言葉が解る流浪のユダヤ人の目にとまるかもしれないと思い、自分たちの所にあった羊皮紙を市場に持って行き、広げて見せているということです。[22]

このように、一八六六年の時点ですでに、開封のユダヤ人の「最後の名残」が消え去っていたのである。だが、かつてシナゴーグが建っていた場所へ案内してもらったマーチンは、そこにまだ、一一六三年のシナゴーグ建立を記念する一四八九年の石碑が立っているのを見た。いや、ただ見ただけではない。彼は、この石碑こそ「宗教史の最も貴重な記念碑の一つとして見られるに値するものなのだ[23]」と思ったのである。このように気息奄々たる状態にあった開封のユダヤ人の「教《ジアオ》」は、その後どのような運命を辿ったのだろうか。

開封のユダヤ人共同体「ケヒラ」を襲った「教《ジャオ》」の大規模な退潮を食い止めようとすれば、どうしても外の社会のユダヤ人同胞に全面的に援助してもらう必要があった。確かに時代は、そうした救済活動を可能にするような趨勢にあった。というのも、一九世紀半ばの中国は、とりわけ阿片戦争の敗北によって外国の商人や会社に門戸を開放せざるを得なくなっていたからである。その結果として一九世紀後半にはユダヤ人共同体が大海港・上海に生まれたが、その基盤をなしていたのは、イラン、イラクそしてエジプトなどから移住して来たセファルディー系のユダヤ人であった。しかし当時まだ彼らの間に、開封のユダヤ人の運命がまさに風前の灯火《ともしび》であることを少しでも意識する者はいなかった。こうして、上海在住のユダヤ人が外の世界から完全に孤立してしまった開封のユダヤ人同胞に接触しようと努力するまでには、長い時間がかかったのである。

一九〇〇年の初め、ティモシー・リチャードという人物から一通の手紙が、上海在住の商人S・J・ソロモンの許に届いた。手紙には、ミラノ出身のイエズス会士の一団と開封に滞在していたことのあるローマ・カトリック教会のヴォロンテリー師が最近トーラーの巻物一つとその他いくつかの古文書を開封のユダヤ人から買い受け、それらを上海近郊シッカウエイのカトリック協会に送ったという驚くべき事実が記されていた。上海ユダヤ人の委員の一人が早速そのカトリック協会を訪れて、ヴォロンテリー師が入手した経典類を調べてみた。その時、ユダヤ教徒としての意識と誇りを傷つけられて、彼はしばらく呆然としていた。やがて、開封のケヒラを襲ったこの無残な退潮をなんとか食い止めるためには早急に、かつ徹底的に行動を起こさなくてはならない、そして開封のケヒラ救済に取り組むことこそ上海ユダヤ人の責任なのだという思いが、彼のうちに目覚めてきた。(24)

確かにユダヤ人は、世界の数えきれない少数民族の中でもその最たるものである。しかも、無数の小さな集団となって、世界各地に散らばって住んでいるのである。ユダヤ民族の国家なるものがないので、一つの共同体が崩壊の危機に瀕した時には、他の共同体が同胞を見捨てず、しばしばこれに精神的・経済的な救援の手を差し延べて、互いにユダヤ教復興のために力を尽くしてきたのである。それにもかかわらず、開封のユダヤ人共同体はそうしたユダヤ人本来の精神から逸脱して、自らの手でシナゴーグを破壊し、経典類を異教徒たちに売り払っているのだ。異教徒による迫害などのためやむを得ず他の土地に移ってゆかざるを得ないことがあるとしても、その新しい場所でまたシナゴーグを作り、共同体を築くことこそ、ユダヤ人の真の伝統ではないか。

この失われたユダヤ人独自の伝統を甦らせるために、S・J・ソロモンとデイヴィッド・アブラハムを代表として四四人の上海ユダヤ人が、一九〇〇年三月一三日付開封のユダヤ人共同体宛のヘブライ語の手紙を、それに中国語訳を付け、それぞれ署名して開封に送った。それは、昔からのユダヤ人の伝統から外れてしまった開封のケヒラを叱責すると同時に、上海ユダヤ人がいつでも援助する用意がある旨を約束する内容になっていた。

あなた方は何もかも忘れてしまったのですね。三、四カ月前にはモーセ五書の巻物を一つ売り払ってしまうところまで行ってしまったのですから。私たちは、それらがイスラエルの子孫でも何でもない人の手に渡っているのをこの目で見たのです。さらに私たちが聞いたところでは、あなた方は巻物をさらに三つか四つ処分しようとしているそうですね〔この時点で開封にはトーラーの巻物はなかったので、この指摘は誤りである〕。そしてあなた方は、生活がひどく苦しいうえに、自分たちも子供たちも読むことが出来ないものだからと言い訳をしているのです。

自分たちのアイデンティティを放棄してしまったことへの叱責は次第に憂慮の念に変わり、最後に援助の約束へと繋がってゆく。

ところで、あなた方が苦難と困窮によってこのような危機に追い詰められてゆき、シャバットも祭礼も忘れ、周りの異教徒たちと混じり合って、神との聖約と、今住んでいる国の中で御先祖が二千年間歩み続けてきた道を放棄してしまうという、こうした悪い便りを耳にして、私たちは本当に悲しみと心配で胸の張り裂ける思いがしました。このような便りに接して、私たちの皆が皆耳をおおいたくなるような気持ちでした。（中略）そこで私たちは奮起して、あなた方を救済しようと思うに至ったのです。今私たちは、あなた方が御先祖の足取りでまた歩き出すことが出来るように、私たちの力でなんとか援助したいと望んでいることをお伝えします。あなた方が、今や荒廃が進んで何もないシナゴーグを再建したいと思っておられるならば、お金を集めてお送りしましょう。もしあなた方が教えを授けてくれるラビをお望みならば、一人派遣したいと思います。もしあなた方がこちらに来て、上海に住みたいのであれば、そのため力になる所存ですし、また商いで生計を立てられる機会を提供したいとも思っております[25]。

この手紙は、開封のユダヤ人にとって今何が必要であるかを聞きたいので、自分たちの所へ代表を二、三人送って欲しいという言葉で結ばれていた。

ところで、このような開封のユダヤ人救済運動が起こった頃の上海は、どのような状況にあったのだろうか。その特異な状況を理解するためには、なによりもまず一九世紀中頃の上海の歴史に目を向けておく必要がある。その頃国際貿易都市・上海の相貌を根底から変えたのは、阿片戦争であった。これは、阿片の輸入を禁止する清朝に対してイギリスが仕掛けた侵略戦争で、一八四〇年に勃発し、一八四二年に終結した。その結果として上海は、戦勝国イギリスとの間に締結された南京条約により一八四三年開港された。ついで一八四五年に第一次土地章程《しょうてい》が告示され、外国人は居住貿易権と家屋建造権を獲得し、これにより自治的行政権を行使出来る地域、いわゆる「租界」がつくられた。一八四五年最初にイギリス租界が、ついで一八四八年虹口《ホンキュウ》一帯にアメリカ租界が成立し、一八六三年には両者が合併して共同租界が出来た。サッスーン一族に代表されるスペイン系ユダヤ人「セファルディー」は阿片戦争後の一九世紀後半に上海へ移住して来て持ち前の商才を発揮しだし、最も活動的な商業金融グループを作り上げていった。

このような外国人の進出を可能にした上海開港から五十六、七年経った頃、すなわち一八九九年から一九〇〇年にかけて、義和団事件という名で知られる、列強の進出に抗する中国民衆の排外運動が華北一帯に波及した。中国ではこうした政情不安が高まっていたが、一九世紀後半のロシアではアレクサンドル二世が一八八一年に暗殺され、アレクサンドル三世が即位してから状況は急変した。[26] すなわちこの時から翌年にかけて、ロシアはポグロム（ロシア語で「破壊」を意味する動詞 Pogromit に由来する）頻発の場と化し、あらゆる都市でユダヤ人が狂信的な群集に殺され、その財産が破壊される事態となった。一八八四年にいったん止んだこのポグロムの波はそれからおよそ二〇年後の一九〇三年一〇月に、もっと大規模な形で勃発したのである。[27] ロシアでのこうしたポグロムを逃れて、東欧ユダヤ人「アシュケナージ」がシベリアやハルビン経由で自由な海港・上海に押し寄せて来るという状況の中で、その頃ようやく緒に就いたあの開封のユダヤ人救済運動はどのような影響を受けることになるのであろうか。

上海ユダヤ人の一九〇〇年三月一三日付の手紙は、義和団に奪われてしまったが、数カ月後に二通のうちの一通が無事開封のユダヤ人共同体に届いた。この思いがけない知らせを受けた開封のユダヤ人は早速、レヴィ家の血筋を引く粉商人リー・チンシェンを上海に派遣することを決め、「開封のユダヤ人は上海からの申し出に興味があります」との返事を送ったのである。さらに何度か手紙のやりとりをした後、リー・チンシェンが一二歳の息子とともに一九〇一年四月六日上海に到着した。二人は、上海ユダヤ人共同体において当時最もよく知られた指導者の一人デイヴィッド・アブラハムと彼の仲間たちに温かく迎えられた。上海に着いた時五二歳だったリー・チンシェンは、開封のケヒラの現状についてこう語った。

開封のユダヤ人口は成人で一四〇人です。ユダヤ人街の人たちはもう肉から筋を除去したり、シャバットや祭りを行ったり、男児に割礼を施したりすることはしておりませんが、偶像崇拝はしておりませんし、今でも豚肉を口にしてはおりません(28)。

彼らは三週間滞在しただけで開封に戻ると、共同体の同胞たちに上海ユダヤ人の意向を詳しく説明した。そのことを受けて開封のユダヤ人は、シナゴーグ再建とケヒラ復興計画について協議した。しかし、このような復興計画は何一つ実現しなかったのである。というのも、上海の共同体は経済

図29　1902年のリー・チンシェンとその息子リー・ツンマイ（ドナルド・レスリー『中国系ユダヤ人の生存』より）

的援助を約束していたにもかかわらず、実際はほとんどその約束を果たすことはなかったし、またそうした外からの援助がなければ開封のユダヤ人は全く無力だったからである。

一九〇二年三月一〇日にリー親子（図29）は再び上海に戻って来たが、その時彼らは六人の男たちと一緒だった。上海の「中国系ユダヤ人救済協会」（the Society for the Rescue of the Chinese Jews）は熱心に開封のユダヤ人に援助の手を差し延べようとして英国のユダヤ人協会に救援の呼びかけをしたが、シナゴーグ再建の資金を十分集めるには至らなかった。じつはこの時、英国を中心とした世界のユダヤ人の関心は別のところにあった。ちょうどその頃、ロシアにおけるユダヤ人の危機的状況と、ロシアからの避難民救援という差し迫った問題が浮上していたからである。英国のユダヤ人共同体はこうした難民救済に追われて、上海からの呼びかけに応ずることが出来なかったのである。

上海の「中国系ユダヤ人救済協会」がもはや開封のケヒラ復興のためになんら具体的な手を打つことが出来ないことが分かり、リー親子と一緒に上海にやって来たユダヤ人六人は失望して、僅か三カ月滞在しただけで故郷に帰って行った[29]。

上海に残ったのは、リー親子だけであった。リー・チンシェンは一九〇三年に病死し、上海のユダヤ人共同墓地に葬られた。この時一五歳だった息子のリー・ツンマイは、デイヴィッド・アブラハムに育てられていた。彼は割礼を施され、ヘブライ語名シュムエル（Shmuel）を授けられて、上海のユダヤ人学校へ通った。後年彼はアブラハム商会に店員として雇われたが、成人してからはユダヤ教の習慣にもユダヤ人の祭りにもさほど関心を示すことはなかったという[30]。

リー・ツンマイが二〇歳になった時、彼は郷里の女性と結婚するという中国人の習慣に従い、結婚相手を探すため開封に帰省した。花嫁を伴い上海に戻ってから間もなく、彼は宝くじで一等に当たったが、この思いがけない賞金は彼のその後の生活に大いに役立ったようだ[31]。リー・ツンマイは三男一女を儲けたが、成人したのは長男だけで、他の子供たちは皆幼少のうちに亡くなり、上海のユダヤ人墓地に葬られた。その後もリー・ツンマイは上海にとどまって、激動の中国現代の歴史を生き続けたのである。

一九三七年には上海が日本軍に占領され、それから二年後の一九三九年には第二次世界大戦が勃発、ナチスの迫害を逃れて大量のユダヤ人難民が上海に流れ込んで来た。第二次世界大戦が終わり、日本が無条件降伏した一九四五年、上海のユダヤ人は再び安住の地を求めてアメリカ合衆国やオーストラリアなどへ亡命していった時も、リー・ツンマイの心は開封に向けられていた。というのも、一二歳の時以来彼はずっと上海に住んでいたが、北宋以来のユダヤ系中国人の故郷が彼自身のアイデンティティといまだ強く結びついていたからである。だからリー・ツンマイは戦後すぐ妻と長男を連れて、四四年前父親とともに後にした開封に戻り、宝くじの賞金で購入しておいた旧シナゴーグ近くの土地に家を建てて住んだ。そして彼は一九四八年に亡くなり、開封の李一族の墓地に葬られたのである。(32)

一九〇四年から五年にかけて日本が朝鮮・満州に対する支配をめぐってロシアと戦った日露戦争と、ロシアにおいて帝政を倒し初の社会主義国家を成立させた、一九〇五年から一七年にかけての革命の時期は、新しいポグロムの波が起こった年月でもあった。ロシアでの革命運動は迫害されてきた少数者であるユダヤ人を解放するものではなく、ユダヤ人に新たな苦難の始まりを告げるものになった。(33) かくしてロシア革命のこの時もボーダーレス都市・上海に白露系ユダヤ人が大量に流れ込んで来たが、その大部分は共同租界やフランス租界に住みついた。日露戦争時からほぼ二〇年間、開封のユダヤ人に対する上海ユダヤ人の関係は疎遠になってゆく。しかし、その間欧米人の開封ユダヤ人に対する関心は高まりを見せ始めるが、その一例としてジョー・マイ監督のドイツ映画『世界の女主人』（一九二〇年）の製作があげられる。

一部中国を舞台としているこの映画のハイライトは、中国内陸の冒険旅行に挑む主人公たちが賢明な「開封府のラビ」によって統率されたある小さなユダヤ人共同体に出会う場面である。当時の観客たちの中には、このような中国古都のユダヤ人共同体のラビという設定は、映画製作者の自由な想像力によるものと思う人が圧倒的に多かったであろう。[34] しかし、二〇世紀初頭の上海ユダヤ人の間ではもちろん開封のユダヤ人共同体の存在は周知の事実であり、そこを情報源として映画『世界の女主人』が製作されたことは確実であろう（図30）。

上海の「中国系ユダヤ人救済協会」は、一九二四年に上海のオーヘル・ラケル・シナゴーグの堂守りだった中国名ウオン（ヘブライ語名ダヴィッド・レヴィ）を代表として開封へ派遣した。その調査からは、開封府に今や九九人のユダヤ人しか残っておらず、裕福なのは数家族だけで、あとは皆ひどく貧しい暮らしをしているということが明らかにされただけだった。[35]

図30　1920年代から1930年代にベティー・バーンによって描かれた「中国系ユダヤ人」の肖像画
（『黄報』1939年５月号より）

上海と開封が疎遠になっている間、欧米人と開封のユダヤ人共同体交流史の中で最も重要な人物が登場する。カナダの英国系聖公会主教ウィリアム・チャールズ・ホワイトである。一八七三年に英国に生まれ、カナダで育ったホワイトは、一八九六年に聖職に就き、その翌年開封のユダヤ人を初めて訪問した。一九〇九年に河南省の英国系聖公会初代主教に任じられた彼は、開封の英国系聖公会宣教団の運営を一九一〇年の設立時から一九三三年の退職時まで続けた。一九一〇年以来長年にわたって開封のユダヤ人に直接接触したホワイトは、その成果をまとめて一九四二年に三巻から成る著書『中国のユダヤ人』を上梓した。この書物は、開封のユダヤ人共同体の歴史と生活状況に関して最も豊富な情報を提供してくれる文献としての価値を今日でも持ち続けている(36)。

ホワイトの在任中最大の問題の一つは、破壊されたシナゴーグの敷地内にまだ残っていた一四八九年の石碑（その裏に一五一二年の碑文が篆刻されている）のことであった（図31）。一九一二年にカナダの英国系聖公会宣教団は、この石碑を大聖堂の敷地内に移転させたが、この時、気息奄々たる開封のユダヤ人共同体七氏族の家長たちが契約書に署名した。だが、この石碑移転によって共同体内で騒動が起こったが、それは石碑を返還するように要求して欲しいという地方当局の要請に応じなかった同共同体の指導者、趙允中《ちょういんちゅう》（二一〇頁図32の写真）の監禁という事態を招くほどの深刻な問題であった。一九一三年に折衷案が提出され（それによって趙允中は釈放された）、当の石碑を河南省から外へ運び出さないこと、またシナゴーグ再建の時には返還されることという条件で、石碑は売却された。そのうえ、一九一四年に至って、宋以来ユダヤ人が持っていたシナゴーグ敷地の所有権も、英国系聖公会宣教団に譲渡されてしまったのである(37)。

欧米人訪問者の中で開封のユダヤ人に接触して最も詳しくかつ説得力のある報告書を残したのは、ユダヤ系アメリカ人デイヴィッド・ブラウンである。一九三二年一一月ホワイトと一緒に開封のユ

図31　澱んだ池と化しているシナゴーグ跡地に立つ1489年・1512年の石碑
（ホワイト『中国のユダヤ人』より）

ダヤ人共同体を訪れた彼は、報告書の中で次のように書いている。

私があなた方の現在の職業は何ですかと尋ねると、艾氏は画家、張氏は大工、李氏は郵便局員、趙氏は小さな喫茶店にしてお菓子屋の経営者で、石夫人の亡くなった夫は教師だったと答えた(38)。

これらの中国系ユダヤ人は、今や言葉も顔も職業も周りの漢民族と全く変わらないのである。しかし、彼らを取り囲む中国人との「違い」について、ブラウンは次のように記している。

彼らは、自分たちがユダヤ人であることを知っておりながら、ユダヤ教については何も知らないのだ。彼らは、自分たちが中国人であり、完全に同化してしまっているということをはっきり理解しておりながらも、開封の他の中国人とは違った古代民族の血を引いているのだという認識で今なお誇りを持ち続けている。(39)

ブラウンは開封のユダヤ人に尋ねた。
「あなた方の欲しいものは何ですか。」
この問いに次のように答えた艾氏の言葉を、ブラウンは生涯忘れることが出来なかったであろう。

私たちには子供たちのための学校が必要なのです。それは、自分たちが何者なのか、またどのような点で自分たちが他の中国人とは違っているかを、子供たちに知ってもらうためです。私たちは、自分たちがユダヤ人であり、私たちの先祖が数百年前ここにやって来たことも、そして昔はシナゴーグがあり、ラビがいたことも知っております。でも、私たちはそれらを全部失ってしまったのです。子供たちが将来、その血を引いている昔の先祖たちの足取りで歩むことが出来るかどうか心配なのです。(40)

ブラウンは開封のユダヤ人の末裔のためにそのような学校を作るために直接手を貸すことは出来なかったが、それでも今や英国系聖公会の所有になっている石碑の前にしばし立ち止まって、その類いない宗教史上の価値を胸に深く刻みつけたのであった[41]。

また一九三〇年代の開封ユダヤ人に関するレポートとしては、ヴァルター・フックスの「開封府の中国系ユダヤ人」（一九三七年）が注目に値する。このレポートは、「一九世紀の終わり頃、開封府の中国系ユダヤ人は歴史の閉じられた一章に属していた[42]」という文章で始まり、「一九一四年、権利書の所有者たちは開封府のカナダの英国系聖公会宣教団に、昔から受け継いできたシナゴーグの敷地を売却してしまった[43]」という文章で終わっている。

フックスがこのレポートを書いた時、日中戦争が長期化する中で、開封もまさに戦禍にまき込まれようとしていた。

じつは一九三八年六月六日、日本軍が徐州攻略に続いて阿南省開封を爆撃し占領したのである。それから七年間、同盟国ナチス・ドイツからの要請で、日本軍の諜報機関が中国市民だけでなく、中国に住むあらゆるユダヤ人の動向を探っていた。世界中のユダヤ人を「どうしても排撃粉砕しなくてはならぬ悪魔的な、ヒュドラの頭を持った、強力な国際的陰謀団の一部[44]」として見るナチスの反ユダヤ宣伝がすでに日本でも広くゆきわたっていた時代である。したがって、このような反ユダヤ主義の影響を受けた日本軍は、今なおユダヤ教を信じている者が住んでいる開封を、とりわけ厳重に警戒すべき都市と見なしていた。

かくて二人の日本人が、一九四〇年の秋開封に派遣された。一人は東北帝大教授曾我部静雄、今一人は本願寺留学生として北京に滞在中の三上諦聴であった。曾我部の報告書「開封の猶太人」は一九四一年二月一五日、『外交時報』（東京）に、また三上の報告書「開封猶太教徒の現狀報告」は一九四一年六月二五日、『支那佛教史學』（京都）に発表された。

曾我部は、開封のユダヤ人口について次のように書いている。

西紀一八六六年にマーチン氏が調査した頃には、その人口数は約四百にも達してゐたと云ふ。しかし今では約百八十名程で、而もその中で約百名程は上海などの大都會に出でて商業に従事し、現在開封に残ってゐるものは、約八十名程である。(45)

これに対して三上は、二〇年来開封ユダヤ人の会長をしている趙允中（七五歳）が語ったこととして、次のように書いている。

開封を中心とした猶太教總徒員数は百内外と考へてよいであらう。(46)

二人の開封のユダヤ人に対する見方は、次の曾我部の文章に最もよく表われている。

彼等開封猶太人の間に、最近遺蹟保存の運動が起りつゝあるが、世界的に見て珍稀なこれ等の遺蹟遺物は、あくまでも保存したいと共に、益々近時哀れなる境遇に沈淪して人口の減少を来してゐる彼等にも保護を加へて、生きた歴史の標本をいつまでも保存し置きたきものである。(47)

このように両者の開封ユダヤ人レポートには、ナチス・ドイツの宣伝を受け売りした日本の反ユダヤ主義的な言葉は一切含まれていないのである。しかしこの時、開封のユダヤ人に特別な関心を持っていた日本のある反ユダヤ主義者が、もちろん右の両者とは全く異なる見解を日本中に広く喧伝しようとしていた。退役陸軍中将四王天延孝《しおうてんのぶたか》（藤原信孝、一八七九―一九六二年）である。四王天延孝は、一九四一年七月に内外書房から発行された著書『ユダヤ思想及運動』の中で、開封ユダヤ人の歴史を「附録第一　支那猶太の悲劇」と題して取り上げている。それは、次の文章から始まっている。

不可思議な猶太の歴史は素ばらしい何章かを持って居るが、支那猶太の歴史の如く興味あるものは稀である。ウォルター、フックス氏は指摘した。之は世界歴史の中で最も奇妙なものの一つであって、英國の中にインカス二千年来の殖民地があり、諾威の中にアラビアの殖民地があるよりも驚くべきことである。(48)

これに「支那猶太の起源」について詳しい説明が続いた後、次の文章において、「開封」の名が初めて出てくる。

チャオ、チン、チャオ〔挑筋教〕は支那帝國内の多数の都市に猶太寺院を持って居たが、吾々は唯河南の開封府の禮拝堂丈に就て充分な情報を有する計りである(49)。

その後、一六〇五年のマッテオ・リッチと艾田の歴史的な出会いから始まるイエズス会宣教師と開封ユダヤ人交流史や、さらに一八四三年から登場し始める欧米人についての説明が続いている。そして二〇世紀の開封ユダヤ人に関する記事の終わり近くに、「英国基督教会の僧正」ホワイトが登場してくる。

千九百十二年十二月、開封の猶太種族の残存者中の長老は、英國基督教会の僧正に猶太寺院跡の石を渡して仕舞った。但し他日寺院を再建する事があったならば帰へして貰う條件を附けてある。其の後一年経つと、その唯一の條件諸共綺麗に売却されて終った(50)。

ここで「石」と呼ばれているのは、もちろん一四八九年と一五一二年の「石碑」のことである。

開封のユダヤ人が自分たちに残された最後の「石」までも他の宗教団体に売却してしまわなくてはならなかったことが、文字通り「支那猶太の悲劇」であったが、この論考は次のような言葉で結ばれている。

千九百十四年、猶太寺院事業をカナダ基督教会に賣って唯ユダヤ種族とか組合と云ふ事で生活して居った、處が千九百二十四年救済委員会が再組織され、開封猶太救済に就て情報は沢山集めて見たが、事業としては殆どやらなかった、多数の猶太人は終に開封を去って、上海又は他の支那大都市に移住した。

現在の日支戦争に於ては大洪水と日本軍の爆弾とで、恐るべき苦難を嘗めた。都市は今や日本の支配下にある。猶太主義の最後の名残が戦争の終りまで持つか、どうかは疑問と言はざるを得ない。(51)

以上のような論文「支那猶太の悲劇」が反ユダヤ主義的な色合いを帯びていないどころか、「支那猶太の歴史」を出来る限り正確に辿ろうとしているのは、これが一九四一年二月に発行されたアメリカのユダヤ雑誌『オピニオン』に掲載された論文の翻訳だからである。このような論文を翻訳した四王天延孝とは、しかしいかなる人物だったのか。また彼はいかなる目的で、このような翻訳を自著に「附録第一」として掲載したのだろうか。

日本で最も有名な反ユダヤ主義宣伝家のひとり四王天延孝がユダヤ人に関心を持つようになったきっかけは、第一次世界大戦下にフランス軍に従軍していた時、アンドレ・スピールの著書『ユダヤ人と大戦』を読んで影響を受けたことだったという。以来彼は、フランス、ドイツ、ロシア、イギリス、アメリカなどの数百点にのぼる反ユダヤ主義文献を渉猟した[52]。そして日本が一層軍国主義に傾いてゆく一九二〇年代の社会状況の中ですでに、天皇制擁護と反ユダヤ主義運動を結びつける発言を行っていた。正義正道の護持者たる天皇を、世界制覇を狙うユダヤ人から守ろうという主張である。ナチスのプロパガンダから大きな影響を受けていた四王天は、それゆえ一九三七年七月にナチス・ドイツを訪問し、ナチの機関紙『デア・シュトゥルマー』の発行者で、過激な反ユダヤ的著述家ユーリウス・シュトライヒャーと知り合いになって、さらに多くの反ユダヤ主義の情報と資料を精力的に蒐集した[53]。それらは全て、四王天自身が日本語に翻訳し、「世界制覇を狙うユダヤ人の計画」について日本人を啓蒙するのに役立てようとするためのものであった。

こうした一連の反ユダヤ主義的な言動によって陸軍中将から戦時中最も人気のある政治家になっていった四王天は、『オピニオン』誌の論考に続けて、次のように排外的ナショナリズムの観点から書いている。

英、米、佛の諸國が猶太化したのは猶太人が其等の國々に外國人として居住して居たのではなく、英國猶太、米國猶太、佛國猶太、否英米、佛人と成りすまして、内部から猶太主義を鼓吹したからである。若し千百年代に遡りマルコ・ポーロの時代から続いた猶太人の子孫が、猶太人であり支那人であって、盛に猶太主義の為に運動したならば世界の猶太の為には一層有利であるに相違ない。開封の猶太民団の壊滅は東洋は東洋人の東洋である立前を以て、新秩序の建設をする為には誠に仕合せであったと思ふ[54]（傍点―四天王延孝）。

「東洋は東洋人の東洋である立前を以て」と主張する四王天はこの時、「終に開封を去って上海」などへ移住した「多数の猶太人」の動向に注目していた。一九三三年から一九四一年にかけて、三万人以上のユダヤ人難民がヨーロッパから上海に流れ込み、共同租界やフランス租界から生活費の安い日本海軍警備地区虹口《ホンキュウ》の楊樹浦《ヤンジッポ》へ移り住むようになってきていた。

上海におけるこのようなユダヤ人難民問題に対処しようとしたのが、反ユダヤ主義ナショナリストの海軍大佐犬塚惟重《いぬづかこれしげ》であった。ヨーロッパから追放されたユダヤ人は東アジアに住む以外に道はないと考えた犬塚は、陸軍大佐の安江仙弘《やすえのりひろ》とともに、一九三九年七月、「最低三万人のユダヤ人難民を収容する居留地を満州あるいは中国に設置すべし」という提案をしていた[55]。当時の国政にも大きな力を持っていた四王天延孝は、彼の洞察からすれば「すでにユダヤ人の策略にほかならない」犬塚らのこうした提案につねに警告を発していた。その立場から彼は、「支那猶太の悲劇」の中で次のように述べている。

又満州國其他へ猶太難民を歓迎する論者に注意したきは、開封猶太の同化を見て、之から先きも同化すべきものと思ひ、之を先例に取るなら一大錯誤に陥り國策を誤ることである。開封時代の交通の不便と、今日の集散離合に便にして、無線通信の交信すら容易なる時代とは同日の論にあらず、開封猶太の同化せることは、世界に類例なきことであるから、オピニオン誌も最初から〝奇異なる歴史〟と書き起し、〝世界史の最も奇異な一章〟と云ふことを断ってかゝって居るのである。浅薄なる研究を以て結論を立てることの危険は、猶太問題に於て特に然るを覚ゆるのである(56)(傍点──四天王延孝)。

中国にユダヤ人居留地をもうけるという犬塚らの案は、ユダヤ人と特別な交渉はしないと決めていた政府の方針に合わなかったので政策に取り入れられることなく終わった。一方、四王天延孝にとって、「開封猶太の同化」とは結局「開封の猶太民団の壊滅」にほかならなかった。そして、日本軍による開封ユダヤ人の追跡も、彼らの完全な「同化」と結論づけられて、これ以上進むことなく終わったのである。

以上、一九世紀半ばから二〇世紀半ばに至るまでのおよそ一〇〇年にわたる開封のユダヤ人共同体の崩壊過程を辿ってきたが、その中で開封におけるユダヤ教の「文明の化石の断片」まで跡形もなく消え去ってしまったと言えるだろうか。四王天延孝は、大東亜共栄という日本帝国の「新秩序」確立のため「開封の猶太民団の壊滅」を宣言したが、彼にとって、「猶太主義の最後の名残」

であるあの「石」の行方はどうでもよかったのである。『オピニオン』誌の筆者は、開封におけるユダヤ教の最後の遺跡が「戦争の終りまで持つか、どうかは疑問と言はざるを得ない」と言っていた。

このような危機的状況にあった「石」の行方に私はずっと関心を持ち続けていたが、ある時ふと『黄報』(*Gelbe Post*)という雑誌の記事が目に止まった。これは、一九三〇年代末の上海でオーストリアからの亡命者アルバート・ヨーゼフ・シュトルファーによって発行されていた半月刊の雑誌である。この『黄報』一九三九年五月号のエッセイ「開封府のユダヤ人」には、あの「石」の運命が次のように記されていたのである。

かつては今よりもはるかに人口の多かったこの古都は、二年前理不尽な戦争が始まる前の人口は二五万人で、そのおよそ一〇分の一がイスラム教徒だった。その古都が、今や日本軍に占領された地域の一つなのだ。昨年軍事行動が進行する中で、この町を黄河から守るはずの堤防が切られ、数千年来幾度となくそうした災害に見舞われてきた古都は、またもやひどい洪水に襲われた。日本軍は開封府へ進駐する際爆弾を投下したが、この爆弾で特に英国系聖公会の教会はほぼ全壊した。しかし、ハリスン・フォーアマンの報告によれば、同カテドラルから五〇ヤード(四五メートル)ほどしか離れていないところに立っていた全文漢字の「石碑」は無傷だったのである。一四八九年のこの石碑本文は、開封府のユダヤ人の歴史を語る最も重要な資料の一つである。(57)

このように「石」は結局「戦争の終りまで持った」のであり、それによって開封のユダヤ人の「教《ジャオ》」は奇跡のように「石」として生き続けたのである。戦後の石碑の歴史は不明だが、この石碑は中国におけるユダヤ教の最も重要な遺跡として現在、開封博物館三階の「犹太歴史陳列」室に大事に保管されている。

注

（1）Pollak, *Mandarins*, p.132.
（2）*Ibid.*, p.133.
（3）White I, p.79.
（4）*Ibid.*, p.86.
（5）フィリップ・レクリヴァン『イエズス会—世界宣教の旅』鈴木宣明監修、創元社、一九九六年、六六—六七頁。
（6）Leslie, *Survival*, p.54.
（7）*Ibid.*, p.56.
（8）Pollak, *Mandarins*, p.151.
（9）White I, p.106.

（10）*Ibid.*, p.107.
（11）*Ibid.*, pp.114–115.
（12）Pollak, *Mandarins*, p.155.
（13）White III, pp.156–157.
（14）Leslie, *Survival*, p.59.
（15）Pollak, *Mandarins*, p.159.
（16）*Ibid.*, p.161.
（17）Leslie, *Survival*, p.60. 太平天国とは、一八五一年洪秀全の指導の下に広西省で樹立された農村大衆の反清組織が、後に南京を占領して天京《てんけい》と改名し、首都とした国。キリスト教の影響を受け、政治・経済上の平等主義を掲げたが、曾国藩《そうこくはん》らの郷勇《きょうゆう》や英国の将校ゴードンを司令官とする常勝軍などの攻撃を受けて一八六四年に滅んだ。
（18）義和団事件。一八九九年から一九〇〇年にかけての、列強の進出に抗した中国民衆の排外運動。山東省で始まった義和団運動が華北一帯に爆発的に広がり、北京の列国大公使館区域を包囲攻撃するに及び、八カ国（日・英・米・露・独・仏・伊・墺）連合軍の出兵を招き、鎮圧された。
（19）Pollak, *Mandarins*, p.167.
（20）White I, pp.184–187.
（21）*Ibid.*, p.185.
（22）*Ibid.*, pp.186–187.

(23) *Ibid*., p.160.
(24) Pollak, *Mandarins*, pp.207–210.
(25) *Ibid*., pp.210–211.
(26) ウォルター・ラカー『ユダヤ人問題とシオニズムの歴史』高坂誠訳、第三書館、一九八七年、八七頁。
(27) ウォルター・ラカー前掲書、八八頁。
(28) Pollak, *Mandarins*, pp.211–212.
(29) *Ibid*., p.213.
(30) *Ibid*., p.213.
(31) Xu Xin, *Legends*, p.124.
(32) *Ibid*., p.125.
(33) ウォルター・ラカー前掲書、三九七―三九八頁。
(34) From A. J. Storfer's *Gelbe Post*, Shanghai, May 1939.
(35) Pollak, *Mandarins*, pp.226–227.
(36) *Ibid*., p.217.
(37) Leslie, *Survival*, p.69.
(38) White I, p.163.
(39) *Ibid*., p.157.

(40) *Ibid*., p.161.
(41) *Ibid*., p.160.
(42) *Ibid*., p.165.
(43) *Ibid*., p.169.
(44) Pollak, *Mandarins*, p.242.
(45) 曾我部静雄「開封の猶太人」、『外交時報』第八百六十九號（昭和十六年二月十五日）所収、六六頁。
(46) 三上諦聽「開封猶太教徒の現狀報告」、『支那佛教史學』第五号一（昭和十六年六月二十五日）所収、七六頁。
(47) 曾我部静雄、前掲書、六七頁。
(48) 四王天延孝『ユダヤ思想及運動』（覆刻本）、心交社、一九八七年、三七三頁（原版本は、一九四一年に内外書房から刊行された）。
(49) 四王天延孝、前掲書、三七七頁。
(50) 四王天延孝、前掲書、三八二頁。
(51) 四王天延孝、前掲書、三八二頁。
(52) デイヴィッド・グッドマン／宮澤正典『ユダヤ人陰謀説』藤本和子訳、講談社、一九九九年、二〇一頁。
(53) Krebs, Gerhard, "Antisemitismus und Judenpolitik der Japaner", in : G.Armbrüster/M.Kohlstruck/S. Mühlberger（Hrsg.）, *Exil Shanghai 1938–1947*, Hentrich & Hentrich,Teetz, 2000, S.64.

（54）四王天延孝、前掲書、三八二―三八三頁。
（55）デイヴィッド・グッドマン／宮澤正典、前掲書、二〇八頁。
（56）四王天延孝、前掲書、三八三頁。
（57）From A. J.Storfer's *Gelbe Post*, Shanghai, May 1939.

第六章　開封のユダヤ人末裔の現状

一　一九四〇年の開封のユダヤ人共同体

一九三八年（昭和十三年）六月七日付の『東京朝日新聞』夕刊は、「皇軍雪崩を打ち突入――今暁・開封完全に占領」という一面大見出しで、「皇軍」遠山部隊の開封攻略を次のように報じている。

遠山部隊は（中略）（五日）午後八時半遂に東北角《かく》城壁を打崩し全軍雪崩を打って城内に突入陥落せしめた、開封城は黄河の河底より十呎も下にある平坦な平原上の都市であるため城壁の高さは十五、六メートルもあって北京城を遙かに凌ぐ広壮なものであり然もその周囲には幅十五メートル、深さ二メートル半の外濠があり歴史的な堅城であるが、遂に敵へなく崩壊した、遠山部隊は昨秋保定の會戦で京漢線上を南下して涿州城の一番乗をした勲功に輝く部隊で今再び開封攻略の一番乗りに成功し感激のうちに城壁上で高らかに萬歳を三唱した。

この時、開封攻略の「輝く戦果、敵の死體三千」の多きに達する、と報じられている。(1)

一方、アメリカのユダヤ雑誌『オピニオン』(一九四一年二月号)掲載の論考「支那猶太の悲劇」の筆者も、この時のことを、「開封は大洪水と日本軍の爆弾とで、恐るべき苦難を嘗めた」(2)と書いている。一九三八年から七年間日本軍の監視下に置かれていた開封のユダヤ人は、この時代どのような状態にあったのだろうか。あるいは、相変わらず教経胡同に集まって細々と暮らしていたのだろうか。開封のユダヤ人末裔の現況について述べる前に、ここで日本軍によって占領されていた時代の開封のユダヤ人共同体の状況を一瞥しておこう。

すでに述べたように、一九四〇年秋、二人の日本人が開封へ派遣された。そのうちの一人、三上諦聴は翌一九四一年六月に、報告書「開封猶太教徒の現狀報告」を、『支那佛教史學』に発表している。その報告書は、一九三〇年代から四〇年代にかけて日本でも支配的だった反ユダヤ主義の影響を受けていない、きわめて客観的な記述であった。彼は、一九三八年六月の、日本軍による開封爆撃の際辛うじて難をのがれた、一四八九年の石碑とシナゴーグ跡地を実際に見て、ユダヤ人共同体「没落の姿」を次のように書いている。

現地猶太人の口碑に依れば、宋代七十姓の猶太人が開封に来たり、西洋布を以て進貢した。其の内六十二が帰国して八が残ったといふ。現在、残存帰化の趙・石・艾・金・李・高・張の七姓八家（内李姓は二家）の子孫が開封を中心に没落の姿を残してゐる。彼等の先祖が曾つて集合禮拝してゐた猶太寺の碑、即ち「重建清眞寺碑記」に依れば、南宋孝宗《こうそう》の隆興元年に彼等一賜樂業《イスラエル》教の寺院が建てられ、元の至元年間には重修も行はれたものである。而して八九十年前に破壊されて現在の寺地にはあとかたも無く、寺址の地域をば民國元年に至り英國系聖公會に賣渡し賣価七八百圓を七姓八家に分配したとのこと、併し現にみる今の經教胡同の寺址地域は五千坪位であり、その昔寺院は、緑の瓦でふかれた大殿を中心に百間位の房室を備へてゐたとのこと、教徒は日曜には洗澡沐浴して寺院に集り禮拝念經して酒煙草も手にせずと云ふ。經典には洋字と華字の両方があつて或る時日に晒してゐる内に強風に吹きとばされて無くなり、又家譜の如きも或る家（趙履中家）には有つたけれども、いつの間にか英人に持去られたと趙允中（七十五歳）古老が語つた所である。要するに此等の事情なり話などにより想像するに、元來彼等猶太教徒はその經濟生活に於て、現在の如くに慘めなものでなかったらしく、往年の經濟活動の程も偲ばれて來る。(3)

一四八九年の石碑が一九一二年に、また「寺址地域」が一九一四年に開封の英国系聖公会に売却されたことについては、第五章で詳述した通りである。「寺址地域」の売価「七八百圓」というの

図32　開封ユダヤ人共同体の会長趙允中（1919年、ホワイト『中国のユダヤ人』より）

は、三上諦聴が開封のユダヤ人共同体会長趙允中に直接インタビューして知り得たことである（図32）。こうして開封のユダヤ人は一九一〇年代に中国におけるユダヤ教の最後の遺跡と先祖伝来のシナゴーグの跡地を失ったばかりでなく、個々の家に残る最後の教典や家譜までも失ってしまったのである。経典は「日に晒してゐる内に強風に吹きとばされて無くなった」と趙允中は言うが、そんな単純なものではなかっただろう。しかし、それを一つの比喩として聞くなら、一九世紀半ば外国人が中国に入って来るようになって以来、経典類は実際二束三文で売り飛ばされ、開封のユダヤ人はその経済生活においても精神生活においても一層惨めなものになっていったのである。

開封のユダヤ人共同体は、もう一人のレポーター曾我部静雄が言うように、かつては「漢民族の真中に（浮かぶ）孤島」(4)のごときものだった。一〇〇〇人から二〇〇〇人くらいの規模で一千年近くもこの「孤島」に住んでいた彼らがその伝統を維持し続けてきたのは、それ自体驚嘆に値することである。一九世紀初頭に最後のラビが死亡した後、度々の黄河氾濫によりこのユダヤ人共同体は崩壊していったが、一九四〇年に二人の日本人が開封を訪れた時、ユダヤ人は「今日では既に猶太教を奉ぜず、又ヘブライ語も忘れて言語風俗は全く漢族と同じ」(5)であった。言語風俗のみならず、顔も服装も今や全く「漢族と同じ」ユダヤ人は一九世紀半ば頃から上海や南京、そして西安など中国の他の諸都市へ移住していった。移住しなかった者たちも今や教経胡同という「孤島」にさえ居住せず、開封の他の地区に移り住んでいたことは、三上諦聴が調査した以下のユダヤ人末裔の居住地を見ればよく理解出来るだろう。

(一)、趙《ちょう》姓

趙允中《ちょういんちゅう》（七五歳）宋門外恵濟橋南路《そうもんがいけいさいきょうなんろ》西の趙家花園なる農園に住み農を業とす、二十年來猶太教徒の會長をしてゐる、當時三百人餘の會員を擁してゐたが段々四散して今は約百人位かと。男子一人（二十三歳）あり。

趙履中《ちょうりちゅう》（三七歳）北書店街、職業雅樂士膏店《がくしこうてん》主、家族、妻中國人姫雅琴《きがきん》との間に二男二女あり。

(二)、石《せき》姓

石佩玉《せきはいぎょく》（三四歳）鼓樓東街《ころうとうがい》、職業金属店萬福樓掌櫃的《まんぷくろうヂャングイダ》、家族、妻一人、弟石伸聘《せきしんへい》（三〇歳）、

妻中國人との間に二男二女——萬福樓、弟石紹車《せきしょうしゃ》（二五歳）——郵政局
石灑澤《せきわいたく》（七一歳）三聖屈前街《さんせいくつぜんがい》二九號、職業汴綾舗《べんりょうほ》、妻（中國人）一人、子石仲森《せきちゅうりん》（四八歳）、妻——絲線《しせん》を作る、同石仲恩《せきちゅうおん》（四二歳）、妻中國人、一男一女——銀匠、同石仲瑄《せきちゅうせん》（三八歳）、妻中國人、汴綾舖

（三）、艾《がい》姓
艾某　宋門内油房胡同北炒米胡同《そうもんないゆぼうこどうほくしょうべいこどう》、職業教師（現在不詳）
艾某　西大門、職業警察局科長（詳細不明）
艾某　杏花園街路北《きょうかえんがいろ》、職業麵舗《めんほ》　家族十數名とのこと
（四）、高《こう》姓
高某　南門内、夫は上海に行つて行方不明といふ。
（五）、李《り》姓
李某　儒教會會員として開封に居住するも未調査
（六）、金《きん》姓
南門外十數里の地點にて農業を營み生計を立つとの事
（七）、張《ちょう》姓
全然行方不明(6)

「宋門外恵濟橋南路」や「鼓樓東街」、そして「三聖屈前街」といったように、ユダヤ人末裔の住所はこの時すでに開封市全域にまたがっており、右の表に「教経胡同」という街路名は全く出てこない。二〇〇二年八月五日付の新聞『21世紀環球報道』に述べられているとおり、「元来開封ユダヤ人の末裔たちはすべて教経胡同に集まって暮らしていたが、一九五八年頃から相次いでここを立ち去り、現在では趙氏の一家族がここに残っているだけなのである。」(7)

二　蔡庄の「金氏家族譜系」

二〇〇五年三月、曾我部と三上が開封のユダヤ人を訪ねてから六五年後に、私は三度目の開封への旅をした。その時の関心事の一つは、三上諦聴が書いている金家の人々のかつての居住地、「南門外十數里の地点」に実際行ってみることだった。何故開封市南のそのような郊外に、金家は移住しなくてはならなかったのだろうか。

西南門から車で五、六キロ交通量の多い五路を南に下った地点から、舗装されていないでこぼこの農道に入り、体を揺さぶられながら一キロほど東へ向かう。この河南の地は、南西から北東に向かう嵩山《こうざん》・熊耳《ゆうじ》・外方《がいほう》の諸山脈、北西から南東に向かう伏牛《ふくぎゅう》山脈、南部には大別山《だいべつざん》が走っているほかは、一望千里の際涯なき大平野である。その大部分は肥沃な土地であって、黄河や淮河《わいが》など大小多数の河が流れ、一面の麦畑である。農作物は小麦のほかに綿花、甘藷、葉タバコ、油料（ゴマなど）であり、その産額は全国諸省中第一という。だが、河南の悩みの一つは、照りつける太陽である。それはしばしば大旱魃を引き起こす。そして、「雨がなければこの平野は乾《ひ》からびた半砂漠である。各村では雨の神様を祭ってゐるが、雨が多すぎれば今度は洪水になる。『支那の悲哀』といはれる黄河は、史上幾度となく氾濫し幾千萬の人間を犠牲にしたか知れない。(8)」

そのような河南の現実を受け入れて、ユダヤ人は一千年もこの中原の古都に生き続けてきたのだという感慨にふけっていると、もう蔡庄《さいしょう》村に着き、車はその中を通り抜けた所で止まった。道路から降り、畑と畑の境界の小道を一〇〇メートルほど行った所に小さな杜《もり》があり、そこが金家の先祖代々の墓地であった。

その杜を背にした立派な黒い石碑「金氏家族譜系」（二〇〇〇年十二月立碑）（図33）の前に立つと、金広忠は物慣れた口調で説明を始めた。

「金家に属する私たちの先祖に、金勇《きんゆう》という名の尊敬すべき人物がおりました。ほら、あそこに雍乾《ようけん》年間（一七二三―一七九五年）という文字が見えますね」と、金広忠は石碑左側の中ほどを指し示した。「この年間に、金勇が天津の鹽道で『四品』という官位に就きましたが、妻は中国人孫氏の生まれでした。金勇はこの蔡庄に初めて埋葬されたことから、私たち末裔から尊敬の念をこめて『老祖』と呼ばれるようになったのです。」

中国近現代史を専攻する若い研究者の通訳が終わるのを待って、金広忠はさらに説明を続けた。

図33　開封市南の郊外の村・蔡庄にある「金氏家族譜系」

「その後同族の金承恩が嘉道《かどう》年間（一七九六―一八五二年）に、『把《は》総《そう》、正七品《しょうしちひん》』に任じられました。金家は遅くとも一六四四年の清朝初年から『族内結婚』の戒律を捨ててしまっていますから、金承恩もその伝で中国人斎《さい》氏生まれの女性を妻にしています。勲功のあった金承恩もこの蔡庄の先祖の墓に埋葬され、その後やはり尊敬の念をこめて『少祖』と呼ばれるようになりました。」

「とくに一九世紀の金家は、経済活動も活発でした。道光《どうこう》、咸豊《かんぽう》、同治《どうち》年間（一八二一―一八七四年）の項をご覧下さい」と、金広忠は石碑の該当箇所を指して続けた。「私の曾祖父に当たる金子奇《きんしき》は大変商才のある人だったようで、富豪になりました。開封市南の郊外のこの蔡庄に農地を百畝《ムー》所有しておりました。それだけでなく城内にも大庁街、財神廟街、そして将軍廟街にそれぞれ家屋敷を持っていました。」

「一九世紀から二〇世紀にかけては、開封のユダヤ人共同体の崩壊が起こってくる時代でしたね」、と私は言った。

「そうです。それに歩調を合わせるように、我が金家では、内部から崩壊が起こってきました。私の祖父金玉璋《きんぎょくしょう》に、金栄璋《きんえいしょう》という兄がおりました。金栄璋は五人の妻を持っていたということですが、王家生まれの妻とともに、阿片吸飲の中毒のため財産をすっかり失ってしまったのです。民国初年（一九一二年）のことです。蔡庄の四百畝もあった土地を売り払って、残ったのは、ご覧のような墓地数畝だけになってしまいました。」

二〇世紀初頭、一族にこうした内部からの崩壊が起こったにしても、金家の先祖は開封ユダヤ人の集合的記憶保持のためにこれまで大きな功績を残してきたはずである。ここで、金氏家族八〇〇年の歴史をそもそもの初めから概観してみよう。金氏家族の家系は、次の一行から始まっている。

北宋徽宗《きそう》年間（一一〇一―一一二五年）、中国に入り、東京《とうけい》（開封市）に定住。

ヨーロッパの周辺から旅立った彼らの先祖のユダヤ人は東アジア奥地の中心に辿り着き、ここ「東京（汴京《べんけい》）」に定住することを許された。そして、千年紀城市「開封」が隆盛をきわめた時代の北宋の皇帝から「金」という姓を賜り、中国人になったのである。明朝初年（一三六八年）には金《きん》勝《しょう》が衛門府《えもんふ》「金吾《きんご》」の前衛を指揮する地位に昇り、金氏家族の中国社会への目覚ましい同化の代表的な存在になった。いや、それよりももっと特筆すべきは、次の一行である。

弘治二年（一四八九年）五月、開封府儒学増広生員金鍾《きんしょう》「重建猶太教」碑を拯す。

生員とは、明朝の科挙制度における最初の試験に合格し、府・州・県の学校で学習することを認められた書生である。このような生員金鍾が、今日「世界宗教史の中で最も重要な遺跡の一つ」とされる一四八九年の「重建猶太教」碑の建造に関わっていたというのは、開封における金氏家族の歴史の中でとりわけ輝かしい功績である。だが、金氏家族の開封ユダヤ人共同体への物質的・精神的寄与は、この金鍾一人で終わるものではなかった。開封ユダヤ人史の中で最も重要な「教《ジアオ》」再興事業に関する次の叙述からも、金氏家族の精力的な活躍の姿が浮かび上がってくる。

清順治《しんじゅんち》一年（一六五三年）、ユダヤ教の再建がなされ、一三巻のヘブライ語による『聖書』の編纂が行われている間に、金氏家族は「公会議」に出席し、共同で寄付を行った。金之鳳《きんしほう》は「皇清万歳」の建物を建立する。金応選《きんおうせん》は同族の者とともにヘブライ語による『聖書』の一部を編纂する。

趙映乘の名前と結び付けられている事業、すなわち、一六四二年の黄河氾濫による被害からの「教《ジアオ》」再興の事業に、じつは金氏家族が深く関わっていたのである。このような金氏家族の活躍ぶりは、雍乾年間の「老祖」金勇や嘉道年間の「少祖」金承恩のみならず、道光、咸豊、同治年間の「富豪」金士奇まで連綿と続く。だが、その輝かしい八〇〇年の歴史に突如幕を下ろすかのように、民国初年（一九一二年）、金氏家族は阿片中毒のため全財産を失い、一気に没落期に入ってゆくのである。その一族の没落を一層悲劇的なものにしているのは、金栄璋の妹慧璋《けいしょう》の自殺であった。兄の放蕩を憤った慧璋は、金氏家族没落の原因となった阿片を大量に飲んで、自殺を遂げたのである。今や城内の家屋敷をすべて失った金栄璋は尾羽《おは》打ち枯らして蔡庄に移り住み、それにともない彼の弟にして、金広忠の祖父に当たる金玉璋も民国初年蔡庄へ移った。その後一九三〇年頃、金玉璋は城内老府門街に梨膏店《りこうてん》を開いたが、二年後にはその小さな店をたたみ、家族を連れて再び蔡庄に移った。こうして三上諦聴が書いているように、一九四〇年代に至っても金氏家族は「南門外十數里の地点にて農業を営み生計を立」てていたのである。

「石碑の一番最後には、どういうことが書かれているのですか」という私の問いに答えて、若い研究者はその二行を訳してくれた。

一九四二年、中原は大旱魃であった。金子明《きんしめい》は他の土地で働いていたが、駅で日本軍に捕らえられ、南京で病死した。開封の解放時には、金氏家族は、金子如《きんしじょ》一家のみであった。

このように、第二次世界大戦が終わってから六〇年経った今も、中原の広大な畑の中の墓地にさえ、日本軍国主義という過去のイメージが亡霊のようにあらわれてくる。我々にとっては亡霊に過ぎないとしても、その過去のイメージは、占領地区の被抑圧者にとっては自分たちを逮捕し、拷問にかけ、時には虐殺することもいとわぬ支配者の恐るべき暴力だった。一九四五年に開封が日本軍から解放されても、それからほぼ二〇年後に今度は自国の内部から再び新しい支配者が荒々しく擡頭してきたのは、開封のユダヤ人にとって不運であった。

「私の父金子如も戦後城内に小さな工場を持つまでになりました。」

そう言って金広忠は、村の方からゆっくりこちらへ向かってやって来る年老いた農夫の方にちらりと目をやった。

「父は文革時代二年間、自分の工場に軟禁され、スパイ容疑で拷問を受けたのです。七七年の文革終結後間もなく父は病死しましたが、それ以後私たちの家族はきまった職に就くことも出来ず、ずっと苦しい生活が続いているのです。」

それから彼は、畑のへりにうずくまっている農夫を指して私に言った。

「彼はうちの墓守りです。彼にあなたのお気持ちだけでもお願いします。」

私は言われるままに、何がしかの金を男の手に渡した。

暖かい日差しが墓地にあふれていた。金広忠の後ろの小さな果樹園で、杏《あんず》の淡いピンク色の花が咲いていた。花々が三月のこの陽気で一斉に開花に向かうように、金氏家族もこれから新しい季節に向かって力強く歩み出そうとしているかのようだった。蔡庄を後にして開封に向かう車の中で、私はベンヤミンの遺稿『歴史哲学テーゼ』の中の次のような言葉を思い出していた。

花が太陽のほうへかしらを向けるように、過去は、ひそやかな向日性《こうじつせい》によって、いま歴史の空にのぼろうとしている太陽のほうへ、身を向けようとつとめている。(9)

三　開封のユダヤ人末裔の生き方

(1) イスラエルへ留学した石磊《シーレイ》の場合

一千年前ヨーロッパの周辺からシルクロードを通って北宋の首都開封に辿り着いたユダヤ人は、皇帝より「帰我中夏、遵守祖風、留遺汴梁」という勅許を授かり、開封に定住することを許された。それ以来教経胡同に住み、稀有な文化を築いてきたユダヤ人共同体も一九世紀半ばに崩壊し、二〇世紀初頭には自分たちの文化の最後の名残とも言うべき石碑を他の宗教団体に売却し、それだけでなく彼らの生活と信仰の中心たるシナゴーグ跡地の所有権まで二束三文で譲渡してしまった。そして現在、開封のユダヤ人末裔は六一八人で、その中の多くがすでに開封を離れ、ウルムチ、蘭州《らんしゅう》、西安、成都《せいと》、上海、南京、そして深圳《しんせん》など中国の他の諸都市に散らばって生活している。

ユダヤ系中国人の戸籍簿の民族欄には、以前「犹太」と記され、一九五二年一〇月一日の国慶節には開封ユダヤ人の二人の末裔が代表として北京の式典に出席した。だが、一九五三年中央政府は中国に帰属すべき民族について公式声明を発表し、中国は総人口の九割強を占める漢族と五五の少数民族で構成されるとして、その中にユダヤ民族を含めなかったのである。かくして戸籍簿の民族欄の変更を余儀なくされた時、彼らの大部分が漢族（一〇億四二四八万二千人）あるいは回族（八六〇万三千人）に組み込まれてしまった。開封のユダヤ人の末裔たちは今や先祖伝来のユダヤ文化を失ったばかりでなく、自分たち固有の「民族」まで失ったのである。海に沿った都市に比べると経済状態もよくない内陸の古都開封で、多くのユダヤ人の末裔は職を失い、他の都市へ出稼ぎに行く人も多くなっていった。そういう状況の中でも、「犹太人」としてのアイデンティティを失わずにいる者がまだ中国には存在し続けているのだろうか。

そのようなことを漠然と考えていた頃だが、すでに述べたように、二〇〇一年九月、神戸のある研究会で、日本文化を専攻するヘブライ大学のベン・アミー・シロニー教授と会った。その時彼から、「最近イスラエルの新聞に、石磊《シーレイ》という開封出身の留学生の記事が出てましたよ」という思いがけない話を聞いたのだった。早速私は、テルアビブのバル・イラン大学に留学している石磊に連絡をとった。するとすぐに、ユダヤ人としての失われた信仰を取り戻そうとする熱意にあふれた開封ユダヤ人の末裔石磊から、次のような返事が届いたのである。

テルアビブ、二〇〇一年一〇月二二日

シャローム。

私の先祖はユダヤ人であり、私たちはその末裔です。私たちに今あるのは、私たちの先祖についてのいくつかの記憶だけですが、だからこそそれを手繰り寄せるためにユダヤ学に興味を持っているのですし、そして実際ユダヤ人の先祖の国であるイスラエルで勉強しようとも思うに至ったのです。

石磊には中国という社会の色が隅から隅までしみついているとしても、その中で彼は「先祖がユダヤ人」であるという個人的な記憶を、イスラエル本国でユダヤ民族の宗教と歴史に結び付けようと日々努力しているのである。

イスラエルで勉強したいというのが私の強い願望であることを知って、ニューヨークのラビ（主管者・ユダヤ教学者）、マーヴィン・トケイヤーがバル・イラン大学に私を推薦してくれました。またバル・イラン大学の方でも大変好意的に私を留学生として受け入れてくれたばかりでなく、授業料を払うだけの十分な奨学金や、私の家族が莫大な費用を工面出来ない場合には生活費も出してやろうと言ってくれております。そんなわけで今年七月なんの問題もなくバル・イラン大学に来ることが出来ました。私は一年間バル・イラン大学でのユダヤ学研修コースに参加します。イスラエルは偉大な国です。ユダヤの人々は何千年にもわたる魅力的な歴史を持っており、そのうえ当地の人々は皆私に親切です。宗教に関わる事柄がいっぱい詰まったこの国で勉強出来るのは、私にとっては本当に素晴らしい機会となります。あなたの開封のユダヤ人に関する御研究には出来る限りの支援をさせていただきたいと思っております。二〇〇二年六月までにあなたがイスラエルに来られるか、あるいはその後私が開封に帰ってあなたにお目にかかれるよう願いつつ、今日はこの辺で失礼致します。

石磊拝

この手紙から一年ほど経って石磊から、さらにもう一年イスラエルでユダヤ人の宗教と歴史の勉強を続けることになったので、当分開封に帰ることが出来なくなったというメールが届いた。そこで私は、ユダヤ教の信仰と伝統を失ってしまった外国のユダヤ系の人々、とりわけ学生をイスラエル側がどのように受け入れているかについて尋ねた。このことについて、次のような事情を知った。

私が知る限り、学生たちをイスラエルに連れて来ようとする国策はありません。外国に住むユダヤ人をイスラエルに定住させようとする国策ならばあります。私は、とりわけインドのユダヤ人を援助する団体 Amishav の援助を受けています。Amishav は、ユダヤの血筋を引いている人々が信仰を取り戻すのを手助けする団体です。

とすれば、石磊が失われた先祖の信仰を取り戻そうとする熱意にあふれているのを知って、ニューヨークのラビ、マーヴィン・トケイヤーは彼をインドの支援団体Amishavとバル・イラン大学に推薦したのだろう。石磊が先鞭をつけたと思われる、このような「ユダヤの血筋を引いている」中国人のイスラエル留学は、ヨーロッパ周辺から一千年前このアジア奥地の都に辿り着いた彼らの先祖とは逆の歩みである点で私には大変興味深かった。Amishavのような支援団体があり、こうした団体から奨学金を受けてイスラエルへ留学しようとするユダヤ系中国人も今後登場してくるように思われるが、これまで中国を祖国としてきたし、これからも我が祖国と思っている開封ユダヤ人の末裔たちは、こうした新たな動きについてどのように考えているのだろうか。例えば石磊のような、イスラエルへ留学した若い同胞「ユダヤ人」に彼らはどのような期待をしているのだろうか。そのようなことを開封在住のユダヤ人に尋ねると、次のような素気ない返事がきた。

「ここにいる人々は、石磊に対して何も期待していない。彼はイスラエルにとどまり帰って来るべきではないと言う者もいれば、何も気にかけない者もいる。」

このように開封ユダヤ人の末裔は、全体としてはもはや共同体再建という未来の夢を描いてはいない。だから彼らは、石磊に対して特別「何も期待していない」のだろう。

一方私の方も、二〇〇二年から石磊とはもう連絡が取れなくなってしまっていた。だから石磊がそのまま留学先にとどまるのか、あるいは開封に戻ってユダヤ系中国人としての立場からなんらかの活動を始めるのかということについては、知るすべがなくなってしまったのである。

(2) 中国に生き続けることを選択した張興旺《ちょうこうおう》の場合

中国の新聞『21世紀環球報道』は、二〇〇二年八月五日に、「河南ユダヤ人の末裔たちはイスラエルへ移住するのか」という特集記事を組んだ。その冒頭で、同紙記者安替《あんたい》は、『開封の中国系ユダヤ人伝説』の著者として知られる南京大学ユダヤ文化研究所所長徐新《じょしん》教授主催のヘブライ語・ユダヤ文化講習会で学ぶ開封ユダヤ人の末裔の姿を次のように紹介している。

南京大学外語学院の教室には河南省開封の人々が数人ヘブライ語を学んでいるが、その中にキッパと呼ばれるユダヤの黒帽をかぶった張興旺がいる。彼はユダヤ民族の伝統をすでに完全に失っているが、それでもその精神をこの帽子に託しているという。そして、イスラエルの講師に就いて、この小型の帽子を頭にのせ一心不乱にヘブライ語を学んでいるのである。

張興旺はこのようにキッパをかぶり、ヘブライ語を熱心に勉強しているが、自分たち開封ユダヤ人の末裔がユダヤ民族の伝統をすでに完全に失ってしまっていることをはっきり認めているのだ。食の面で確かに豚肉を食べないにしても、しかし彼らはもはや牛肉や羊肉の「筋を除去する」といった厳格なユダヤ教徒ではない。しかし、彼は、中央政府によって戸籍の民族欄を変更されたことに関して、自分たちは決して漢族でも回族でもなく、「犹太」であることを認められないのは不合理きわまりないことで、「自分も自分の子孫もユダヤの血筋を忘れることはない」と述べている。

このようにとうの昔に「教《ジアオ》」を失ってはいるが、ユダヤ人としてのアイデンティティを今なお強く持っているからこそ、張興旺はヘブライ語を学び、先祖から伝えられた記憶の歴史を手繰り寄せようとしているのである。このような張興旺にとって、ヘブライ語学習と中国人として生き続けることとは矛盾したことではない。

「すでにイスラエル移住を果たした家族がおりますが」

と記者が言うと、張興旺はただちに次のように答えた。

「私たちは彼らとは違う。私たちは愛国者だ。（中略）私たちはまず中国人であるが、ユダヤの血を受け継いだ中国独自のユダヤ人なのだということを認めなくてはならないし、また私たちは子供にもまず自分たちの国家を愛すべきだと教育している。」

このように「私たちは彼らとは違う」と張興旺が言う時、彼は明らかに金家の人々のことを指して言っているのである。「離散」に生きようとする張興旺は、イスラエル移住を目指す金家の人々とは「違う」道を歩もうとしているからこそ、この時開封の同胞である金家の人々を南京のユダヤ文化講習会にもあえて誘わなかったのである。

(3) イスラエル移住を選択したLの場合

二〇〇四年三月、一〇年ぶりに開封を訪れた時、私は初めて開封ユダヤ人の末裔金広忠に会った。金家の蔡庄の墓地へ案内してもらった後、汴京路南街三〇号楼の彼の自宅に招待されたが、その際彼から初めて実兄の名前を聞いた。彼の兄は二〇〇〇年までに中国国内でのすべての手続きを終え、家族とともに「非合法ルート」(『21世紀環球報道』)で出国し、フィンランドで四カ月過ごした後イスラエルへ入国することに成功したという。一九九九年から準備が始まったという彼の兄の移住への道は実に困難なものであったが、それはしかしちょうどよい時機に行われたものでもあった。というのは、二〇世紀末には、開封ユダヤ人の末裔を「犹太」とは認めない中国と、彼らにユダヤ人としての合法性を認めず、したがって移住ビザを発給しないイスラエル当局との間に立って、彼らのユダヤ文化および伝統の回復を手助けしようとする組織も出来始めていたからである。『21世紀環球報道』の記者安替は、金家の人々のイスラエル移住を成功に導いた、そのような「組織」の存在について次のように書いている。

カナダ国籍の華僑、丘才廉《きゅうさいれん》は貧困にあえぐ少数民族の子供たちの多くを学校に通わせている。彼はおそらく祖母が開封ユダヤ人の末裔であると考えており、そのため開封ユダヤ人の末裔たちにも資金援助をし、今まで一四人の子供たちを学校に通わせている。李随生《りずいせい》の娘李静《りせい》も丘才廉の援助を受けている。今年の三月にも丘は、これらの学生の父兄とその他のユダヤ人の末裔を招いて、ある大きなレストランで過越しの祭りをともに祝った。この他にも開封ユダヤ人の末裔たちのイスラエル移住を援助する組織もあり、金家の人々のイスラエル移住もこれらの組織の援助の下に行われたものである。

ところで、金家の人々をイスラエル移住へ向かわせるような社会問題が、文革時代にあったのだろうか。このことについて、金広忠は多くを語ろうとしない。ただ彼の父親金子如がその時代、イスラエルのスパイという容疑をかけられ、自分の工場に二年間軟禁され、拷問を受け、それが原因で解放後病死したという話を聞いただけであった。金広忠自身も、除隊後定職がない状態がずっと続いているという。

そうした一家の窮乏生活から抜け出すために、彼の兄は援助団体の力を借り先陣を切ってイスラエル移住に踏み切ったのであろう。文革の後、特に迫害があったわけではない。また、ユダヤ人の国家建設運動「シオニズム」に共鳴したからでもない。本来の血筋に戻りたいという内的欲求から、さらに糊口の資を得るためにも、正式のユダヤ人となるための長く辛い道を選択したのだろう。そのような金広忠の兄がイスラエルに無事着いたとしても、その後に厳しい試練が待ち受けていたはずである。こうした実情を踏まえて、再びイスラエル移住をもくろむ金家の人々を念頭に置いていると思われる次のような、南京イスラエル文化講座担当のユダヤ人教授の言葉を、ここで引用しておこう。

もし彼らがユダヤ人になりたいのなら、もちろんユダヤ人になればよい。しかし、それには長い道のりが必要なのだ。この他にも彼らに考えて欲しいことは、そもそもユダヤ人になることに価値があるかどうかだ。敵が多く、その歴史は悠久で実に複雑であり、しかも厳格な規律が山ほどある……。

以下で、『21世紀環球報道』のインタビュー記事を紹介しながら、開封ユダヤ人末裔の移住問題について考察してみよう。

開封ユダヤ人の末裔は文化的・伝統的な意味では「ユダヤ人」ではあっても、今日中国において厳密な法律上の意味ではもはや「犾太」ではない。またイスラエルの「回帰法」に照らして、母親がユダヤ人であるか、あるいは自分自身がユダヤ教徒であって初めて「ユダヤ人」という基準が満たされるものだとすれば、「ユダヤ人」であることを父親から伝えられただけで、ラビもユダヤ人共同体もとうに存在していない開封ユダヤ人の末裔は明らかに「非・ユダヤ人」なのである。

このような「非・ユダヤ人」がどのようにして「ユダヤ人」になったのか、あるいはこれから「ユダヤ人」になろうとしているのか。金家の人々に即してこうした問題を現地で調べたいと思っていたが、二〇〇五年三月の旅では時間的制約もあって聞き取り調査を途中で断念せざるを得なかった。しかし、『21世紀環球報道』の特集記事の最後において、同紙特派員思虎《しこ》がエルサレムでLという「初めてイスラエルへ移住した開封ユダヤ人の末裔」にインタビューしている箇所が目にとまった。

同記事によれば、すでに一九八六年から国内外の各界名士たちが頻繁にLを訪ね、開封のユダヤ人末裔の現状を聞き出そうとしていた。一九九二年に中国とイスラエルの国交が結ばれると、このような訪問は増加の一途をたどるようになったという。それは、張興旺の巧みな比喩を用いて言えば、元来何ものにも囚われることなく、自由に森の中を飛び交う小鳥が、次第に増えてくる猟師に狙われだしたというようなものだったらしい。一九九九年、ある偶然がL夫妻とその一人娘の運命を変えることとなった。その年の初めに、一九二〇年代以来海外ユダヤ人のイスラエル移住を手助けしてきたある「基金会」がLという恰好の「小鳥」を探し出し、その一家三人を、イスラエルへの最初の移住者にするという意向を示したのであった。

『21世紀環球報道』の特派員思虎がエルサレムでLに会った時、いきなりこう尋ねた。

「あなたはそもそもイスラエル移住を望んでいたのですか。望んでいたとすれば、それはどうしてですか。」

これに対して、Lは次のように答えた。

「私は子供の時から、自分がユダヤ人であることを自覚していました。私という人間の一部は中国にあるが、もう一つの一部はイスラエルにある、と幼い頃から母が教えてくれたのです。だからこそ、もう一方の血筋に戻るということは、私の子供の頃からの願いだったのです。」

イスラエルという国でこれから生きていこうとする者の、これは模範的な答えであった。

実際このような「子供の頃からの願い」を遂げるために、Ｌは開封のユダヤ人末裔のイスラエル移住支援団体との出会いを経験した一九九九年から移住への困難な道を歩み始めたのである。Ｌは「ユダヤ人」としてイスラエルへ移住するためには、彼自身の説明によれば何よりもまず自分自身が「ユダヤ人」であることを証明しなくてはならなかった。彼の戸籍簿の民族欄には、一九九六年までは「犹太」と記されていたが、それ以後は漢民族か回族のいずれかを選んで変更されなくてはならないとされた。そこでＬ一家は中国政府を通じて、「公証書」を提出するしかなかった。自分がユダヤ人であるという身分を確認するためには、通常自分自身の属する共同体のラビの存在を証明する必要があったが、むろんＬにはそうした証明書の提出は不可能だった。そのためＬは民族欄に「犹太」と記された一九九六年以前の戸籍などの古い資料を携えて、北京の中国外務省へ行ったが、外務省ではそれまでこの種の「公証」を扱った前例がなかったため、上司の指示を仰ぐしかないという答えだった。それからおよそ半年後、Ｌは待望の「公証書」を受け取ることが出来たが、そこには中国外務省および駐中国イスラエル大使館の公印が押されていたのであった。「犹太」としての身分確認の手続きが無事すんだ後、残るは移住経費の問題だけであった。どうやらＬは事後に知ったらしいが、この時くだんの「基金会」はすでに一家の移住以前に資金援助を決定し、経費予算を計上して、十分な資金を調達していたという。こうしてＬは妻子とともに一九九九年秋フィンランドへ飛び立ち、そこで四カ月過ごした後、ついに二〇〇〇年春エルサレムに到着したのであった。

「非・ユダヤ人」を「ユダヤ人」とするための、この初めての試みにそもそもどのくらいの費用がかかったのだろうか。このことについて、Lは次のように語っている。

「この移住は当時微妙な問題であったため、政府当局は私たちが北京から直接エルサレムへ行くことを望みませんでした。だから私たちは段階的な手順を踏んで行く方法を取りました。つまり、フィンランドを経由してイスラエルに入るという方法です。これに要する経費はすべて基金会が捻出してくれたものです。私たちが開封を離れて現在まで二年以上経ちましたが、費用は全部合わせると一〇万ドルほどになるでしょう。」

総体的に決して豊かとは言えない河南省に住む人々の所得水準からすれば、この一〇万ドルというのは莫大な金額ということになる。しかしそれだけにとどまらず、エルサレムにおけるL一家は生活費もすべて、この基金会に依存しているという。月額六〇〇ドル（中国元でおよそ五〇〇〇元）の援助で住居費が支払われ、六〇〇〇元の生活費が支給される以外に、医療保険も基金会から支払われ、中流階級程度の家具と電化製品の提供も受けているのである。

もはや中国人ではなく、そしていまだイスラエル人ではない。しかし、そういう状況の中にあっても、自分が何になろうとしているかを常に知ることが重要だ。だから、二〇〇二年八月の時点でまだ定職に就いていなかったLは、一週間に三日半はヘブライ語の学習に励み、毎週三度はシナゴーグに通ってヘブライ語で祈禱する。言葉を覚え、仕事を見つけるのを待って、基金会が支給額を徐々に減らして、ついに支給停止の日が来ることを、Lは知っている。また、敢然として背を向けて来た故郷開封には当面戻ることが出来ないことも、Lは知っている。

イスラエル移住というこの冒険に賭けたLは、その後果たしてイスラエル市民権を取得することが出来たのであろうか。この複雑な「時事問題」はどのような決着がついたかを知るために、私はもう一度開封への最後の旅をする必要があった。

注

(1)『東京朝日新聞』、一九三八年六月八日付。
(2) 四王天延孝、前掲書、三八二頁。
(3) 三上諦聴「開封猶太教徒の現状報告」、前掲書、七六頁。
(4) 曾我部静雄「開封の猶太人」、前掲書、六七頁。
(5) 曾我部静雄「開封の猶太人」、前掲書、六七頁。
(6) 三上諦聴「開封猶太教徒の現状報告」、前掲書、七六―七七頁。
(7)『21世紀環球報道』、二〇〇二年八月五日付。
(8)『東京朝日新聞』夕刊、一九三八年六月六日付。
(9) ヴァルター・ベンヤミン『歴史哲学テーゼ』野村修訳、ヴァルター・ベンヤミン著作集I『暴力批判論』(一九六九年、晶文社) 所収、一一五頁。

第七章　二〇〇六年三月、開封への最後の旅

一　出発まで

一九九四年三月の最初の旅から一〇年経った二〇〇四年とその翌年、私は連続して中国・開封に向かう旅に出た。

開封での私の案内人は、開封ユダヤ人の末裔金広忠であった。イスラエルへの留学生石磊《シーレイ》との交信は二〇〇二年秋にはすでに途絶えてしまっていたので、イスラエルかあるいは開封で彼と会うことは諦めていたが、しかし忘れていたわけではなかった。いや、忘れていなかったどころか、石磊が今後どのような生き方をするのか、将来もずっとイスラエルにとどまる道を選択するのか、それとも開封に戻って活動を開始するのか、もしそうだとすればそれはどのような活動になるのだろうか、と私は考え続けていた。

それまで三度開封への旅をしていても、その都度新たに問題が浮上してくるのだが、二〇〇六年三月、私はこれを最後の旅と決めて四度目の旅を計画した。その際、二〇〇四年の旅の同行者に頼んで開封の金広忠にメールを送ってもらった。用件は、こちらは総勢五人で三月一六日に日本を出発し、三月一八日開封入りをするが、翌一九日（日曜日）午前一〇時にホテル「開封賓館」でお目にかかり、午前中金家の墓地を訪ねた後、午後お宅へ伺い、イスラエルへ移住した彼の実兄Lのその後の生活についてお話をうかがいたい、ということなどであった。

出発の二週間ほど前には、開封の金広忠から、「すべて了解、心配御無用」という返事をもらっていた。それから間もなく、旅行社から「中国一〇日間の旅行日程表」が届いたが、その最後の頁を見て驚いた。そこに、「石磊」という名前を発見したからである。

（鄭州・開封）——河南省中原国際旅行社
担当者　趙燕華《ちょうえんか》
ローカルガイド　石磊（Mr.）

この「Mr. 石磊」は、四年間連絡が途絶えていたあのイスラエルへの留学生石磊なのだろうか。もしあの石磊だとすれば、彼はユダヤ人共同体が崩壊してから一五〇年経った今、故郷開封の旅行社に職場を見つけて、そこから自分たちの失われた先祖の歴史に光を当てる仕事に就いていることもあり得るだろう。

二　鄭州から開封へ——あるいは二人の石磊

北京駅から二二時三八分発の夜行列車に乗った。私と同行の一人、そして中国人乗客二人の四人がそれぞれ同じコンパートメントのベッドに入ったが、この時私には少なからぬ不安があった。というのも、二〇〇四年三月同じ鄭州行きの寝台車の中で、私は悪夢にうなされ、二度大きな叫び声を発して同行者を驚かしたという前歴があったからである。だからこの度も、同じ状況下で同じように悪夢に襲われるのではないかと恐れていた。二年前に見たその悪夢、じつは一九九四年三月に開封のホテルで実際に起こったことだった。

人民服を着た三〇代半ばくらいの中国人がガイドと一緒に私の部屋の中に入って来て、立ったまままいきなり流暢なドイツ語で私に言った。低い声ではあったが、語調は厳しかった。

「あなたは何のために開封へ来たのか。」

この男は東ドイツに何年か留学した経験があるに違いないと思いながら、私は答えた。

「開封のユダヤ人を調査するために来ました。」

男は警察官だった。

「ユダヤ人だって？ そのような者は、中国にはいないのだ。そもそもユダヤ人など存在しないこの開封の何処で、何を調査しようというのだ。」

その鋭い眼光に射すくまれて、私は返答に窮した。この一〇数年来スペインやポルトガル、オランダやドイツなどの旧ユダヤ人街めぐりをしてきたが、今度はアジアの中でもとりわけ中国の旧ユダヤ人街でユダヤ人の歴史を調査しようと思って来ただけです、と言おうとしたが、言葉が出てこなかった。その時、部屋のドアをノックする音がした。私の所に警察官を連れて来たガイドがドアを開けると、無精髭を生やした若い男が、右手に五、六〇センチのスパナを持って立っていた。

ここまでは現実に起こった通りだったが、夢の中の男はいきなり私に向かってスパナを振り上げた。そして、そのまま男が部屋の中へ入り込んで来た時、私は二度大きな声で、「やめてくれ！」と叫んだのである。

今回の寝台車の中ではしかし、幸いなことにこのような悪夢にうなされずにぐっすり眠ることが出来た。

午前七時一一分、電車は定刻通り鄭州駅に着いた。旅の仲間四人とホームに降り立ったが、そこにはまだ私たちを出迎えるガイドらしい人物の姿はなかった。数分間ホームを行きつ戻りつしながら待っていると、こちらへ向かって走って来る若い男性に気がついた。

彼は私の前で立ち止まると、息をはずませながらもしっかりした日本語で言った。

「皆さんは、開封に行かれる御一行さまですか。」

それから彼は、河南省中原国際旅行社の担当ガイドが趙燕華から自分に代わったのだと説明した。

そう言いながら彼が差し出した名刺の大きな明朝体の名前を見て、私は驚いた。

「あなたが、石磊《シーレイ》さんですか。」

私がその時不審に思ったのは、二〇〇一年にメールで知り合ったイスラエルへの留学生石磊がヘブライ語と英語は大変よく出来ても、日本語の知識は全く持っていなかったからである。私がそのことを言うと、ガイドはちょっと笑みを浮かべて言った。

「私は漢民族の石磊《せきらい》、ユダヤ系中国人の石磊《シーレイ》さんは、開封のホテルで皆さんをお待ちしております。」

これまでの五年間、石磊という名前と開封のユダヤ人を結び付けながら、中国ユダヤ人の歴史を暗中模索してきた私は、こうしてゆくりなくも開封への最後の旅で二人の石磊と出会うことになったのである。

「石磊というこの同姓同名は珍しいですか。」

「珍しいですね。」石磊《せきらい》は笑った。

それから私たちは駅前のホテルで一時間ほど朝食をとったり、洗面をしたりした後、ワゴン車に乗り込んでいよいよ開封に向かうことになった。三〇分ほどで町中を出ると、やがて、西は中国とアフガニスタンの国境から東は連雲港《れんうんこう》まで延々二八〇〇キロメートルも続いているという高速道路に入った。周囲は、文字通り一望千里の際涯《さいがい》なき大平原である。

「この辺りも、六八年前、日本軍に侵略された所ですね。」

窓の外に広がる一面の麦畑を見ながら言った私に、石磊は次のように歴史ガイドを始めた。

「そうです。中日戦争の時、蔣介石の部隊は開封陥落後鄭州へ移動して来ました。鉄道のレールはもちろん枕木までも外したり、鉄橋という鉄橋を爆破したりして抵抗しながら移動して来ました。一番有名な抵抗は、一九三八年六月九日、国民政府軍が日本軍の鄭州進攻を阻止するため、鄭州以北一九キロの黄河花園口《かえんこう》で堤防を破壊したことです。これによって、三〇〇〇平方キロメートルに及ぶ地域が水没しました。その時、数知れぬ人々が犠牲になったり、行き場を失ったりしたのです。」

中国軍の凄絶な日本軍進攻阻止についての石磊の話は、やがて一九三八年六月五日夕刻落城した開封城へと移っていった。開封城は、彼が言うように、中国史上数々の興亡の夢を秘めた一大古城であった。今は人口約七〇万人の一地方都市に過ぎないが、この開封は紀元前三六二年、魏《ぎ》の恵王が都として以来、五代の後梁《こうりょう》・後晋《こうしん》・後漢《こうかん》・後周《こうしゅう》の古城であり、北宋またここに遷都して開封府を設け、次いで金も開封を国都としたのであった。だが、この古都は堅固な城壁で固められているとはいえ、黄河の河床から七メートルも低いため、歴史上数えきれないほど大洪水に見舞われてきた。その中には、人為的な堤防決壊による黄河氾濫の大惨事もあった。さらに、平原上を吹き荒ぶ朝風が一点の小火《しょうか》を大火《たいか》として全都灰燼に帰したことも幾度かあった。いや、そればかりではない。このような災害に繰り返し見舞われてきた反面、開封は反間《はんかん》中原の一角として歴代土朝の政治変動の中心舞台となっていたため、これまた十数回も外敵に襲われたことでも知られる。

開封がこのように天災にも人災にも繰り返し見舞われてきた歴史を、そこに住むユダヤ人は粘り強く生き続けてきたのである。その末裔の一人で、最初のイスラエルへの留学生となったユダヤ系中国人の石磊が、今開封市の中心にあるホテルで私たちを待っているという。彼は、私が五年前イスラエルへ行ったばかりの頃に連絡をとった日本人であることをまだ覚えているだろうか。そして、すでに一五〇年も前に開封のユダヤ人共同体が消滅してしまった今、彼はその一千年に及ぶ歴史とどのように向かい合おうとしているのだろうか。

三　開封の石磊

私たちを乗せたワゴン車は、午前九時半、開封市自由路六六号のホテル「開封賓館」に着いた。仏教寺院のような重厚な造りの門をくぐり、四つの宿泊棟に囲まれた広場に入って車は止まった。私たちが春の光に満ちあふれた広場に降り立つと、眼鏡をかけた若い男性がにこやかに迎えてくれた。肌の色も髪も、顔立ちも体型もすべて紛れもない中国人であったが、それが私にとっては幻の開封ユダヤ人の末裔石磊《シーレイ》（二八歳）その人であった（図34）。

「ようこそ。お疲れさまでした。」

英語で挨拶する彼に、私は言った。

「シャローム。コギシです。あなたは五年前バル・イラン大学に留学した石磊さんですね。」

「そうです。あなたのことはよく存じております。二〇〇一年の夏から一年間バル・イラン大学で学んだ後、私はイスラエル各地のタルムード学習施設『イェシバ』を転々としていたものですから、その後御連絡も思うように出来ず大変失礼しました。」

見事な英語だった。以下彼との会話は、鄭州のガイド石磊《せきらい》の通訳に頼ったものである。

「いつ開封に帰ったのですか。」

「二〇〇四年に一度帰って来ましたが、二〇〇五年に数カ月またイスラエルに滞在して昨年九月最終的に帰国しました。二度目は、イスラエルのいろいろな都市で開かれた集会で、開封ユダヤ人の歴史について講演することが主な目的でした。」

図34　二人の石磊。中央が漢民族の石磊《せきらい》氏、右が開封ユダヤ人の末裔石磊《シーレイ》氏

このユダヤ系中国人に帰国を促した背景には、今後どのような職に就いて生活の糧を得てゆくかという当面の具体的な問題があったのだろう。彼は続けた。

「昨年一二月一日に、河南省のガイド試験がありましたので、帰国しなくてはなりませんでした。イスラエルへ留学しても故郷の開封で暮らしを立ててゆくことが、私の選択でしたから。幸いガイド試験に合格した後、世界各国から開封ユダヤ人の特異な歴史に強い関心を持ってやって来る人々のガイドとして、私は開封国際旅行社に採用されました。まだ三カ月の新入社員です。」

その時、鄭州の石磊《せきらい》が、首から下げた顔写真付きの自分のガイド証を指しながら口をはさんだ。

「四月一日には、石磊《シーレイ》さんもこれを胸に下げているでしょう。」

「ところで」、と彼は続けた。「先ほど開封博物館に電話しましたら、一時半頃まで催し物があって忙しいので、三時に来て下さいということでした。これから今日の予定はどうしましょうか。」

「そうですね」、と言って私は時計を見た。「皆夜行で疲れているので、午前中はそれぞれ自分の部屋で休み、昼食後一時にこの広場に集合というのでどうでしょうか。」

そして私は二人の石磊に、午後まずはテーマパーク「清明上《せいめいじょう》河園《かえん》」を訪ね、そこから北土街の第四人民医院へ向かい、その裏のボイラー室にあるユダヤ人の古い井戸を見た後、旧ユダヤ人街「南教経胡同」を通って、そこから目と鼻の先のカテドラルを訪ね、最後に開封博物館へ行くというコースを示した。

午後再びワゴン車に乗ってこのコースをめぐりながら、私は石磊《せきらい》に通訳してもらって、開封ユダヤ人の末裔石磊《シーレイ》と話をすることが出来た。そこで、二〇世紀初頭英国系聖公会に売却された一四八九年の石碑がその後どのような運命を辿ったかということに強い関心を持っていることを、私は彼に説明した。

「そのようなテーマに関心を持っている人とは初めて会いました。」

かつてシナゴーグが建っていた第四人民医院広場の中央で、石磊は言った。それは、この石碑が一九一二年以後どのような運命を辿ったかについては分からない、と彼自身が言っているようにも聞こえた。そして私は、石碑とシナゴーグ敷地の所有者となった英国系聖公会がそもそも何処にあったか知りたかったが、その事実を最もよく知っていると思われたカテドラルの紫玉良《しぎょくりょう》師と会って尋ねても、何一つ確実な答えは得られなかった。

私たちは午後のコースの最後に、南の大きな包公湖《ほうこうこ》のほとりに立っている博物館へ行った。少年少女科学教室が開かれ、親子連れで賑わう一階会場を後にして、私たちは普段はもう久しく使われていないようなコンクリートの狭い階段を上がって行った。息を切らしながらやっと辿り着いた三階フロアで、守衛が重いシャッターを開けてくれた。そこが、「犹太歴史陳列」室だった。前の旅行でも訪れたことはあったが、その後日本でかなりの資料に当たっていたうえに、石磊という開封のユダヤ人末裔の協力も得られて、三度目の今回はかなり事情が違っていた。

私は石磊と並んで、一四八九年の石碑の前に立った。「剝落」という言葉が真っ先に浮かんだ。かつては縦五六文字、三六行にわたってびっしり彫り込まれていた漢字がすべて、五〇〇年以上の長い歳月の経過の中で容赦なく風雨にさらされ、そして何度も濁流にのみこまれ、無残にも「剝落して」しまっているのだった。私も石磊もただ黙って、文字がほとんど失われてしまった「空白」

の石碑を見つめていた。それはまさにあの「器の破壊」にまつわるカバラ神秘主義の教義を思い起こさせるものであった。その教義こそ、この石碑がまだ全身で私たちに語りかけようとしている開封のユダヤ人の数奇な「歴史」と重なってくるのだ。

一九世紀初頭にラビを失い、北宋以来の伝統を絶たれてしまった「教《ジアオ》」なき開封ユダヤ人の末裔にとって、神は自らの中へ収縮してしまったのである。かくて、神が不在となったこの「真空地帯」は、離散という歴史的悪を含んだあらゆる悪が跳梁する空間となった。そしてこの石碑は、それが建立された明の弘治二年（一四八九年）から今日まで、繰り返し開封のユダヤ人共同体を襲ったカタストロフィーを見てきた。石碑は、彼らのシナゴーグ「清眞寺」が一九世紀半ばの黄河の大洪水で壊滅した後、ユダヤ人同胞がこの悪の世界を彷徨《さまよ》い、四方に散って行かなくてはならなかった状況の中で、また最悪なことに他の宗教集団にその身を売られ、そこが爆撃に遭った時も、必死に神なき空間にひとり立ち続けていたのである。だが、その後も相次ぐ戦争と文革の嵐があまりにも激しかったので、石碑がこの開封博物館に運ばれてくるまでどのような運命を辿ったかについて人々はもうはっきり分からなくなってしまった。とはいえ、石碑は、自らが開封ユダヤ人の一千年の歴史と文化を文字通り体現し、いやそれ以上にこのアジア大陸の中央平原にまで彷徨《さまよ》って来たユダヤ人の生命の源であり続けることを決して止めようとはしなかった。だから石碑は、開封ユダヤ人の末裔がたとえどれほど遠い都市へ移り住んで行ったにしても、あるいは遥かな新興のユダヤ国家へ行ったにしても、いつかはきっとまた戻って来て、彼らの先祖が生きた一千年の歴史と向かい合うことを欲しているかのようである。今私の横に立っている石磊は、石碑のそのような要求に応えようとするまさに「開封ユダヤ人の末裔」の一人なのだ。

四　金兄弟の選択

一九日午前一〇時に、私たちは約束通りホテル「開封賓館」の広場で金広忠（一九六〇年生まれの四五歳）と会った（図35）。彼は見るからに活力にあふれ、一年前とはまるで違って一際積極的な印象を与えた。それは、会うとすぐ名刺を旅の仲間全員に渡してくれたことからも、またその名刺には「开封犹太人 Kaifeng Jew」という民族名がはっきり記されていたことからもうかがわれた。名刺左上には、「ダビデの星」が鮮やかな青色で印刷されていたが、それはもはや文化的・歴史的な意味での「開封ユダヤ人の末裔」ではなく、ユダヤ教に帰依する正真正銘の「ユダヤ人・ユダヤ教徒」であるという自己主張を表わしているようであった。今や彼は昨年までのように、定職もなく金もなく、生活がとても苦しいのですと言ってうつむく中年男性ではなかった。そのたくましさは、蔡庄の金氏家族の墓地から帰り、汴京《べんけい》路南街の彼のアパートに招かれた後、一層強く感じられた。

現在金広忠は、毎週金曜日に三〇人ほどの同胞と一緒にヘブライ語を勉強したり、ユダヤ人の歴史や文化についての情報を交換し合ったりする会のリーダーだという。そのようなことを話題にした後、奥さんの手造りという三〇個ほどの、さまざまな色の小型帽「キッパ」を私たちに見せながら、彼はその一つを頭の上にのせてにっこり笑った。

図35　開封市汴京路南街の自宅でメノラを持ってポーズをとる金広忠氏

「もう長い間失われていたユダヤ教の宗教行事を甦らせていくことが、私たちには大変重要なのです。」

このように語る彼は、四月一一日、開封のユダヤ系中国人数十人とともに過越しの祭り「ペサハ」を祝うだろう。というのも、エジプト脱出の結果としてのシナイ山における神の顕現も、そして約束の地への到達という救済に先立つイスラエルの民の荒野における彷徨《さまよ》いも、今や「ユダヤ人」としての彼らの宗教意識の中ではとりわけ重要なテーマだからである。

彼のアパートの寝室兼居間に並べられた椅子に座っていると、金広忠は奥の部屋からピンクの綿入れを着た、まるまると太っていかにも健康そうな赤

図36　次女（一歳）を抱いて微笑む金広忠氏と石磊氏

ん坊を抱いて現れた。

「次女です。」

私の驚きを察してか、彼は笑顔で説明した。目下イスラエルに留学している長女錦《きん》（二〇歳）の妹として、その子が昨年春誕生したのだという。このように金広忠は四〇代半ばで思いがけず子宝に恵まれて、今や新たな夢を持ち、新たな希望を持って日々生き生きと暮らしているようであった。彼は長女についても語った。

「長女は開封で昨年春までヘブライ語の特訓を受けていましたが、この一年来ヘブライ大学でヘブライ語とユダヤ人の歴史や文化を勉強しています。」

この長女錦がエルサレムで家族とともに住む手はずを整えた頃、金広忠は妻と幼い娘を連れてイスラエルへ移住するだろう。そうなれば第二の移住者となる彼の家族に資金援助をする団体が、すでに動きだしているに違いなかった。

その場には、開封国際旅行社のガイド石磊と、イスラエル文化勉強会のリーダー金広忠が並んで座っていたが、この両者は今や開封のユダヤ人末裔の中で全く対照的な立場に立っているのである

（図36）。というのも、一方は合法的な手段でイスラエルへ留学し、帰国してから今後この開封で「ユダヤ系中国人」として生き続けてゆく者であり、他方は実兄のようにたとえ「非合法的な手段」であれ、いつの日かイスラエルへ移住し、そしてイスラエルの「法」に従って「ユダヤ人＝ユダヤ教徒」に生まれ変わることを目指している者だからである。

ところで、金広忠の実兄Lは、その後どうなったであろうか。彼がラビの立ち合いのもとで結婚式をあげたという話を、私たちは金広忠のアパートではじめて聞くことが出来た。

二〇〇五年九月七日は、イスラエルで二度目の結婚式を挙げたL（一九五八年生まれの四七歳）夫妻にとって生涯忘れることが出来ない日となった。この日、夫妻は、明け方から式の終了までユダヤ教の仕来りに従って断食を守ったであろう。今や彼はもはや「中国人」ではなく、イスラエルの「法」に従ってその存在を認められた正真正銘の「イスラエル人」シュロモ・ジンであった。式に臨んでシュロモ・ジンはこれまで共に多くの苦難に耐えてきた妻とともに、断食の掟に従い、祈りの中で自分たちの「罪」を告白する。その際彼らが告白した「罪」の中には、祖国中国を脱出し、したがってまた「不法ルート」（『21世紀環球報道』）でイスラエルへ移住して来たことも含まれていたはずであった。このような過去の「罪」の赦しを求め、今やユダヤ教への改宗者として心からユダヤ教に帰依することを誓って彼らは、イスラエル国に正式に受け入れられたことへの感謝の気持ちを述べる。

結婚式の写真を二枚見せてもらった。一枚は青い格子縞のネクタイを締め黒いスーツを身につけたシュロモ・ジンと、小豆《あずき》色の華やかなレースの服を着たジン夫人の大写しである。彼女は葡萄の房模様で縁取りされた大きな書類を広げ、満面に笑みを浮かべているが、それは結婚式が執り行われる前に作成され、二人の証人が署名したケトゥバー文書に違いない。この文書は夫の財産に対して妻の言い分を保証する結婚証書であり、これによって二人は一緒に住むことを許されるのだという。

もう一枚の写真は、白髪まじりの豊かな鬚《ひげ》をたくわえ、黒いユダヤ帽をかぶったラビが銀の杯に注がれた葡萄酒に関する祝福の言葉を述べ、結婚に先立つ誓約「エルスィン」のために祝禱をささげているところなのだろう。ラビと新郎新婦の後ろに一群の男たちの姿が認められるが、これはユダヤ教の掟、すなわちある種の祈りや儀礼を行うのに必要とされる成人男性一〇人という定数「ミンヤン」を満たしていることを表わしている。こうして最少必要人数「ミンヤン」成立の下に、新しい祖国で新たに行われた結婚儀礼に、宗教的戒律の専門家にしてコミュニティの霊的指導者のラビが立ち合っているということは、ここに二人の人生が新しく始まり、それまでの「罪」のすべてが赦されるということを、共同体全体が宗教的にも社会的にも公に承認したことを意味している。

アジアという遥かな離散の地で一五〇年以上の長いユダヤ教不在の時代を送っていた開封のユダヤ人末裔の一人が、今本来の宗教とついに一致することが出来た。この日、シュロモ・ジンという四〇代後半の男において、「中国人」として生きてきた過去が廃棄されることで、かつて「犹太」と「漢民族」に分裂していた自らの存在の両義性が払拭され、固定的な職業・身分・地位の喪失に苦しめられていたあらゆる危機的な境界状況を脱して、ここにイスラエル社会との再統合が実現したのである。

このように中国という社会的・文化的枠組みからの離脱後、長年にわたる厳しい「変化という試練」に耐え、そしてついにこれをくぐり抜けて、シュロモ・ジンはもはや外部から援助を受けることのない、一個の自立した男性としてエルサレムのあるスーパーマーケットの正社員となった。そして彼の妻は家政婦として働きだし、二二歳の娘はヘブライ大学の学生となった。基金会がこの一家に資金を提供し、イスラエルへの移住とそこでの生活を支援してから、七年の歳月が流れていた。こうして、開封ユダヤ人の末裔が初めてユダヤ人・ユダヤ教徒となるのに、じつに七年の歳月を要したのである。

補論　逆説的な人間――マッテオ・リッチの晩年

子貢「畸人《きじん》についてお教えいただけましょうか。」
孔子「畸人《きじん》とは、人間世界のはずれ者だが、天の世界の仲間となる人（逆説的な人間）だ。」（『荘子』大宗師篇）

一　「中国人になった」西洋人

信仰の面で厳格な方へ傾いたカトリック王国ポルトガルにおいて、他の法に従っているということが、罪になる時代があった。「罪」を負ったまま生き続けることの重圧といつ逮捕されるかもしれないという不安から、王国を去った人々が大勢いたのである。一神教とは無縁な東洋に無事辿り着いたとしても、彼らは「罪」という檻から自由になったわけではなかった。それが、一六世紀インド・ゴアに避難所を求めた改宗ユダヤ人「マラーノ」の運命だった。一方この時代に西洋から東洋へ派遣された同じイエズス会宣教師であっても、マラーノに対する不寛容政策についての考え方に、かなりの相違がある。そのような相違がなかったならば、西洋人の東洋理解も近代においてこれほど進みはしなかっただろう。

西洋一神教による世界制覇を目指した「イエスの軍団」の尖兵フランシスコ・ザビエルは、自分をインドへ派遣したポルトガル国王ジョアン三世宛一五四六年五月一六日付書簡の中で、次のように書いている。

インドで必要とする第二のことは、こちらで生活している人たちが善良な信者となるために、陛下が宗教裁判所を設置してくださることです。こちらではモイゼの律法に従って生活する〔ユダヤ教徒〕やまたイスラム教の宗派に属している者たちが、神への恐れや世間への恥じらいなしに平然と生活しております。そしてこれらの人びとが大勢、しかもすべての要塞に散らばっておりますので、宗教裁判所や多くの説教者が必要です(1)。

このような異端審問所設置の提言は、ザビエルがいかにユダヤ教徒やイスラム教徒を憎み、かつカトリックの教えをインドに、いや全東洋に宣布することをその至上の使命としていたかを示している。そして実際彼は聴罪司祭として、一五四〇年九月二六日にリスボンで行われたポルトガル最初の、マラーノの火炙りの刑執行に立ち会っていたし、また一五四三年ポルトガル領ゴアで行われたインド亜大陸最初の、マラーノの火炙りの刑をも目撃していたのである。このような聴罪司祭および火炙りの刑の立会人としてのザビエルの体験も、ゴア異端審問所設置の提言も、インド進出を果たし、香辛料獲得と「エスタード・ダ・インディア」の拡大・完成を目指した近代絶対主義国家ポルトガルの十字軍精神と完全に一致するものであった。

これに反して、ヴァスコ・ダ・ガマがインド・カリカットに到着した一四九八年よりもはるか以前の一三、四世紀からすでに東洋貿易に活躍していたヴェネツィアおよびジェノヴァ出身のイタリア人商人は、異教徒と商業上の競争はしても、宗教的・政治的な争いに至ることは決してなかった。このような平和的共存を好むイタリア人商人の性向は、今一人のイエズス会宣教師マッテオ・リッチにも認められる。

マッテオ・リッチは、最晩年に中国布教をもくろんだザビエルが広東省沖合の上川島《サンチャン》で没した一五五二年、現在のイタリア・マルケ州にある山腹の町マチェラータに生まれた。一五六八年法律を学ぶためローマへ行った彼は一五七一年修練士としてイエズス会に入会し、フィレンツェおよびローマのイエズス会学院で数年間神学や人文科学から自然科学に至るまで広範囲にわたる教育を受けた。リッチが一五七八年九月一三日ゴアに到着した時、ザビエルの提言から一四年後に設置されたゴア異端審問所の活動はまさにピークを迎えようとしていた。彼はゴアで、マラーノに対する異端審問所のすさまじい攻撃を目撃してどのように感じていただろうか。

ポルトガル人バルトルメウ・デ・フォンセカがまだ三〇歳にもならぬ若さでゴアの異端審問官に任命されたのは、一五七一年のことだった。セバスティアン王お気に入りのこの異端審問宮は異端者の取り締まりにとりわけ熱心で、狂信的とも言えるような摘発を行っていた。フォンセカはマラーノを「神を殺す者」と呼び、二〇〇の監房を持つ異端審問所を自分が囚人でいっぱいにしてやったとしばしば誇らしげに語っていた。ジョナサン・スペンスによれば、マッテオ・リッチが一五七八年九月にゴアに上陸してから二カ月後、フォンセカは勝ち誇ったように、「私はこのゴアを火で満たし、異端者と背教者の死体から得た灰でいっぱいにした」と豪語していたという。[2] しかも一五七八年は、ユダヤ教を信仰していた廉で異端者マラーノが一七名も火炙りの刑に処せられた年である。こうした排他的、独善的、狂信的な不寛容の極みを目撃して、リッチは大胆にも、一五八一年、初めてローマの総会長アックワヴィーヴァ宛の書簡の中で、「改宗ユダヤ人に対する異端審問所の攻撃について憂慮の念を表明しているのだ。[3]」リッチのこのような直截な意見表明の背景には、そもそもイエズス会にマラーノ出身者が多数高い地位についているという認識が強く働いていただろう。すでに青年期からこのような人間中心の思考のリズムを持っていたマッテオ・リッチは、その成熟期においてたとえどのような異文化に接しても自らの行動と思考の柔軟さを失うことは決してなかった。

一五八二年八月七日、リッチはゴアから、ポルトガルの極東貿易の根拠地マカオに着いた。折しも天正遣欧少年使節を連れて西洋へ赴く途中のイエズス会東インド管区総巡察師アレッサンドロ・ヴァリニャーノに迎えられたリッチは、中国布教担当者に選ばれ、「チーナの文学と言語を習得する」よう命じられた。[4]

一五八三年九月一〇日、リッチがイタリア人宣教師ルッジェリとともに中国南部の都市肇慶《ちょうけい》に居を構えた時、中国沿岸は厳重に監視されていた。というのも、この地方には、一六世紀半ばの、中国人・日本人連合の海賊「倭寇《わこう》」による恐ろしい侵略の記憶がまだなまなましく残っていたからである。さらに中国人は、「新しい教え」を広められることにひどく神経をとがらせていた。「過去にこの王国に起きた叛乱や騒動の多くは、煽動者が新しい教えを説いて、自派の弟子や信奉者を募ったことに端を発している、という経験があるから[5]」だった。マカオで、そして肇慶で中国語を学ぶうちに、かつて考えたこともない異質な言語と文化に直面したリッチは、門戸を固く閉ざした中国人によって「遥か遠方の砂漠」に放り出されているように感じることもしばしばだった。

以前から肇慶の人びとは私たちをひどく嫌っていた。それはチーナ人が持って生まれた本能で他国人を憎み恐れるためもあったが、広州の人びととの特殊性でもあった[6]。

リッチの旅行許可書が正式のものではないからとの理由で、川船に乗った乗客と船員によって、荷物を岸に放り出されたこともあった[7]。また肇慶の自宅の屋根に、近くの高い塔の上から激しい投石が繰り返されることもあった[8]。「外国の悪魔」は去れ、というわけである。しかし、こうした迫害にもかかわらず、リッチは一五八四年、各国の名を漢字で音訳表記した一枚の「世界地図」を作成した。すると地元の名士たちが多数リッチの家を訪れ、自分たちのいる中国が広大な地球の上で何処に位置しているかを見て驚きの声をあげ、次第に外国の宣教師たちを信用するようになっていったという。こうしてマッテオ・リッチは中国に地歩を築き始め、それと同時に髪と髭を剃り落とし、仏僧の法衣に身を包み、服装も、顔つきも、礼儀作法も、どこから見ても、「私は中国人になったのです」と言うことができたのである。[9] だが、それで終わったわけではなかった。四書に親しみ、中国の実情に対する理解が深まるにつれて、髪と髭を剃り落とすことが中国では一段と低い「偶像教（＝仏教）」のしるしだと分かって、彼は一五九五年夏頃南昌《なんしょう》で最終的に仏僧の服装を脱ぎ、一八〇度転換して儒服を着、足には刺繡をほどこした絹製の靴をはいて社会的「威信」を高めるようになった。こうしてリッチは孔子を「わたしたちの古代の哲学者の多くに優るとも劣らない」哲学者と見なし[10]、それどころか儒教が「本質的には何らカトリック信仰の本質に反するものを含まない」という大胆な判断を下すに至る。[11] このように「変身」して相手の力の中へ入り込み、それによって相手の顔を自分の方へ振り向かせる、というのがリッチの成熟期の思想であった。ここに、異国でのいかなる困難な状況をも乗り越え、西洋人として初めて本格的に四書五経に精通し、しかも漢文で著作を世に問うという驚異的な「中国人」が誕生したのである。

二　逆説としての死

一六〇九年二月一七日付イエズス会士ジョヴァンニ・アルバレス宛書簡の中で、マッテオ・リッチは次のように書いている。

昨年末、どういうわけか、思い浮かんだのです、この王国に入国した最初の人たちのうち残っているのはわたしひとりなのだと。いまやあの最初期のことを知る者は誰もいなくなってしまいました。それゆえ、一切の出来事を、わたしの手を経た事柄を、書ける限り最大限のところまで、実際に起こったのとはまったく異なる順序で、書いておくのはよいことだと。そこで、こちらにいるわたしが考えてみて、そちらで楽しいと思えるような報告書を書きはじめました。[12]

淡々とした文章だが、じつはこの手紙、五八歳にならぬ年齢で一六一〇年五月一一日に世を去ること一年三カ月ほど前のマッテオ・リッチによって書かれたものである。さらに、リッチがここで『報告書』と呼んでいるあの浩瀚な『中国キリスト教布教史』が、右の書簡に言うとおり、一六〇八年末から死ぬ間際までイタリア語で書き続けられ、僅か一年七、八カ月で成立したというのも、まことに驚嘆に値する。一六〇一年北京に入る前からすでに、自分が長い老年を過ごすことはないだろうという予感を抱いていたリッチにとって、九年におよぶ北京での晩年は、年老いて体が弱ってゆくという自覚をますます深めてゆく歳月であった。しかし、最晩年のリッチは、はっきり死の接近を自覚しながらも、「一切の出来事を、わたしの手を経た事柄を、書ける限り最大限のところまで」書くということに思考を集中しようと努力していた。死の自覚のこのような積極的な前景化は、一六〇六年から執筆され、一六〇八年に刊行された『畸人十篇』においてすでに始まっていた。漢文で書かれたこの本の主張は、世間一般の意見からはずれた意見、したがって逆説「パラドックス」に向けられている。リッチはこの著書の中で、「この生やこの世は我々の真の国《パトリア》ではない。我々の真の国は死後にある」と言い、したがって「しばしば死を思うことは決して不吉なことではない」し、[13]また「立派に生きるには、たえず死の時について思いを凝らすことがたいせつである」[14]という逆説を展開している。

『畸人十篇』に続いてすぐ『布教史』の執筆に向かったリッチの脳裏には、こうした死の思想が焼きついていただろう。『布教史』には、死後「真の国」に入ったとも言えるような、その意味でリッチの晩年の思想を文字通り体現したあるイエズス会修道士の旅の話が詳細に紹介されている。大陸横断の旅のスケールを持つこの修道士の気宇壮大な旅の動機は、次のとおりであった。

大ムガル帝国の地に滞在する修道会の神父たちは、インドにおいて、大カタイオ〔契丹〕と呼ばれるあの名高い王国の消息を手に入れた。大カタイオの噂がヴェネティアの人マルコ・ポーロや他の人びとによって、ヨーロッパに伝えられてからすでに長い年月が過ぎたが、その後、消息は途絶えてしまった。その王国はムガル帝国最北部の西にあり、そこへ赴いて取り引きを営む多くのサラセン人〔イスラム教徒をさす〕たちの報告では、そこには多くのキリスト教徒がおり、教会をもち、司祭がいて、さまざまなわたしたちの儀式を営んでいるという。それゆえ、インド巡察師のニコロー・ピメンタ神父は、修道会から数名の人間を派遣して、これがほんとうかどうかを突きとめ、そのキリスト教徒たちがカトリック信仰の真理を多少とも踏みはずしている場合は、援助の手を差し伸べようと思った。(15)

一六〇二年インドのイエズス会士たちによって幻の国「カタイオ」を探す旅に派遣されたのは、ポルトガル人修道士ベネディット・デ・ゴエス（一五六二頃—一六〇七年）だった。リッチはその晩年において、ゴエスに同行した人々から旅の詳細を聞き出し、『布教史』の中でこれを異例とも言えるような長い紀行文に仕上げたのである。

ゴエスは一六〇二年から一六〇五年までの四年間、時には徒歩で、時には馬や駱駝に乗って、インド北部の、ムガル朝アクバル帝の王都アグラからアフガニスタン、トルキスタンを経由し、カラカタイと呼ばれる無人地帯「カタイの黒い土地」を踏破して、中国天山南路の要衝に達し、ついにチーナ王国北の城壁・万里の長城にまで達した。時には盗賊に襲われたり、マホメットの名を唱えないからとの理由で殺されそうになったり、あるいは大変な悪路に行く手を阻まれたりすることも度々だった。目指す国「カタイオ」に着かないうちに、何の結論も得られないまま旅の途中で引き返す羽目になるのではないかと思われるような危険に直面しても、ゴエスはひたすら「キリストに希望を託し」続けた。

このような信仰の力に支えられたストイックな旅の記録の中にも、たまたま出会ったある高貴な女性の話も挿入されている。それは、メッカへの巡礼から故郷カスカールへ帰る途中カブールで旅費がなくなってしまった敬虔なイスラム教徒の女性だった。ゴエスはラピスラズリを売って得た六〇〇スクードを女性に貸し与えたが、彼女の故郷に到着後「すばらしい碧玉《へきぎょく》で十分に支払って」もらったという。(16)

このカスカール王国の首都ヤルカンドに一年滞在し、さらにこの地から一年かけて万里の長城の城壁内に至り、そしてついにそれから一日を経てゴエスは、シナ最西端陝西《せんせい》省の粛州《しゅくしゅう》に到着した。ほぼ一年半足止めを食うことになるこの境界の町で北京やチーナの地名を聞いているうちに、「一行は大カタイオと大チーナが同一の王国であると確信するに至」り、「カタイオ」発見を目指したゴエスの旅の目的はここに達成されたのである。(17)

我々がこのような紀行文を読んで幻想を刺激される理由は、そもそも旅が「原型的シンボルの一つ(18)」だからである。異邦の遥かな海原に、魔法のとりこにされた王妃を探しに出かける「探求の英雄」になったような幻想を持たずに旅に出ることは、不可能なのだ。そしてこのような旅は、ゴエスの旅に典型的に示されているように、ほんとうに「探求」なのである。

一六〇五年末ゴエスが「カタイオ」にほかならないチーナに無事着いたが、粛州で足止めを食っていることを、リッチはようやく一六〇六年一一月半ばにたまたま届いた宛名も宛先もない手紙で知った。それは、中国語も分からず、イエズス会士たちの北京の住所も知らないゴエスがいつか同胞に届くだろうという願いをこめて旅の商人に託した手紙であった。リッチはゴエスの探求の旅に並々ならぬ関心を持っていたので、早速、北京までゴエスを連れて帰るだけの金を持たせ、イエズス会最初の中国人修道士鐘鳴礼《チョムミンリ》を粛州へ派遣した。三カ月以上の困難な旅をして鐘鳴礼が粛州に着いたのは、一六〇七年三月末のことだった。その時ゴエスは瀕死の病で床についていたが、言葉の通じない中国人修道士とは、讃歌を終わりまで歌うことによって互いに同信者であることを確認し合うだけの力をまだ持っていた。

北京のマッテオ・リッチに伝えられたゴエス最後の言葉は、次のようなものだったという。

今回の旅でわかったのですが、マホメットの教えはわたしたちの考えている以上に悪いものだということです。この教えでは、贋の予言者の名前を唱えさえすれば、嘘もつきほうだいだからです。彼らをけっして信用なさってはいけません。それに、この陸路の旅はあまりにも長く、困難で危険が多いので、二度と試みるべきではありません。(19)

「カタイオ」には多くのキリスト教徒が住んでいるというイスラム教徒の情報がじつは「嘘」であるということを、ゴエスの遺言はここで最終的に立証したのである。そしてゴエスは「あまりにも長く、困難で危険が多い」この陸路の旅を「原型的シンボル」としてやり遂げることによって、キリスト教の「王妃」を「悪い」マホメットの教えから救出することができたのだ。そして、鐘鳴礼が粛州に着いてから一一日後、ベネディット・デ・ゴエスは模範的なキリスト教徒としてこの世を去った。晩年のマッテオ・リッチにとって、このようなゴエスの「カタイオ」探求の旅は、その勇気と純粋な信仰の情熱において、完全武装した政府派遣艦隊の司令官ヴァスコ・ダ・ガマの「キリスト教徒および胡椒」探求の旅よりもはるかに偉大だったのである。

中国には、すでにこの異境の「力の中へ」入っていた先輩として、多数のイスラム教徒がいた。『布教史』の中でリッチがマホメットの教えについて次のように書く時、じつは彼自身もキリスト教布教という本来の目的を曖昧なものにしてしまいかねない大きな危険をおかしていたのである。

この教えは、子供や孫の世代を経て広まり、すでにチーナ全土の何千もの家族に及んでいる。ほとんどすべての省に実に壮麗な回教寺院が建ち、祈禱が捧げられ、割礼が施され、儀式が営まれている。しかしわたしの知る限りでは、彼らはその教えを広めようともせず、普及に努めることもなく、むしろチーナの法律に実に従順に従って暮らしており、自分たちの宗派についてまったく無知なので、チーナ人からはさほど重視されていない。だが彼らはいまやいずれもこの国に生まれ育った者であるために、彼らが叛乱を企てると疑う者はなく、学問を積み、この国の学位を得て、官吏となることも許されている。彼らの多くは学位を得ると、古い宗派を捨て、豚肉を食べないだけで、ほかにはその痕跡も残さなくなる。[20]

明朝中国において、異国の人々はすべて「回回《ホエイホエイ》」という名で呼ばれていた。[21] イスラム教徒は、イスラム自体がユダヤ教、キリスト教、仏教の混合であるというところから、「三教回回《ホエイホエイ》」と呼ばれていた。しかもこの「回回《ホエイホエイ》」は、右でリッチが言うように学問を積み、学位を得て、この国の官吏に登用されるほど異文化適合に成功しているのである。とすれば、「十字回回《ホエイホエイ》」に属し、四書五経に精通し、中国語を巧みに操るばかりでなく、漢文の著述も刊行し、儒服を着、漢名を「利瑪竇《りまとう》」と称するマッテオ・リッチこそ、中国において最も功成り名遂げた「回回《ホエイホエイ》」にほかならないのではないか。ジョナサン・スペンスによれば、「キリスト教徒リッチは自分に貼られた『回回《ホエイホエイ》』リッチのレッテルを受け入れ、同じく『回回《ホエイホエイ》』のレッテルを貼った西夏《せいか》〔今や中国の大部分のイスラム教徒の故郷〕の部族の女を記憶の宮殿に置くことができたのである。(22)」

確かに「回回《ホエイホエイ》」リッチは、イスラム教徒とも混同されてしまいそうな曖昧な領域に立っていた。しかし彼は、表面的な「同化」に隠された逆説を生き、それによって真の使命達成を目指していたのである。このようなリッチの姿勢は、厳格なキリスト教徒からはもちろん異宗教・異文化との危険な混淆を助長するものだとして批判されるところだろう。だが、態度が曖昧であるように見えたにしても、それゆえにかえって柔軟で若々しく、まさにそこから最晩年に至っても『畸人十篇』や『布教史』におけるような、「書く」という精神的なエネルギーの爆発が起こってくるのではないか。こうした逆説こそ、死が近づいてきても動揺することなく、「畸人」として「真の国」へ入ってゆくことを確信している者の思想の晩年様式を刻印しているのである。マッテオ・リッチは、「畸人」という言葉の典拠とする紀元前三世紀の、道家思想の古典『荘子』大宗師篇に見える次の「畸人」

についての問答を知っていた。

子貢「畸人についてお教えいただけましょうか。」
孔子「畸人とは、人間世界のはずれ者だが、天の世界の仲間となる人（＝逆説的な人間）だ。[23]」

三　「真人《しんじん》」としてのマッテオ・リッチの死

すでに明らかなように、『荘子』に言う「真人」とは、人々の目には常識の規範から外れているように見えても、自然の多様な変化に随順し、宇宙の生命と一つに同化するという理念を達成した融通無碍《ゆうずうむげ》な自由人である。その姿は、同書において「江《かわ》や湖で互いの存在を忘れて泳ぎ回っている」魚という卓抜な比喩を以て語られている。こうしてそれは、夢と現実の、そして生と死の境界を取り払った透明な境地にも繋がってゆくのである。

一六一〇年、いよいよ死の影が迫ってきた最後の年、リッチは『荘子』大宗師篇の、次のような「真人」の姿に自らを合わせようとしていた節がある。

いにしえの真人は、生を喜ぶこともなく、死を憎むこともなかった。生まれてきたことをうれしがりもせず、死んでゆくことを拒みもしなかった。悠然として現われ、また悠然として去ってゆくだけである。自己の存在の始めを忘れぬと同時に、その終わりについても詮索せず、与えられた生を喜んで受け入れ、すべてを忘れてそれを自然に返す。こうした境地を、自分の心によって自然の道を棄てず、人為によって天に手だしをしないというのであり、これこそが真人と呼ばれる存在だ。(24)

この文章は、肝に銘ずべき「要(=必要なこと・重要なこと)」としてリッチの記憶の宮殿に記録されていただろう。リッチはこの「要」という漢字を上の「西」と下の「女」に分割し、さらにそのイメージを「西夏回回女《ホエイホエイ》」と説明して、異国情緒あふれた顔立ちの女を、遊牧民の世界が広がる中国辺境部西方《さいほう》に置いていた。そして今、「自分の心によって自然の道を棄てず、人為によって天に手だしをしないという」この「要」に応えるため、あたかもこの「西夏回回女《ホエイホエイ》」が遥かな西域から、やがてリッチが入ってゆく死の国の門前に飛来してきたかのようである。その門がまさに開かれようとするのを目の当たりにしながら、リッチはどのように死期が近づいてきた日々を送っていたのだろうか。

一六一〇年五月リッチは病に倒れ、『布教史』第五の書・第一七章を書き終えて筆を擱いたので、第一八章から第二二章までの五章は他のイエズス会士たちによって書き継がれたものである。その

第二一章「マテウス・リチウス神父の死について」の記述によれば、この年の聖なる四旬節の時期、進士の学位試験が北京で行われたため、王都の人の出入りは常にも増して多かった。「これらの文人たちはいずれも以前から神父と面識のある人たちとか、彼の書いた書物をつうじての知人だったが、彼らがわたしたちの家へ押しかけてくる有様は信じがたいほどであった」という[25]。しかも、文人であれ、身分の低い改宗者であれ、これらの人々の訪問を受ける度にリッチは、中国の古い習慣に従い、馬に乗っていちいち答礼に出かけた。その他、布教地全体の上長リッチは、信仰についていろいろ尋ねてくる会員たちの手紙にも返事を出し、教会の務めもいつもどおりにこなしながら、「死に至るまで、多忙さのなかにも」時間を見出して、出版する本の執筆に向かっていたのである。そのような日々、神父リッチと周囲のイエズス会士たちの間に、どのようなやりとりがあったのだろうか。

生きている者は言う。「仕事を分担すれば、神父よ、あなたはもっと楽になるでしょう。」

しかし、死を迎えつつある者はそれには答えず、仕事の一番重要な部分を最後まで自分で担おうとした。そしてついに同年五月三日、リッチは客として訪れた人びとに対する答礼訪問から疲れきって家に帰ってくると、寝台に倒れ込んでしまった。

生きている者は尋ねる。「いつもの偏頭痛でしょうか。」

しかし、死を迎えつつある者は、自分の中で起こっている変化について誰よりもよく知っていて、こう答える。「まったく違うものです。これは過度の仕事や疲労からくる致命的な病気です。」

神父が「致命的な病気です」と言いながら、それにもかかわらずまったく動揺する気配がないのを見て驚く生きている者に向かって、彼は生を愛し、死を憎むというありきたりな死生観を覆そうとする。「いまこの瞬間、わたしはふたつのうちどちらを選ぶべきかよくわからなくて苦しんでいます。つまり、間近に迫った永遠の報いを選ぶべきなのか、このキリスト教の布教という仕事をもっとつづける方を選ぶべきなのか、ということです。(26)」

死期を悟った者が「この王国に入国した最初の人のうち残っているのはわたしひとりなのだ」という自覚からこの『中国キリスト教布教史』の執筆に向かった時、彼はつねにそれぞれの歴史の現場に身を置いていた。複雑な科挙制度論を含む、西洋人最初の精緻な地域研究「シナ事情」を叙述する時も、また一五八七年のシナ入国に始まり、肇慶《ちょうけい》・韶州《しょうしゅう》・南昌《なんしょう》・南京そして北京に至る道程の、微に入り細をうがった記録を綴っている時も、彼はその都度歴史の現場に身を置いていた。『荘子』大宗師篇で言われているように、リッチは「与えられた生を喜んで受け入れ、すべてを忘れてそれを自然に返す」だけだったので、生きているということは彼にとってその場限りのことを意味していた。死期を悟った者はまた、修道士ベネディット・デ・ゴエスの「カタイオ」探求の、世間の耳目を聳動する旅について、さらには開封《かいほう》ユダヤ人艾田《がいでん》との劇的な出会いについてとりわけ熱心に語ろうとした。それらは例外なく「そちらで楽しいと思えるような報告書」なのだが、彼は臨終に至るまで、歴史に残るこれらの個々の人々の話を喜んで受け入れ、「すべてを忘れてそれを自然に返す」ことを目指しているのだ。このように「書ける限り最大限のところまで」書こうとする「いまこの瞬間」において、これまでの布教という仕事も、またこれまで経験した一切の出来事も、彼が、「間近に迫った永遠の報い」を選び取ることによって光り輝くだろう。だから彼は死の数カ月前から、しばしば生きている者たちに向かってこう繰り返したのである。

わたしはシーナでキリスト教を発展させるには、どういう方法がいちばん効果的かと考えているのですが、わたしが死ぬよりほかに、有効な方法が浮かばないのです[27]。

生きている者たちは、その都度反論して言った。「あなたにはもっと長生きしてもらわなくてはなりません。」

だが、ひとえに「人為によって天に手だしをしないという」ことが、重要なのだ。だから、死を迎えつつある者は、自らの生涯を締めくくるための「要（＝重要かつ必要なこと）」として、あの「西夏回回女《ホエイホエイ》」という女性的なものの比喩と手を結び、こうして埋骨の地とした異境での「真の国」との再統合を果たそうとするのである。

一六一〇年五月三日に病に倒れてから、八日目のことだった。「その日（五月一一日）の夕方、彼は寝台の中央に座ったまま、いささかも身体を動かしたりよじったりすることもなく、魂を神に返した。そして深い眠りに身を委ねるようにみずから目を閉じると、主のもとで実に安らかな眠りについた[28]。」

マッテオ・リッチの生涯があった。一国家・一民族・一宗教の枠の中にはもはやおさまりきらない広がりを持ち、それまでまったく別々の世界だった西洋と東洋を覆うその生涯ほど、驚異的なものがあるだろうか。西暦一六〇〇年前後、したがってエリザベス朝英国でシェイクスピアが活躍し、また我が国では徳川家康が天下統一に乗り出した頃、このように明朝中国の王都北京に、ひとりの驚異的な人間が生きていた。彼は他の人々にどれほど風変わりな人間と見られようとも、ルネサンス・ヨーロッパの自然科学上の諸知識と中国の四書五経の学問を一身に備えた「最初の世界人（uomo universale）」であった。(29)

マッテオ・リッチの五八年にわたる生涯があった。生きている者たちの誰が、彼にそれ以上長生きして欲しいなどと願う必要があっただろうか。西洋と東洋を遍く覆ったリッチの生がそれだけですでに限界を知らぬように思われた時、彼らのひとりひとりは死の効果についてのリッチの考えがやはり本質を衝いていたということにはじめて気がついた。それほど広大なリッチの生の中におのれの生が映し出されているのを見た時、生きている人々は自分固有の生に向かって歩み始めることができるように思った。それこそが、死後もリッチがこの世に送り続ける最も驚異的な力だったかもしれない。

生前からマッテオ・リッチは自分のためにも他のイエズス会士のためにも、北京の郊外に墓地を欲しいと思っていた。幾多の好余曲折を経て、ようやくリッチの死後一年を迎えた頃、皁城門外の楊宦官《ようかんがん》所有の寺の敷地家屋がイエズス会宣教師に無償で譲渡された。そしてあらゆる事件が片づいた後、リッチの遺骸は、一六一一年一一月一日、墓地として整備されたこの地に埋葬された。「ある市門（阜城門）から八分の一レウカ足らず離れた」その墓地とはしかし、北京市の何処にあるのだろうか。二七年間シナ王国に暮らし、そしてこの遥かな異境に西洋一神教の「場所」を作ることに文字通り生涯を捧げたイタリア人宣教師マッテオ・リッチの墓碑は、現在も存在しているのだろうか。

四　柵欄墓地

私は二〇〇四年三月、北宋時代に「中国人になった」ユダヤ人の歴史を調査するため、中国へ行った。その出発点となった北京での、私の最大の関心事は、一六〇五年六月二四日に開封出身のユダヤ人艾田《がいでん》とマッテオ・リッチとの劇的な出会いの場となったその旧住院を探し出すことにあった。それまで何百年も世界の他のユダヤ人社会と接触しないまま孤立を続けていた開封ユダヤ人共同体「発見」のニュースは、リッチの手を経て西洋に伝えられ、当時非常に大きな反響を呼んだのであった。『布教史』にも出てくる北京の宣武門城内門前の住院跡には、今壮麗な大聖堂が建っている。リッチと信者たちが大喜びのうちにこの場所へ移り住んだのは、一六〇五年八月二七日のことであった。

僅かその二カ月前、リッチが艾田を迎えた問題の住院も宣武門の近くにあったはずだ。

ちょうど礼拝が終わる時間のようで、無精髭を生やした年輩の管理人が大きな鍵を持って扉の前に立っていた。

この大聖堂がマッテオ・リッチとゆかりがあることを確かめた後で、私は管理人に尋ねた。「ここへ引っ越して来る前、リッチは何処に住んでいたのでしょうか。」

「それは分からないね」と、彼は首を振った。「今となっては確かめようもないことだ。」

私は折角の北京滞在を無駄にしたくなかった。「それでは、マッテオ・リッチの墓碑は何処にあるのでしょうか。」

私は気を取り直して管理人に尋ねると、彼は私の問いをそらすように、横を向いた。それを傍らで見ていた友人が、すかさず日本からの贈り物を差し出すと、管理人はそれをさっと受け取って、自分について来るよう手で合図し、宣武門西の門に向かって歩きだした。

今までの旅の経験から、このような時その後のことはすべて成り行きに任せるほかなかった。タクシー運転手が車をとめて、私たちに降りるように言ったのは、「北京行政学院」という学校の前だった。どうしてこんな学校に墓地があるのだろうか、と私は門の向こうの六階建ての建物を見上げながら思った。カトリック大聖堂の管理人が私たちを連れて行くよう運転手に言った先は、こんな学校だったのか。

ところが、門を入って右側にある守衛室から、人民服の男がさかんに手招きしている。どうやら日本からの贈り物が効いたのか、あの管理人がこの守衛室に電話をかけていてくれたらしい。私が守衛室に入って行くと、男は窓際にぴたりと寄せつけた木製の古い机を指して言った。「あそこで待っていなさい。」

言われるままに私は机の前に立ったが、何を待たなくてはならないかが分からなかった。自分はこのように十数年前から離散したユダヤ人の足跡を訪ねて、スペインやポルトガルばかりでなく、中近東諸国やインドまでも旅をしているが、時々こういう瞬間があるのだ。自分の希望が相手に通じているのか、また相手の好意がどんな形で示されようとしているのかまったく分からないで、ただひたすら待っているこんな瞬間が——。

しばらくして、机の上の電話が鳴った。

受話器を取ると、男の声がいきなり言った。『ザラン』は有料なんだがね。二五ドル、お金持ってますか。」

「『ザラン』?二五ドル?」と、私はうろたえながら問い返した。あなたは、マッテオ・リッチ墓地の関係者ですか。」

「そうだ。私は利瑪竇分会の副研究員だ。何も問題はない。『ザラン』は二五ドル。あなた、お金持ってますか。」

『ザラン(zhalan)』とは、どうやら『柵欄』というタイトルの英語の本らしい。

「二五ドル、分かりました。払うことができますよ」と、私は少しほっとしながら答えた。

やがて学院中央のポーチから、黒いジャンパーを着た五〇歳くらいの副研究員がビニール袋を下げて、足早にこちらへ向かってやって来る。私は男に近づいて行き、「ニーハオ」と言って頭を下げた。広場の中央で立ち止まった彼は挨拶ぬきで、ビニール袋からいきなり大型の本を取り出した。そして彼は、いつもの習慣に従っているような口調で、「二五ドルだ」と言った。私から受け取った二五ドル紙幣を胸ホケットにおさめると、副研究員は右手を大きく振り上げて私たちを促した。

「リッチの柵欄墓地は、学院の内庭にある。」

煉瓦塀に固まれた一郭に立つ巨きな長方形のリッチ墓碑の前に来て、副研究員は急に多弁になった。彼によれば、晩年のリッチは死の数年前から、自分と会員たちのため北京近郊に墓地用の土地を手に入れようとしたことがあったが、値段で折り合いがつかず、この売買契約は不成立に終わったという。マッテオ・リッチのように久しく都に住み、生前官から食糧の支給を受けていたのに、死んでから屍を野にさらさせるには忍びないと、周囲の者たちが熱心に役人と役所に折衝した結果、この土地がイエズス会に下賜されたのだ、と彼は語った。そんな話を聞きながら私たちは、煉瓦門に取り付けられた鉄の扉を開けて墓地の中へ入った。

「ここも、政変が起こる度に、さまざまな影響を受けたのでしょうね」と、私は一言った。

それにうなずいて、副研究員は答えた。「一八九九年から一九〇〇年にかけて、排外的な義和団事件が起こった時、この柵欄墓地も標的にされた。」

「文化大革命の時はどうだったのですか。」

「一九六六年に始まった文化大革命と四人組の時代、近くの学校の紅衛兵たちがやって来て、責任者にこう問いただした。『何故まだ外国人の墓を取り壊していないのか。三日以内に必ず壊すのだ。』しかし、紅衛兵たちが去った後」と、副研究員はちょっと間を置いてから続けた。「党校の一職員が、『穴を掘り、墓を地中に深く埋めて、この文化財を保護してはどうだろうか』と提案したのだ。三日後、あの紅衛兵たちが再びやって来た時、例の職員はこう言った。『あなたたちが来るのを待ってました。さあ一緒に穴を掘り、碑石を埋めて、それが永遠に出てこなれようにしましょう。』」

愚直な紅衛兵たちはこの処理方法の「革命性」に同意して、党校職員の指揮の下、墓碑の前に一

リッチの墓（左から藤田章氏、余三樂副研究員、有木宏二氏）

メートル強の深い穴を掘り、縄を使って慎重に碑石を穴の中へ降ろして土に埋めた。こうしてまる一日働き、全身汗まみれになった学生たちは、この作業に大いに満足して帰って行った。そして一九七九年、文革の嵐が去り、宗教政策が回復した時、北京市民局と文物局が共同で碑石を掘り起

こし、このように現状に復したのだという。[30]

副研究員の解説を聞きながら、私はひとりで門の外に出てもう一度墓地全体を眺めた。そこに、マッテオ・リッチの石碑があった。そこにはまた、一六〇一年一月二四日、待望の皇命により入京を果たすことができた儒服姿の男が今も立っているようであった。彼は敢然として祖国イタリアを捨て去り、西洋という世界さえ去って、外国人はすべて「野蛮」だと考えている人々の国へ、この「異教の荒野」へ踏み込んで来た冒険家だった。彼が死の数カ月前から繰り返し自らの死の効果について語った時、そこには、西洋一神教の教義にとらわれず、二七年間つねに柔軟な精神を保ち続けた逆説的な人間の晩年の思考が、一際強い輝きを放っていたのである。

私たちが「ポルトガル人墓地」を出て、再び北京行政学院前の広場に来た時、副研究員はビニール袋からもう一冊、青い表紙の本を取り出して言った。

「この『历史遗痕』も二五ドルだ。お金ありますか。」

「もちろん」と、私は最後のドル紙幣を出して、本を受け取った。

(『ブレーメン館』No. 3より)

注

(1) 河野純徳訳『聖フランシスコ・ザビエル全書簡』二、平凡社、一九九四年、六九頁。
(2) ジョナサン・スペンス『マッテオ・リッチ　記憶の宮殿』吉田島洋介訳、平凡社、一九九五年、一六九頁。
(3) ジョナサン・スペンス前掲書、一六三頁。
(4) マッテオ・リッチ『中国キリスト教布教史』㈠、川名公平訳、大航海時代叢書第Ⅱ期9、岩波書店、一九八二年、一六三頁。
(5) マッテオ・リッチ前掲書、一六三頁。
(6) マッテオ・リッチ前掲書、一八五頁。
(7) マッテオ・リッチ前掲書、一六二頁。
(8) マッテオ・リッチ前掲書、一八六頁。
(9) ジョナサン・スペンス前掲書、一七五頁。
(10) マッテオ・リッチ前掲書、三一頁。
(11) マッテオ・リッチ前掲書、一三〇頁。
(12) マッテオ・リッチ前掲書、四頁。
(13) 平川祐弘『マッテオ・リッチ伝』㈡、平凡社、一九九七年、二四〇—二四一頁。
(14) マッテオ・リッチ『中国キリスト教布教史』㈡、二二頁。
(15) マッテオ・リッチ前掲書、一〇三頁。

(16) マッテオ・リッチ前掲書、一〇八頁。
(17) マッテオ・リッチ前掲書、一二四頁。
(18) W・H・オーデン『わが読書』中桐雅夫訳、晶文社、一九七八年、一二三―一二四頁。
(19) マッテオ・リッチ前掲書、一三三―一三四頁。
(20) マッテオ・リッチ『中国キリスト教布教史』㈠、一二二頁。
(21) マッテオ・リッチ前掲書、一二四頁。
(22) ジョナサン・スペンス前掲書、一九三頁。
(23) 福永光司・興膳宏訳『老子　荘子』世界古典文学全集一七巻、筑摩書房、二〇〇四年、一六二頁。
(24) 『老子　荘子』、一五一―一五二頁。
(25) マッテオ・リッチ『中国キリスト教布教史』㈡、二〇七頁。
(26) マッテオ・リッチ前掲書、二〇七―二〇八頁。
(27) マッテオ・リッチ前掲書、二一六頁。
(28) マッテオ・リッチ前掲書、二一〇頁。
(29) マッテオ・リッチ『中国キリスト教布教史』㈠、六二八―六二九頁。
(30) 林华・余三乐・钟志勇・高智瑜编『历史遗痕』、中国人民大学出版局、一九九四年、一七―一八頁(同書からの引用文は、当時京大大学院人間・環境学研究科博士課程在学中の関根真保君の訳による)。

あとがき

今日《こんにち》、中国河南省開封《かいほう》の旧ユダヤ人街「南教経胡同」に行っても、開封ユダヤ人の先祖が集合礼拝していたユダヤ教寺院は、その礎石一つさえ残っていない。かつて大殿が緑の瓦で葺《ふ》かれていたという最後のシナゴーグが、何一つ残さず破壊されてからすでに一五〇年以上の歳月を閲《けみ》する。

しかもその遺跡である敷地の所有権は、一九一四年二月に英国系聖公会に譲渡されたが、今日そこには、いかにも中華人民共和国の建物といった風情の「第四人民医院」が建っている。そして、市の中心部よりやや東に位置する「南教経胡同」には、この胡同《フートン》に住んでいた最後の開封ユダヤ人趙平宇《ちょうへいう》の未亡人、今年八〇歳になる漢民族の崔淑萍《さいしゅくへい》（図37）以外に、ユダヤ人家族はもういない。

それればかりでなく、かつては一〇〇〇人あるいはそれ以上いた開封のユダヤ人の間で大事に保存されていた諸記録も経典類も、また漢文とヘブライ語の両方で書かれていた家系図なども、一九世紀半ば頃から開封のユダヤ人に興味を持つようになった欧米人に持ち去られて、今ではもう何も残っていない。

図37　開封の旧ユダヤ人街「南教経胡同」に住む最後のユダヤ人趙平宇氏未亡人の崔淑萍さん（図11も）

だが、一千年も漢民族の真ん中に孤島のように存在していた開封のユダヤ人街「南教経胡同」ほど、ここに住んでいたユダヤ人の集合的記憶を「思い起こさせる」場所はない。私は四度そこを訪ねたが、その都度、北宋時代にはるばるヨーロッパ周辺からこの黄河南岸の都まで彷徨《さまよ》って来たユダヤ人の純粋な記憶の歴史を呼び覚まされた。ユダヤ人の古い井戸と石碑。「水」と「石」になって今日に残る開封のユダヤ教最後のこれら二つの遺跡を手掛かりにしながら、とうに失われてしまった中国におけるユダヤ人の集合的記憶を、最初はただ暗中模索しながら、それからある時点でますます熱心に探し求めてゆく私の旅は、一千年をこの中国中原の古都で過ごした一少数民族の生き残りについて次第に理解を深めてゆく経験だった。

「ある時点で」と言ったが、それは二〇〇五年三月の旅で、「第四人民医院」の裏、したがってシナゴーグ跡地にあるユダヤ人の古い井戸を覆った蓋を外して、その下に黒く光る水を見た時であった。その瞬間、北宋時代にこの井戸を掘り、趙や金、そして石などの中国姓を名乗った開封ユダヤ人の、今日まで伝えられている集合的な記憶の歴史が、私の体の中へ一挙に流れ込んで来るように思われた。だからこの古いユダヤ人の井戸から汲み上げた「水」を老酒《ラオチュウ》の小瓶に入れて、私は日本へ持ち帰った。

さらにこの井戸の他、私が次第に強くひきつけられていったもう一つの遺跡は、開封ユダヤ人の記憶の歴史の精髄とも言うべき石碑「重建清眞寺記」であった。一四八九年に建造されたこの石碑は、一八四九年に黄河の氾濫でユダヤ人社会が壊滅的な被害を受けるまで三六〇年間、開封のユダヤ人の集団的礼拝を見続けてきた。だが、またもや大洪水に襲われた一八六〇年以来澱んだ池と化した寺址跡地に半世紀以上も見捨てられたように立ち続けていたこの石碑は、一九一二年英国系聖公会に売却された。そして一九三八年六月五日に日本軍の爆撃を受けて破壊された同教会の敷地内に、誰からも顧みられることなく立ちすくんでいたのである。なんという運命を、この石碑は辿ってきたことだろう。今開封博物館に保存されている石碑はそれ自体、ユダヤ教の主流から離れて一千年も生き続けてきた開封ユダヤ人共同体の「孤立」と崩壊を象徴しているかのようである。それでも、「石」にかつて深く刻み込まれていた過去の記憶がこの「石」そのものからにじみ出て、後の世代のために失われた

図38　開封ユダヤ人の末裔石磊氏

開封ユダヤ人の歴史を語り続けようとしているのだ。

二〇〇六年三月一九日、私は初めてイスラエルへ留学した開封ユダヤ人の末裔石磊《シーレイ》（図38）とともに、この石碑の前に立った。その時私は、開封ユダヤ人への迫害はなかったにもかかわらず、一五世紀末スペインで共同体と信仰を失ったマラーノの悲痛な「器の破壊」体験に繋がるものを、この石碑の数奇な運命の中に見出せるように思った。その全てを「思い起こせ」、という声を発し続けているこの石碑の拓本を、私は日本へ持ち帰った。

現在イスラエルには、離散地で失われたユダヤ人の集団の記憶を回復させようとする国策がある。こうした国策の恩恵に浴した者の中には、もちろん「中国人」も含まれているのである。それは第二次世界大戦前後、地球上でただ一つの無査証上陸地だった上海などへ避難して来たユダヤ人と中国人の間に生まれた子供たちである。ユダヤ人の血を半分受け継いだこのような子供たちの一部が解放後親と一緒にイスラエルへ渡った。あるいは中国に残された子供たちも、改革解放後に長年別れ別れになっていた父や母を尋ねてイスラエルへ渡って行ったのである。これとは別の、イスラエルへの第三の「中国人」移民、それが開封ユダヤ人の末裔Lの場合である。海外のある基金会の七年にわたる援助を受け、イスラエルへ移住した彼は、二〇〇五年ついにイスラエルの市民権を獲得し、翌二〇〇六年ユダヤの「法」に従った新たな結婚の儀式により正式にユダヤ人＝ユダヤ教徒として生まれ変わった。今開封にいる彼の実弟金広忠も今後兄と同じ道を歩むだろうが、それはイスラエルへの元留学生石磊の場合とは違って、「中国人」としてもはや開封に戻ることのない、イスラエルへの長く辛い旅の始まりである。

開封に初めて行ってから一二年、そして開封のユダヤ人について現地調査をし、その歴史研究に取り組んでから丸三年経ち、旅の成果が一応まとまってきたところでこの小著を閉じることにしたい。もちろん私には、開封のユダヤ人一千年の歴史を細部に至るまで浮き彫りにすることは出来なかった。なまなかのことでは接近を許さない問題が山積しているからである。例えば、北宋時代以前からすでに中国西域などへ来ていたと覚しいユダヤ人商人たちのヘブライ語祈禱書や商業文などについての調査、開封のユダヤ人本来の宗教と儒教や道教などとの入り組んだ関係の解明、中国の他の諸都市へ移住して行った開封ユダヤ人の末裔についての現地調査、キリスト教宣教師などによって海外へ持ち去られたユダヤ教経典のその後の追跡調査、そしてヘブライ語と中国語の両方で書かれた海外流出資料の検証などである。言語・民族・宗教の境界を越えて広がるこれらの問題領域に、私は全く立ち入ることが出来なかった。開封ユダヤ人の歴史に関心を持つ若い人々の研究が今後現れてくることを、心から期待したい。

大勢の人々の協力がなかったら、本書はあり得なかった。まず最初に、二〇〇一年から二〇〇二年にかけて、イスラエルへ留学中の石磊を探し出し、連絡を取ってくださった筑波大学助教授池田潤氏（セム語学専攻）には、開封での調査を導いてくださったことに心から感謝を申し上げたい。また二〇〇四年、二〇〇五年そして二〇〇六年のいずれも三月に、私は開封への旅をしたが、これらの決して楽とは言えない旅に同行してくださった諸兄にも、心から感謝申し上げたい。名前をあげさせていただければ、有木宏二氏、藤田章氏、関根真保氏、中澤千磨夫氏、山口博教・能子御夫妻、恒木健太郎氏そして加地真也氏である。これらの人々の協力がなかったならば、中国の旅そのものも、現地での調査も、そしてとくにホテルに帰ってからの夜毎の「ゼミ」も不可能であった。

開封ユダヤ人の調査と研究に向かう私の前に立ちはだかっていたのは、漢文の世界である。漢文の知識もなく、それでも英訳を頼りにしながら行った三つの石碑碑文の解読が日本における今後の「開封のユダヤ人研究」に資するところがあるとすれば、その大部分は中国哲学史を専攻しておられる北海道工業大学教授室谷邦行氏の御協力に負っている。この場を借りて氏の御好意に感謝したい。また、開封ユダヤ人の末裔とイスラエルの関係について貴重な情報を提供して下さった金広忠氏と石磊氏のお二人にも、ここで厚くお礼申し上げる。

振り返ってみれば、一九九〇年夏に初めてスペインおよびポルトガルのユダヤ人街へ足を運んで以来、早くも一六年の歳月が流れた。その間ずっと私の旅と研究の行方を見守ってくださっていた人文書院元編集者の落合祥堯氏と、今回本書の刊行を快諾してくださった人文書院社長の渡辺博史氏のお二人に、心から感謝の言葉をささげたい。

二〇〇六年秋　江別にて

小岸　昭

開封ユダヤ人年表

九六〇―一二七九年　趙匡胤《ちょうきょういん》が汴京《べんけい》（開封《かいほう》）に都を定めて宋朝を建国、北宋（九六〇―一一二七年）が始まる。一一二七年金軍の侵入により北宋が滅亡し（靖康の変）、宋の高宗趙構《ちょうこう》が臨安《りんあん》（現在の浙江《せっこう》省杭州）に都を定め、南宋（一一二七―一二七九年）が始まる。

九六〇―一一二七年　ペルシアなどヨーロッパ周辺から開封に移住して来たユダヤ人が皇帝より李、艾、高、趙、金、石、張等の漢族姓を賜り、北宋の都開封に定住を許される。

一一六三年　開封のユダヤ人が南宋第二代皇帝孝宗《こうそう》の隆興元年に中国で最初のシナゴーグを建立する。

一二七九年　シナゴーグ「古刹《こさつ》清眞寺」、元《げん》の初代皇帝フビライ（在位一二六〇―一二九四年）の治世に再建される。

一二八六年　一二七五年から一七年間フビライに仕えて中国に滞在したマルコ・ポーロが北京で数人のユダヤ人に出会う。

一四二一―一四二三年　開封のユダヤ人医士俺三《アンサン》（後に俺誠《えんせい》と称する）が、永楽二一年（一四二三年）趙姓を賜り、錦衣衛《きんいえい》指揮を授り、浙江都指揮僉事に昇る。中国の高官となった最初のユダヤ人。

一四二一年　俺誠医士が永楽一九年に周府定王の伝令を奉じ、香を賜りてシナゴーグを再建。「大明《みん》皇帝万万歳」の牌を寺中に奉じた。

一四二六年　開封のユダヤ人高年《こうねん》が貢士になる。

一四三六年　高年が徽州《きしゅう》歙《きふ》県の知県に任じられる。

一四四五年　シナゴーグ修理。いくつかの建物が構内に増建される。

一四四七年　艾俊《がいしゅん》が殿試に合格し、挙人《きょじん》の身分により徳府の長史に任じられる。

一四六一年　シナゴーグ、黄河大洪水の後修理拡張される。

一四五七年　本教の道経《トーラー》二部、寧波《ニンボー》より寄贈される。

一四六五―一四八八年　後殿三間増建。そこに道経三部安置される。

一四八九年　弘治二年（一四八九年）シナゴーグが再建され、開封のユダヤ人共同体により最初の石碑建造される。

一五一二年　シナゴーグ再建され、一五一二年の石碑が建造される。

一五七三年　一八歳で「秀才」となった開封のユダヤ人艾田《がいでん》が地方政府より中央政府に推挙され、「孝廉《こうれん》」となる。

一六〇五年　洗者聖ヨハネの祝日（六月二四日）に、艾田が北京のイエズス会宣教師マッテオ・リッチ（中国名「利瑪竇」）と会う。マッテオ・リッチは、開封ユダヤ人との出会いをマカオとローマの上司に伝える。

一六〇七年　マッテオ・リッチが、中国人助修士アントニオ・レイタンとホアン・ミン・サを開封へ派遣。二人は首席ラビと会って、リッチからの書状を手渡す。

一六〇九年　艾田の甥を含む三人の開封のユダヤ人が、北京のマッテオ・リッチを訪問。

一六一三年　ヘブライ語に造詣が深いイタリアのイエズス会宣教師ジューリオ・アレニが、開封のユダヤ人を調査するも、聖経を見ることは拒絶される。

一六四〇年　ポルトガルのイエズス会宣教師フィゲレードが開封に住み、ユダヤ人と接触。一六四二年一〇月九日、フィゲレードが黄河の大洪水で溺死する。

一六四二年　黄河の大洪水により、住民の溺死者三〇万人に達する。ユダヤ人社会は壊滅的な被害受けるも、およそ二〇〇家族のユダヤ人が黄河北岸に避難し、辛うじて死を免れる。

一六四四年　オーストリア生まれのイエズス会宣教師エンリケスが数年間開封に住み、何度かシナゴーグを訪問して、ユダヤ人と交わる。

一六四五年　趙映乗《ちょうえいじょう》（ヘブライ語名「モーセス・ベン・アブラハム」）が郷試《きょうし》合格者「挙人」に、次いで一六四六年には殿試合格者「進士」となり、開封のユダヤ人として最高の地位に上り詰める。福建省漳南道の分巡道であった時（一六五三年）、開封のシナゴーグ復興のために尽力。一六五六年、河南省副警視総官に就任後間もなく、三八歳で世を去る。

一六五三年　シナゴーグの再建始まる。

一六六三年　シナゴーグの修復完成。その記念に、石碑建造される。

一六八八年　シナゴーグ修復され、多くの銘板が奉納される。

一七〇一年　イタリアのイエズス会宣教師ジャン＝パウル・ゴザニが開封ユダヤ人共同体を訪問するも、シナゴーグの中には入れてもらえず。

一七〇四年　ゴザニが一七〇四年の訪問で首席ラビと知り合いになり、ついにトーラーの巻物が収納されている至聖所にまで案内される。一七〇四年一一月五日付イエズス会宣教師ジョゼー・スワレス宛書簡の中で、シナゴーグ内部の調査結果を報告。大理石の大きな板の上に記された碑文の拓本を作り、それをローマに送った最初の人となる。一六九八年より宣教師が全員追放される一七二四年まで、数回にわたり開封に滞在。

一七二一―一七二二年　フランスのイエズス会宣教師ジャン・ドマンヂュが二度開封を訪問し、ユダヤ人の「仮《かり》庵《いお》の祭り」にも参加。「トーラーを読む三人のラビ」の絵、シナゴーグ外形図およびシナゴーグ内部図を描く。

一七二三年　フランスのイエズス会宣教師アントワーヌ・ゴービルが一七二三年三月ゴザニに連れられて開封を訪問。彼が書いた四つの碑文の要約は、開封ユダヤ教の遺跡である石碑についての最初の本格的な報告である。

一七二四年　中国、清《しん》の第五代皇帝雍正帝《ようせいてい》がキリスト教禁教令を出し、中国からの宣教師たちの追放を断行。開封のユダヤ人、再び外部のユダヤ人世界から孤立する。

一七七一年　ガブリエル・ブロティエが、ゴザニ書簡（一七〇四年）、ゴービル書簡（一七二三年）およびドマンヂュ書簡（一七二二年）に基づき、「中国に定住しているユダヤ人についての覚え書き」を発表。

一八四三年　イギリスの外交官ジェイムス・フィンがロンドンで『中国のユダヤ人』を出版。翌四四年、開封のユダヤ人宛の手紙を書き、外交官仲間の寧波《ニンポー》の副領事テンプル・レイトンに託す。

一八四九年　黄河の氾濫により、開封のユダヤ人社会が壊滅的な被害を受ける。

一八五〇年　フィンの手紙に対する返書として、ユダヤ系中国人趙念祖《ちょうねんそ》が書いた一八五〇年八月二〇日付の手紙が、レイトン宛に送られる。しかし、一九世紀前半の開封のユダヤ人共同体崩壊の現状に関する唯一の貴重な報告であるこの返書が、レイトン夫人からロンドンのフィンのもとに届けられたのは、二〇年後の一八七〇年四月のことである。

一八五〇年　二人の中国人キリスト教徒、邱天生《きゅうてんせい》と蔣榮基《しょうえいき》が一二月九日から一四日にかけて開封のユダヤ人共同体を訪ね、ユダヤ系中国人趙金城《ちょうきんじょう》と趙文魁《ちょうぶんかい》の兄弟に熱心に頼み込んで、八冊のヘブライ語聖典を入手。この二人のキリスト教徒の旅日記がロンドンの「ユダヤ人をキリスト教徒に改宗させるための協会」に所属していた香港在住、英国系聖公会の主教ジョージ・スミスの著書『開封府のユダヤ人』(一八五一年)の中で発表される。

一八五一年　右の二人の中国人キリスト教徒が再び開封を訪れる。多くの資料を入手し、ユダヤ系中国人趙兄弟を連れて上海に戻る。その際、趙兄弟は六冊のトーラーの巻物、数十冊のヘブライ語の古文書、一〇指に余る祈禱書、そして一五世紀初めから一七世紀終わりまでの、開封のユダヤ人共同体の歴史が書かれた年代記などを携えて来る。

一八五〇―一八六四年　太平天国の乱。太平軍が開封を通過した一八五七年、ユダヤ人が多数の住民とともに他の諸都市へ逃散《ちょうさん》する。

一八六〇年　開封は黄河の氾濫によって大きな被害を受ける。

一八六〇年代　開封のユダヤ人共同体の終焉。以後その歴史および伝統は、主として自らを開封ユダヤ人の末裔と思っている個々人の「記憶」の中に生き続ける。

一八六六年　二月一七日、アメリカのプロテスタント宣教師ウィリアム・マーチンが開封を訪れ、シナゴーグがもはや存在していないことを確認する。そして、今やその荒涼としたシナゴーグ跡地に、一四八九年・一五一二年の石碑を認めるのみ。一八八一年、『河南ユダヤ人訪問記』を著す。

一九〇〇年　ティモシー・リチャードが上海在住の商人S・J・ソロモンに開封ユダヤ人の実態を伝える書簡送る。

一九〇〇年　三月一三日、S・J・ソロモンとデイヴィッド・アブラハムを筆頭に四四人の上海ユダヤ人が開封のユダヤ人宛に手紙を送る。五月一四日、上海在住のユダヤ人三一人は「中国系ユダヤ人救済協会」を結成する。一〇月二四日、開封のユダヤ人、粉商人のリー・チンシェンから上海の共同体に返事届く。

一九〇一年　学術探検家オーレル・スタインが、七一八年頃のものと推定される、ヘブライ文字で書かれたユダヤ人商人のペルシア語の手紙を中国西域ホータンで発見する。

一九〇一年　四月六日、リー・チンシェンが一二歳の息子リー・ツンマイとともに上海に来て三週間滞在し、開封に帰る。

一九〇二年　三月一〇日、開封のユダヤ人代表六人がリー親子とともに上海を訪れるも、シナゴーグ再建のための資金も集まらず、三カ月後六人は失望して開封に帰る。五月二七日、リー・ツンマイがデイヴィッド・アブラハムの家で割礼を受け、ヘブライ語名「シュムエル」を授けられる。第二次世界大戦後故郷に帰り、一九四八年開封で死す。

一九一〇—一九四二年 カナダの英国系聖公会主教ウィリアム・チャールズ・ホワイトが開封の英国系聖公会宣教団の運営を開始、一九三三年の退職時まで続ける。長年にわたり開封のユダヤ人と親しく付き合い、膨大な資料を収集する。一九四二年、三巻から成る著書『中国のユダヤ人』を出版。

一九一二年 一四八九年・一五一二年の石碑がカナダの英国系聖公会に譲渡され、開封の同カテドラル敷地内に移転される。

一九一四年 開封のユダヤ人共同体（代表趙允中《ちょういんちゅう》）がシナゴーグ跡地の所有権を、カナダの英国系聖公会に売却する（売価七、八百円）。

一九二〇年 ジョー・マイ監督のドイツ映画『世界の女主人』が製作される。

一九二四年 上海の「中国系ユダヤ人救済協会」が、上海のオーヘル・ラケル・シナゴーグの堂守り、中国名ウオン（ヘブライ語名ダヴィッド・レヴィ）を代表として代表団を開封へ派遣する。

一九三二年 ユダヤ系アメリカ人デイヴィッド・ブラウンが開封のユダヤ人共同体を訪ね、翌三三年その時の手記を「アメリカン・ヒブルー・ジューイッシュ・トリビューン」誌に発表する。

一九三八年 六月五日、日本軍が開封に進駐し爆撃する。開封は以降七年間、日本軍の占領下に置かれる。この時の爆撃により英国系聖公会のカテドラル全壊するも、石碑は奇跡的に難をのがれる。

一九四〇—一九四一年

秋、本願寺留学生として北京に滞在中の三上諦聴、および東北帝大教授曾我部靜雄が開封へ派遣され、ユダヤ人の動向を探る。曾我部、翌四一年二月、報告書「開封の猶太人」を『外交時報』（東京）に、そして三上が、四一年六月に「開封猶太教徒の現状報告」を『支那佛教史學』（京都）に発表する。元陸軍中将四王天延孝《しおうてんのぶたか》が一九四一年七月、著書『ユダヤ思想及運動』を出版、その中に付録第一として、米国猶太雑誌『オピニオン』所載の論考「支那猶太の悲劇」を翻訳掲載し、それに自らの反ユダヤ主義的なコメントを付す。

（注）「開封ユダヤ人年表」を作成するに当たり、主に左記の書物を参考にした。

Leslie, Donald D., *The Survival of the Chinese Jews*. Leiden : E. J. Brill, 1972, pp. 218–222.

Xu Xin, *The Jews of Kaifeng, China*. N.J. : KTAV Publishing House, 2003, pp.175–187.

用語解説

アガダ（*Aggadah*）　ラビ文献に見られる非法規的な内容の物語・伝説・説話などを指す。律法に関することを扱うハラハ（*Halakha*）に対する概念。

アシュケナージ（*Ashkenazi*）　離散したユダヤ人のうち、中央ヨーロッパ・東ヨーロッパの国々を出自とするユダヤ人とその子孫で、イディッシュ語を話す。

アダル（*Adar*）　ユダヤ暦における一二番目の月。一般暦の二月、三月に当たる。

イェシバ（*Yeshiva*）　ユダヤ社会におけるタルムードの学習施設。

エステル（*Esther*）　旧約諸書の「エステル記」の女主人公で、養父にして従兄のモルデカイと組んで、ユダヤ人の殲滅を計る大臣ハマンからペルシアのユダヤ人社会を守る。

エルスィン（*Erusin*）　結婚式前半部分の名称。「婚約」と訳されることもある。

カシェル（*Kasher*）　ユダヤ教の規定に従い、食べてよいとされる食物に対して用いられる語。食物に関する規定は食餌規定（*Kashrut*）という。

カバラ（*Kabbalah*）　「伝授されたもの」の意であるが、特に一二世紀以降南フランスやスペインで、また一六世紀にガリラヤ地方北部の古都サフェドで発展したユダヤ教神秘主義をさす。

キッテル（*Kittel*）　ユダヤ人、特に正統派ユダヤ教徒の男性が着用する儀式用の白衣。死者のための経帷子《きょうかたびら》としても用いる。

キッパ（*Kippah*）　シナゴーグでの礼拝など宗教的な儀式の際、男性が頭にのせる小型の縁なし帽。

ケトゥバー（*Kethubbah*）　ユダヤ人の結婚契約書。夫が死亡したり離婚したりした場合に妻の経済的立場を保証する取り決めを記したもの。

ケヒラ（*Kehillah*）　ユダヤ人の共同体。通常ここにはシナゴーグがあり、共同墓地がある。

シェビラット・ハ＝ケリーム（*Shevirath ha-Kelim*）　「器の破壊」と訳される。カバラの学者イサーク・ルリア（一五三四―一五七二年）によれば、神は世界を創造するために自らの中へ収縮（「ツィムツム」）した。かくて神不在の真空地帯は悪が跳梁する空間となった。神はそこに神的閃光を放射したが、それを受容する器をつくっておいた。その器はしかし放射された神的閃光に耐え切れず、破壊してしまう。それによって神的閃光は四散し、人間の魂は調和を失って悪の世界を彷徨《さまよ》う。かくて、人間が生き続けてゆくために不可欠の神的閃光を神格に再結合させ、破壊された原初的な調和を取り戻すこと（「ティクーン」）が必要になってくる。

シオニズム（*Zionism*）　イスラエルの地へのユダヤ民族の帰還と民族の領土再獲得を標榜した政治的・イデオロギー的な運動。一九世紀終わり頃に始まる。

シナゴーグ（*Synagogue*）　ユダヤ教の礼拝堂。通常儀式用の諸設備を持つ。

シャバット（*Shabbat*）　安息日。金曜日の日没から土曜日の日没までの一日で、火を使うことや、一切の世俗の労働が禁じられている。

ショヘート（*Shochet*）　戒律に従って動物を食用に屠殺する有資格者。

スィドゥール（*Siddur*）　第二神殿の崩壊（紀元七〇年）以来の祈禱の集成。主に祝祭日や安息日以外の日に使用するユダヤ教の祈禱書。

セファルディー（*Sephardi*）　八世紀以降ヘブライ語でスファラッドと呼ばれるイベリア半島に起源を持つユダヤ人とその子孫。

ソフェール（*Sofer*）　ユダヤ教の律法学者やトーラーの写経家。

タルムード（*Talmud*）　本文の最初のラビ文献「ミシュナ」と注解の「ゲマラ」から成るユダヤの法律と伝承の集大成。紀元四〇〇年頃パレスチナで編集された版と、それより一世紀後にバビロニアで編集された版がある。

ディアスポラ（*Diaspora*）　ギリシア語で「離散」の意。パレスチナ以外の地に住むユダヤ人、またその社会をいう。

トーラー（*Torah*）　ユダヤ教の中心的な概念。狭義には、モーセ五書あるいは『旧約聖書』全体の教えを意味し、広義には、タルムードを含む伝統的なユダヤ教の教えの総体をさす。

ニッダー（*Niddah*）　月経期間中の女性をいう。ユダヤの法律では、月経の後に、宗教的な禊《みそぎ》によって清めなければならない。

ハガダ（*Haggadah*）　過越しの祭りの第一夜、第二夜の儀礼的な晩餐「セデル」において用いられる典礼書。

パラシャ（*Parashah*）　「部分」の意。モーセ五書各書の、一定量の区切りをいう。安息日ごとにシナゴーグでの礼拝で一つのパラシャを読み進み、一年がかりで五書全体を読み終わる習慣がある。

バル・イラン大学（*Universitat Bar-Ilan*）　イスラエルのテルアビブの近くにある、一九五五年に創設された正統派の大学。宗教的なシオニストのメイール・バル・イランの名にちなむ。

プリム（*Purim*）　「エステル記」に描かれているペルシア・ユダヤ人の奇跡的な救済を記念して祝う祭り。アダル月の一四日に催される。

ブリット・ミラ（*Berith Milah*）　ヘブライ語で「割礼」の意。生後八日目に行われる、男根の包皮を切り取る宗教的な儀式。「アブラハムの契約」と呼ばれる。

ペサッハ（*Pesach*）　過越しの祭り。ユダヤ人のエジプト脱出を記念して春に行われるユダヤ教の三大巡礼祭の一つ。

ベレシット（*Bereshit*）　「初めに」と訳される「創世記」冒頭の言葉。「創世記」および五書最初の部分「パラシャ」の名前。

マラーノ（*Marrano*）　中世後期（一三九一年・一四九二年・一四九七年）に強制と社会的圧迫によってキリスト教に改宗させられたスペイン系またはポルトガル系ユダヤ人に対する蔑称で、スペイン語の「豚」を表わす言葉から来ているとされている。改宗後も多くは密かにユダヤ教を信じていた。

ミクヴェ（*Mikveh*）　宗教的な禊《みそぎ》のための公的な水浴場。元来は天然の「生きた水」でなければならないとされていた。現今はもっぱら女性の月経や出産後の身を清めるために用いられる。

ミシュナ（*Mishnah*）　律法学者ユダ・ハナスィが紀元二〇〇年頃編集した口伝律法。大きく六部に分かれ、ユダヤ教徒の日常生活を細かく規定している。

ミンヤン（*Minyan*）　ユダヤ教の祈りや儀礼を行うのに必要とされる一三歳以上の成人男性一〇人の

員数。

メギラ（*Megilah*）　「エステル記」「伝道の書」「雅歌」「ルツ記」「哀歌」を含む巻物をいう。

メノラ（*Menorah*）　エルサレムの神殿で使われた七枝の燭台をいい、ユダヤ教の象徴となっている。八枝のメノラは特にハヌキヤ（*Hanukkiya*）と呼ばれる。

モヘール（*Mohel*）　割礼を執行する専門家をいう。

ヨム・キプール（*Yom Kipur*）　「贖罪の日」と訳される。正月に当たるティシュレ月の一〇日目（一般暦の九月、一〇月）に当たり、飲食物を断ってシナゴーグで終日懺悔の祈りを唱えるユダヤ教の大祭日。

ラビ（*Rabbi*）　シナゴーグの主管者。律法に精通したユダヤ教・ユダヤ人社会の宗教的指導者。

（注）「用語解説」を作成するに当たり、主に左記の書物を参考にした。
　吉見崇一『ユダヤ教小辞典』、リトン、一九九七年。

主要参考文献

一 欧文文献

Beth Hatefutsoth, The Nahum Goldmann Museum of the Jewish Diaspora ed., *The Jews of Kaifeng: Chinese Jews on the Banks of the Yellow River*, Tel Aviv, 1984.

Goldstein, Jonathan ed., *The Jews of China*, Armonk, New York, 1999.

Leslie, Donald D., *The Survival of the Chinese Jews*, Leiden: E. J. Brill, 1972.

Pollak, Michael, *Mandarins, Jews, and Missionaries: The Jewish Experience in the Chinese Empire*, Weatherhill, New York, 1998.

Storfer, A. J., “Die Juden von Kai-Feng Fu”, *Gelbe Post*, Shanghai, May 1939.

White, William C., *Chinese Jews*. Reprinted (3 vols in 1), Cecil Roth, ed., New York, Paragon Book Reprint, 1966.

Xu Xin, with Beverly Friend, *Legends of the Chinese Jews of Kaifeng*, Hoboken, N. J. : KTAV Publishing House, 1995.

Xu Xin, *The Jews of Kaifeng, China: history, culture, and religion*, KTAV Publishing House, 2003.

2 邦文文献

川島瑞枝「ユダヤ系中国人の世界—開封に関する最近の研究と現地の状況」、『ユダヤ・イスラエル研究』第18号所収、日本イスラエル文化研究会、二〇〇一年三月。

四王天延孝「支那猶太の悲劇」、『ユダヤ思想及運動』所収、心交社、一九八七年。

杉田六一「シナへ来たユダヤ人」、『東アジアへ来たユダヤ人』所収、音羽書房、一九六七年。

ジョナサン・スペンス『マッテオ・リッチ　記憶の宮殿』古田島洋介訳、平凡社、一九九五年。

曾我部靜雄「開封の猶太人」、『外交時報』第八百六十九號所収、東京、一九四一年二月一五日。

比屋根安定「支那に於ける猶太教の遺蹟」、『支那基督教史』所収、生活社、一九四〇年。

三上諦聽「開封猶太教徒の現狀報告」、『支那佛教史學』第五号一所収、京都、一九四一年六月二五日。

矢沢利彦編訳『中国の布教と迫害—イエズス会士書簡集』、平凡社、一九八〇年。

マッテオ・リッチ『中国キリスト教布教史』一・二、『大航海時代叢書』第Ⅱ期8・9、川名公平訳、岩波書店、一九八二—一九八三年。

リービ英雄『ヘンリーたけしレウィツキーの夏の紀行』、講談社、二〇〇二年。

リービ英雄「千年紀城市に向って—中国人になったユダヤ人を〝探す〟旅」、『中央公論』二〇〇四年一一月号所収。

3 中文文献

安替「河南犹太后裔移民以色列?」・「开封犹太后裔到底是不是犹太人」、思虎「首位开封犹太后裔移民以色列记事」、『21世紀環球報道』、二〇〇二年八月五日付。

潘光（主編）『犹太人在中国』、五洲传播出版社、二〇〇一年。
潘光「犹太人在中国―传奇、史实和透视」、『解放日報』、二〇〇五年二月二〇日付。

著者略歴

小岸　昭（こぎし・あきら）

1937年北海道生まれ。

1963年京都大学文学部独文科修士課程修了。

1965年日本ゲーテ賞受賞。

1966～68年フランクフルト大学へ留学。

2001年京都大学総合人間学部定年退職。

現在北海道江別市在住。

ドイツ文学専攻。ユダヤ思想研究を軸として，スペイン，ポルトガル，インド，イスラエル，ブラジル，中国などを旅し，ディアスポラ・ユダヤ人の足跡を追究している。1995年「日本・ユダヤ文化研究会」創設（神戸）。2001年「ブレーメン館」創設（札幌）。

（著書）
『欲望する映像』（駸々堂）
『カフカの解読』（共著，駸々堂）
『スペインを追われたユダヤ人』（人文書院，ちくま学芸文庫）
『マラーノの系譜』（みすず書房）
『十字架とダビデの星』（NHK出版）
『離散するユダヤ人』（岩波新書）
『世俗宗教としてのナチズム』（ちくま新書）
『ファシズムの想像力』（共著，人文書院）
『隠れユダヤ教徒と隠れキリシタン』（人文書院）
『「赤い家」物語』（思潮社）
『インド・ユダヤ人の光と闇』（徳永恂と共著，新曜社）

（訳書）
ゲーテ『文学論』（潮出版社）
ショーレム『カバラとその象徴的表現』（岡部仁と共訳，法政大学出版局）
デッシャー『水晶の夜』（人文書院）
ヨベル『スピノザ　異端の系譜』（共訳，人文書院）
ウルフ『「アンネ・フランク」を超えて』（梅津真と共訳，岩波書店）
ハイマン著、シェプス編『死か洗礼か』（梅津真と共訳，行路社）

中国・開封《かいほう》のユダヤ人 増補版

二〇二一年五月一〇日　増補版第一刷印刷
二〇二一年五月二〇日　増補版第一刷発行

著　者　小岸　昭
発行者　渡辺博史
発行所　人文書院
〒612・8447
京都市伏見区竹田西内畑町九
TEL　〇七五・六〇三・一三四四
FAX　〇七五・六〇三・一八一四
振替　〇一〇〇〇・八・一一〇三

印刷　モリモト印刷株式会社

ISBN 978-4-409-51090-2 C 3022